भारत–चीन

नए रिश्ते, नई राहें

विश्वमोहन

डायमंड बुक्स

www.diamondbook.in

प्रकाशक : डायमंड पॉकेट बुक्स (प्रा.) लि.
X-30, ओखला इंडस्ट्रियल एरिया, फेज-II
नई दिल्ली-110020
फोन : 011-40712200
ई-मेल : sales@dpb.in
वेबसाइट : www.diamondbook.in
संस्करण : 2023

Bharat-Cheen : Naye Rishte, Nayi Raahen
By : *Vishwamohan*

पितामह स्व. रामगुलाम शर्मा
स्वतंत्रता सेनानी सत्याग्रही
के पावन स्मृति को समर्पितः
जिन्होंने सत्य का साथ देने की सीख दी

विश्वमोहन
गर्दनी बाग पटना
800001

आमुख

भारत का भविष्य उसके दो पड़ोसियों पाकिस्तान एवं चीन के साथ अभिन्न रूप से जुड़ा हुआ है। इनके साथ हमारे संबंधों का सीधा प्रभाव हमारी गृह नीति, अर्थ नीति एवं मानव अधिकारों परर पड़ता है।

दुर्भाग्यवश पिछले 70 वर्षो से भारत–चीन संबंधों का राष्ट्रीय विमर्श, मिथ्या प्रचार, अर्द्दसत्य एवं असत्य पर आधारित रहा है। इस विमर्श एवं 1962 के युद्ध की कड़वी यादों ने भारत में चीन की ऐसी नकारात्मक छवि बना दी है जिसका सत्य से कोई संबंध नहीं है। आज भी आम भारतीय की यही धारणा है कि 1962 के भारत–चीन युद्ध के लिए चीन जिम्मेवार है जबकि सच्चाई कुछ और ही कहती है, यह प्रयास उसी सच्चाई तक निष्पक्ष विश्लेषण से पहुंचाना है।

सदियों की अंग्रेजी दासता का एक दुष्परिणाम यह भी है कि भारत में एक ऐसा वर्ग विकसित हो गया है, जो अंग्रेजी से भी अधिक अंग्रेज भक्त है हमें यह बताया जाता है कि ईस्ट इंडिया कंपनी के लूट पर प्रतिबंध लगाने के लिए ई. 1858 में ब्रिटिश सरकार ने भारत की शासन व्यवस्था ब्रिटिश संसद के अधीन कर दी। लेकिन इस कृत्य के लिए उसने 68 करोड़ पौंड का कर्ज भारत पर डाल दिया जिसका भुगतान हम सूद सहित करना पड़ा। यानि हमने अंग्रेजों को 68 करोड़ पौंड ई. 1858 में देकर अपनी गुलामी खरीदी। यह वर्ग अंग्रेजी भाषा के एकाधिकार में ही अपना हित देखता है। राष्ट्रीय भारतीय भाषा भाषी किसी राष्ट्रीय विर्मश से दूर ही रह जाते हैं जबकि आमजन भी अपने हित के लिए इस विर्मश में भागीदार बनना चाहता है और यह तभी संभव है जब ज्ञान उनकी भाषा में उन तक पहुंचे।

राष्ट्रीय महत्व के सभी विषय महानगरों के थिंक टैंक, मीडिया हाउसों, पुराने नौकरशाहों, विश्वविद्यालयों के विशेषज्ञों, बुद्धिजीवियों तक ही विर्मशित होकर रह जाते है। ये आम भारतीय के हितों के संरक्षक है लेकिन छोटे शहरों गांवों में अपनी पूरी जिन्दगी बिता देने वाला यह भारतीय मन इनके लिए पूरी तरह अनजाना है अबूझ है एक आम भारतीय चाहता है कि राष्ट्र

की सीमाएं अक्षुण्य रहें लेकिन वह यह भी चाहता है कि उसके जीवन की भी रक्षा हो। वह भी भविष्य की ओर आशा भरी निगाहों में देख सके। उनके बच्चे भी सुन्दर सपना देख सके।

इस प्रयास की भाषा सरल एवं सुबोध है लेकिन यह एक गंभीर विषय का सरलीकरण कदापि नहीं है।

आभार

1962 का भारत–चीन युद्ध एक ऐसी राष्ट्रीय त्रासदी थी जिसने इस नवोदित स्वाधीन राष्ट्र के अन्तर्मन को पूरी तरह उद्वालित कर दिया। इस अपमान की सच्चाई सामने लाने में राष्ट्रीय एवं अन्तर्राष्ट्रीय विद्वानों का अद्वितीय योगदान है। हम उनके आभारी है। हम निम्नांकित लेखकों का विशेष रूप से आभारी है जिनकी रचनाओं ने हमें प्रबुद्ध एवं प्रेरित किया।

(1) ब्रिगोडियर जे.पी. दलवी — हिमालयन बलंडर।
(2) नेबाइल मेक्सवेल — भारत का चीन युद्ध
(3) बरटिल लिंटर — चीन का भारत युद्ध
(4) ए. जी. नूरानी — भारत चीन सीमा समस्या।
(5) ए.एस. भसीन — नेहरू तिब्बत और चीन।
(6) प्रदीप फानजाऊबाम — उत्तर पूर्व भारत के प्रश्न।
(7) विजय गोरवले — द लॉग गेम।
(8) समवॉन साइक — तिब्बत का इतिहास।

टंकण कार्य में सहायता हेतु अनुज सृजन कुमार एवं पुत्री मधुरिमा प्रकाशन में पुत्र पंकज एवं दीपांकर के सहयोग हेतु आभारी हैं साथ ही आभारी है जीवन साथी शाशि का जिन्होंने विपरीत परिस्थितियों में भी मेरा उत्साह बनाए रखा।

विषय सूची

तिब्बत एक संक्षिप्त परिचय

भारतीय प्लेट के क्रमिक रूप से उत्तर की ओर खिसकते रहने एवं यूरेशियाई प्लेट से टकराने के कारण हुए भू–गर्भीय परिवर्तनों ने विश्व की महान पर्वत श्रृंखला हिमालय एवं तिब्बत के पठार को जन्म दिया। यह पर्वत श्रृंखला एवं पठार आज भी दुर्गम्य एवं अबूझ है। हिमालय पर्वत राज है। लगभग तीन हजार किलोमीटर लंबे एवं चार सौ किलोमीटर चौड़े इस पर्वत माला के उत्तर में स्थित तिब्बती पठार 12 लाख वर्ग किलोमीटर में फैला है। इस पठार का अधिकांश क्षेत्र पूरे वर्ष वर्फ से आच्छादित रहता है। इसके दक्षिण में भारत के राज्य हिमाचल प्रदेश एवं उत्तराखंड, नेपाल, भूटान, एवं पुनः भारत का अरूणाचल प्रदेश जिसे पहले North East Fronteer या नेफा कहा जाता था। उत्तर में कुनलुन पर्वत माला एवं Taklamakan की मरूभूमि जो अपने अस्थिर रेत के टीलों से प्रसिद्व है तथा सिंकियांण, उत्तर पश्चिम में गांधार प्रदेश जो अभी बाखान गलियारा है, अक्साई चीन का पठार तथा काराकोरम पर्वत श्रृंखला है। पूर्व में GOBI की मरूभूमि MANGOLIA एवं चीनी प्रांत Siacheen पश्चिम में नूब्रा घाटी एवं लद्दाख जो जम्मू कश्मीर रियासत के हिस्से के रूप में 15 अगस्त, 1947 तक ब्रिटिश संप्रभुता के अधीन था और अक्टूबर 1947 में भारतीय गणराज्य का हिस्सा बना। सामान्यतः 4000 मीटर की ऊँचाई पर स्थित यह तिब्बती पठार मानव अस्तित्व के लिए प्रतिकूल हैं, लेकिन इसमें कई हरी–भरी घाटियाँ हैं तथा यह एक जीवंत सभ्यता एवं संस्कृति वाला देश है, जो लगभग 4000 प्रकार के जीवों तथा वनस्पतियों का घर है। **यह प्रदेश शेष दुनिया से इतना कटा हुआ है कि यह आज भी अनजाना ही है।**

भारत–चीन संबंधों को समझने में सबसे बड़ी समस्या तिब्बत चीन संबंध को समझना हैं, अतः सर्वप्रथम हम उस गुत्थी को सुलझाने का प्रयास करेंगे।

7वीं 8वीं शताब्दी में इस पठार के एक सुन्दर एवं हरी–भरी यारलोंग घाटी में तिब्बती कबीले एक राज्य के रूप में संगठित हो रहे थे। कठिन भौगो. लिक परिस्थितियों ने उन्हें निर्भीक लड़ाकू एवं शक्तिशाली बना दिया था।

630 ई. में नेपाल नरेश नरेन्द्र देव काठमांडू से भागकर तिब्बतियों के शरण में गए एवं पुनः उन्हीं की सहायता से राजगद्दी प्राप्त की। तिब्बती शक्तिशाली हो रहे थे, उन्होंने अपनी राजधानी रासा को बसाया। यह एक शहर भी था और किला भी। किद्दू नदी के किनारे बसे इस शहर की न्येनछेन थांगल पर्वत माला बर्फीले तूफानों से रक्षा करता है। जैसे–जैसे इस शहर की शक्ति एवं प्रसिद्धि बढ़ती गई इसे एक नया नाम मिला "ल्हासा", यानी दैवी शहर तिब्बती शासक Songtsen Gyampo की प्रतिष्ठा एवं शक्ति को देखकर नेपाल की राजकुमारी भृकुटि का उनके साथ विवाह हुआ। राजकुमारी भृकुटि बौद्ध धर्म की अनुयायी थी। 638 ई. में Songtsen Gyampo ने चीनी सम्राट के पास चीनी राजकुमारी के साथ विवाह का प्रस्ताव भेजा। सम्राट ने प्रस्ताव को स्वीकार कर चीनी राजकुमारी से Songtsen Gyampo का विवाह कर दिया। ये चीनी राजकुमारी भी बौद्ध मतावलंबी थी। नेपाल की राजकुमारी भृकुटि लिच्छवी राजवंश की थी। वे अपने साथ अनेक बौद्ध धर्म ग्रन्थों को लेकर आई थी। उनके साथ नेपाल के अनेकों शिल्पकार, मूर्तिकार थे एवं भवगान बुद्ध की मूर्ति थी। तिब्बत में बौद्ध धर्म का आगमन हो चुका था। ल्हासा में Songtsen की मूर्ति के दोनों ओर नेपाल एवं चीनी राजकुमारियों की मूर्तियाँ हैं। बौद्ध धर्म का तिब्बत में प्रसार होने लगा था। वह राजधर्म बन चुका था।

तिब्बत की शक्ति और प्रभाव काठमांडू, कश्मीर, आमडो, खोतान सहित रेशम मार्ग तक पहुँच रहा था। 8वीं शताब्दी के उत्तरार्द्ध में इनकी शक्ति Trisong Detsen के नेतृत्व में इतनी बढ़ गई कि इसने रेशम मार्ग पर अवस्थित सभी चीनी शहरों को अपने अधिकार में ले लिया और उनसे मिलने वाले राजस्व भी। सन् 783 ई. में चीन को एक संधि द्वारा रेशम मार्ग तिब्बतियों को सौंपना पड़ा। एक प्रकार से चीनी दोयम दर्जे के नागरिक हो गए। चीन और तिब्बत के बीच इस कालखंड की अन्तिम संधि 822 ई. में हुई, जिसमें चीन और तिब्बत के संबंधों को ससुर और दामाद की तरह माना गया। ल्हासा स्तम्भ में संधि की परिस्थितियों एवं संधि की शर्त्तों का उल्लेख है।

तिब्बती समाज और संस्कृति अपने कठोर प्रतिकूल मौसम, अल्प आबादी और पूरी दुनिया से एकांत में होने के कारण आत्माओं और कर्मकांडों में अत्यधिक विश्वास करती थी। अतः यहाँ बौद्ध धर्म की महायान शाखा का खूब प्रसार हो रहा था।

9वीं शताब्दी में तिब्बत की सत्ता के कमजोर पड़ते ही 848 ई.में चीन ने पुनः रेशम मार्ग पर अपनी सत्ता स्थापित कर ली। 10वीं शताब्दी तक

तिब्बती साम्राज्य आपसी फूट एवं राजनैतिक तथा धार्मिक कारणों से पतनोन्मुख हो चुका था। तिब्बत में राजा को Tsenpo कहा जाता था और वे दैवीय थे। स्थानीय लोक कथाओं में इनको दैवीय संतान के रूप में माना जाता था। Tsenpo भी कभी कम कभी ज्यादा बौद्ध धर्म में आस्था रखते थे। परिणामस्वरूप तिब्बत की प्राचीन परंपराओं से मिलकर वहाँ एक ऐसा तंत्र विकसित हुआ जिसमें धर्म और राज्य का एकीकरण हो गया। Trisong Detsen को धर्म राजा माना जाता था। उनके समय नेपाल से बौद्ध भिक्षुओं और ब्राह्मणों का आना–जाना लगा रहता था। तिब्बती लिपि पर नेपाली एवं अन्य उत्तर भारतीय भाषाओं का स्पष्ट प्रभाव देखा जा सकता है। यद्यपि प्राचीन तिब्बती धर्म में आत्मा और पुनर्जन्म की मान्यताएँ बौद्ध धर्म की कर्म आधारित सुख–दुःख के चक्र से मेल नहीं खाती थी; लेकिन महायान बौद्ध धर्म के तांत्रिक कर्मकांडों का तिब्बतियों पर अत्यधिक प्रभाव पड़ा। महायान बौद्ध भिक्षु पद्मसंभवा ने अनुयोग, अतियोग और महायोग की तांत्रिक पद्वतियों से आत्माओं और देवताओं को प्रसन्न करने का अनुष्ठान तिब्बतियों के लिए अत्यधिक आकर्षक था। Trisong Detsen के कार्यकाल में ही नेपाली वास्तुकारों की देख–रेख में विशाल बौद्ध मठ का निर्माण प्रारंभ हुआ। हालाँकि पदासंभवा का तिब्बती प्रवास छोटा था एवं प्रारंभिक कठिनाईयों के विरोध एवं विवादों से भरा था। लेकिन समय के साथ उनकी महानता एवं योगदान का महत्त्व बढ़ता गया और वे तिब्बती संस्कृति में महान गुरू RINPOCHE के रूप में पूजित हैं। चूँकि अधिकांश बौद्ध ग्रन्थ संस्कृत में है अतः तिब्बत में संस्कृत का प्रचार भी बढ़ा।

तिब्बत में बौद्ध धर्म का प्रसार लगातार बढ़ रहा था। पूरा प्रदेश लामाओं और मठों से आच्छादित था। विक्रमशिला विश्वविद्यालय के अध्यापक तिब्बत की यात्रा एवं तिब्बती भिक्षु विक्रमशिला में अध्ययन करते थे। इनमें बौद्ध भिक्षु अतिशा Atisha का नाम आता है। वे 1042 ई. में नेपाल के रास्ते धर्म प्रचार करते हुए तिब्बत पहुँचे।

9वीं शताब्दी के उत्तराई में तांग शासकों के सेना ने Tangats के नेतृत्व में तिब्बती आधिपत्य से रेशम मार्ग को मुक्त करा कर तांग साम्राज्य के अधीन कर लिया। वैसे तो Tangats भी तिब्बती ही थे, लेकिन वो मंगोल ज्यादा थे। कुछ ही दिनों में Tangats लोगों ने एक सुसंस्कृत जीवन को अपना लिया और धीरे–धीरे बौद्ध लामाओं श्रमणों और ब्राह्मणों का आश्रम स्थल बन गया इनके द्वारा चीनी साहित्यिक कृति का अपनी भाषा में बड़े पैमाने पर अनुवाद

किया गया। इनका राज्य ज्ञान और संस्कृति का केन्द्र बन गया, लेकिन यह सब शीघ्र ही समाप्त होने वाला था। 33वीं शताब्दी के प्रारंभ में मंगोलिया के स्तेपियों से एक ऐसी आँधी उठ रही थी, जो पूरे विश्व पर छा जाने वाली थी। प्रारंभिक जोश में Tangats मंगोलो की अधीनता स्वीकार करने को तैयार नहीं थे, लेकिन 1225 में चँगेज स्वयं Tangats की राजधानी Xingzhou पर हमला कर दिया और अपने प्रसिद्ध युद्ध शैली में हिंसा का तांडव कर शहरों को बर्बाद और जनगण को तबाह कर दिया। लेकिन यह भी एक ऐतिहासिक तथ्य है, कि बौद्ध धर्म तिब्बत से पहले मंगोलिया पहुँच चुका था और चँगेज खाँ बौद्ध लामाओं के प्रति आदर का भाव रखता था। चँगेज खाँ की मृत्यु के बाद जब उसके साम्राज्य का विभाजन हुआ तो पूर्व का साम्राज्य कुबला खाँ को मिला। कुबला खाँ एक अत्यन्त ही दूरदर्शी साम्राज्य निर्माता था। उन्होंने यूआन राजवंश की स्थापना की और साम्राज्य में मंगोलिया चीन और तिब्बत को एकीकृत किया। मंगोलों और तिब्बतियों के बीच सामान्य सूत्र बौद्ध धर्म की शाक्य शाखा फल फूल रही थी। आम तौर पर बौद्ध धर्म तिब्बतियों और मंगोलों के राजनैतिक, धार्मिक एवं शैक्षणिक जीवन का आधार बन गया था। कुबला खाँ बौद्ध धर्म की शाक्य शाखा का अनुयायी था और मठों के प्रति आदर का भाव रखता था। कुबला खाँ ने बौद्ध लामा फागा की सहायता प्राप्त कर पूरे साम्राज्य के प्रशासनिक एवं अन्य कार्यों के लिए एक लिपि को विकसित किया। 1280 तक कुबला खाँ के राज्य का विस्तार पूरे तिब्बत एवं तवांग तक हो चुका था। बौद्ध धर्म तिब्बत की आत्मा बन चुकी थी। मंगोल एवं चीनियों के साथ उनके जुड़े रहने का आधार बौद्ध धर्म ही था। लेकिन **राजनैतिक रूप से तिब्बत चीन की संप्रभुता के अधीन था। वह चीन के सैनिक नियंत्रण में था तथा चीनी साम्राज्य की कर–व्यवस्था एवं डाक व्यवस्था के अन्तर्गत था।**

यूआन राजवंश के बाद मिंग राजवंश भी तिब्बती बौद्ध लामाओं को प्रश्रय प्रदान करता रहा। तिब्बत में बौद्ध मठ लगातार शक्तिशाली हो रहे थे। कुबला खाँ के शासनकाल 1260–1294 शाक्य बौद्धों का स्वर्णिम काल था। शाक्य मठ, धर्म ज्ञान एवं राजनीति के केन्द्र थे। Sagya नामक शहर में शाक्य बौद्ध मठ का शीर्ष, स्वर्णमंडित था एवं उनका पुस्तकालय अत्यन्त विशाल था, मंगोल शासक कुबला खाँ तथा उनके उत्तराधिकारी भी मठों को अनेक उपहार देते रहते थे। 13वीं एवं 14वीं शताब्दी में तिब्बत पर शाक्य एवं मंगोल शासन था और कम से कम दो अवसरों पर शाक्य मठ के

विरूद्ध विद्रोह को मंगोल शासकों ने क्रुरता पूर्वक दबा दिया था। लेकिन 14वीं शताब्दी के उत्तराई में बौद्ध मठों का सत्ता संघर्ष चरम पर पहुँच गया। तिब्बत में गृह युद्ध प्रारंभ हो गया। शाक्य मठों के विरूद्ध Pogmodru का शासक Jangchub Gyitsen युद्ध का नेतृत्व कर रहा था। 1353 में पश्चिमी तिब्बत से आगे बढ़ते हुए उसने ल्हासा सहित पूरे मध्य तिब्बत को अपने अधिकार में ले लिया। 1354 ई. में हुई शांति वार्ता में शाक्यों ने समर्पण कर दिया। इस प्रकार तिब्बत पर शाक्य मंगोल शासन का अंत हुआ। उधर बीजिंग में भी यूआन वंश की शक्ति चीन के गृहयुद्ध में क्षीण पड़ती जा रही थी। मंगोल शासन के कमजोर हो जाने के कारण तिब्बत को मंगोलों के सैनिक आक्रमण का भय नहीं रहा।

Jaugchub Gyaitsen एक चतुर शासक था, उसने मंगोलों के विरूद्ध या बाद में ई. 1368 से मिंग शासकों के विरूद्ध भी तिब्बत के स्वाधीनता की घोषणा तो नहीं की, लेकिन आंतरिक मामलों में तिब्बत पूरी तरह स्वतंत्र था और उसने मंगोल काल की न्याय एवं कर आदि की व्यवस्था में कई परिवर्तन कर इसे सरल और सहज बनाया। Jongchub को लड़खड़ाते यूआन साम्राज्य ने Taisitu विश्व गुरू की उपाधि दी। चीन और तिब्बत के बीच व्यापार निर्बाध गति से चलता रहा। तिब्बती मुख्य रूप से घोड़ों के बदले चीनी चाय खरीदते थे। मिंग सम्राट भी बौद्ध लामाओं को Tuluk जीवंत बुद्ध मानते थे और उनका हमेशा स्वागत रहता था। चीन का यूआन राजवंश मंगोल था जबकि मिंग राजवंश हान जाति के थे। यूआन राजवंश के समाप्त होते ही मंगोलों ने पुनः तिब्बत पर अपना अधिकार स्थापित करना चाहा। उधर 16वीं शताब्दी उत्तरार्द्ध में तिब्बती फिर विखरने लगे थे। एवं आपस में लड़ने लगे। इधर मंगोल भी आपसी लड़ाई और प्रभाव विस्तार में लगे रहते थे उन्हीं में से एक सरदार अलतान खाँ ने 1577 में तिब्बत के सबसे प्रभावी मठ गेलुग मठ से संधि कर ली और 1578 ई. में उनके मुख्य लामा Sonam Gyatso को Dalai Lama (ज्ञान का सागर) की उपाधि प्रदान की। इस प्रकार Sonam Gyatso पहले दलाई लामा बने, लेकिन कालानुक्रम में उन्हें तीसरे दलाई लामा का स्थान है। 1578 में दलाई लामा मंगोलिया प्रवास पर थे और वे अनेक स्थानों पर घूम–घूम कर धर्म का प्रचार करते रहे। इनका प्रवचन एवं शास्त्रार्थ अत्यन्त प्रभावी होता था वे अत्यधिक सम्मान की दृष्टि से देखे जाते थे। इनके जीवन काल में मंगोलिया एवं तिब्बत में बौद्ध धर्म का खूब प्रचार हुआ।

दुर्भाग्य वश तीसरे दलाई लामा की धर्म के प्रचार के क्रम में प्रवास में ही मृत्यु हो गई। 1583 ई. में अलतान खान की भी मृत्यु हो चुकी थी। अब चौथे

दलाई लामा की खोज शुरू हुई क्योंकि तिब्बती बौद्ध मतावलंबी यह मानते हैं कि लामा शरीर का त्याग कर देते हैं लेकिन उनकी चेतना अमर रहती है और पुनः एक नया शरीर धारण करती है। मंगोलों ने इस अवसर का लाभ लिया और अपने प्रभाव का इस्तेमाल करते हुए अलतान खाँ के पोते योनशेन ग्यात्सो को चौथा दलाई के रूप में स्थापित किया। चौथे दलाई लामा ने मंगोल सैनिकों की रक्षा में ही ल्हासा में अपने मठ का दायित्व प्राप्त किया।

ये गेलुग मठ के कठिनाइयों के दिन थे। चौथे दलाई लामा की मृत्यु भी शीघ्र ही हो गई। उधर मध्य तिब्बत में भी GELUG एवं KAGYU मठों के बीच वर्चस्व के लिए खूनी संघर्ष हो रहा था कई गेलुग बौद्ध भिक्षु मारे गए थे।

पाँचवें दलाई लामा लोसांग ग्यातसों को भी अनेक विवादों के बीच मंगोलों के समर्थन से ही मान्यता मिली। पाँचवें दलाई लामा ने गेसू खाँ को धर्म राजा की उपाधि दी। गेसू खाँ एक अत्यन्त ही क्रूर मंगोल शासक था। उसने शीघ्र ही पूरे तिब्बत को अपने अधीन कर लिया। बौद्ध धर्म के अन्य मतावलंबियों के मठों पर अधिकार कर उसे गेलुग मठों में बदल दिया। भूटान की सीमा पर साँग को हराकर बंदी बना लिया और करमापा को भूटान की ओर भगा दिया।

ल्हासा में अवलिकोतेश्वर की मूर्ती स्थापित की गई। श्वेत संगमरमर से निर्मित पोटला प्रसाद को चीनी एवं नेपाली शिल्पकारों द्वारा सुसज्जित किया गया। इसे दलाई लामा का स्थाई प्रसाद बनाया गया। यह एक युगान्तकारी घटना थी। इसके बाद दलाई लामा और पोटला प्रसाद में न सिर्फ राजनैतिक शक्ति केन्द्रित हो गई बल्कि यह बौद्ध धर्म के प्रभाव एवं आकर्षण का केन्द्र बन गया। दलाई लामा अवलिकोतेश्वर के अवतार थे।

17वीं शताब्दी का उत्तरार्द्ध में मिंग राजवंश अपने अवसान की ओर था और मंचूरिया की ओर से आने वाली माँचू जाति एक नए क्विंग राजवंश की स्थापना कर रही थी। माँचू जाति भी मंगोल की तरह बौद्ध धर्म से परिचित थी और कुबला खाँ के देवता महाकाल ही माँचू जाति के भी देवता थे। पाँचवे दलाई बड़े ही धार्मिक एवं आध्यात्मिक प्रवृत्ति के थे एवं गूढ़ कूटनीतिक समझ रखते थे। उन्होंने माँचू सम्राट के साथ प्रेम एवं मित्रता का संबंध बनाया और सम्राट के प्रति आदर भाव प्रदर्शित करने के लिए बीजिंग की यात्रा की। उनकी उदारता के कारण भारत से भी अनेक ब्राह्मण एवं श्रमण उनके पास जाते–आते रहते थे। शाक्य पंथ महायान बौद्ध धर्म की शाखा है और महायान का पूरा साहित्य लगभग संस्कृत भाषा में है। पाँचवें दलाई लामा स्वयं भी संस्कृत के ज्ञाता थे।

पाँचवे दलाई लामा ने अपने को अति महत्त्वपूर्ण राजकीय समारोहो एवं महत्त्वपूर्ण धार्मिक कार्यों तक सीमित कर लिया था। लगभग सभी राजनैतिक एवं धार्मिक निर्णय सांगये ग्यातसो लेते थे। सांगये ग्यात्सो पर पंचावे दलाई लामा की निर्भरता इस हद तक थी कि ल्हासा में चर्चा थी कि सांगये ग्यात्सो उनकी अवैध संतान है। लामाओं से धम्म पूर्ण ब्रह्मचर्य की अपेक्षा रखता है।

पाँचवे दलाई लामा की मृत्यु के बाद जो हुआ वह आज भी विश्व के नाटकीयतम घटनाओं में से एक है। सांगये ग्यातसो ने पाँचवे दलाई लामा की मृत्यु को 15 वर्षों तक छुपा कर रखा और इसके लिए छल, प्रपंच एवं बहुरूपिए तक का सहारा लिया। नए छठे दलाई लामा की खोज दक्षिण पूर्व तिब्बत के कोने में भूटान तवांग सीमा पर हुई। दीक्षा के उपरान्त सांग यांग ज्यातसो का छठे दलाई लामा के रूप में समारोहपूर्वक पोटला राजप्रसाद में अभिषेक हुआ। दुर्भाग्यवश युवावस्था प्राप्त करते ही छठे दलाई लामा धार्मिक कार्यो में कम और सांसारिक आमोद–प्रमोद में ज्यादा व्यस्त रहने लगे।

माँचू सम्राट बीजिंग से तिब्बत पर नजर रखते थे। **सम्राट मंगोलों और तिब्बतियों की संयुक्त शक्ति से परिचित थे। अतः मंगोलों और तिब्बतियों के बीच के मतभेदों को हवा देते रहते थे।** यों तो मंगोल भी तिब्बतियों के मामले में सीधे हस्तक्षेप नहीं करते थे, लेकिन गुसी खाँ का पोता लाजंग खाँ पुनः तिब्बत के राजा की उपाधि प्राप्त करना चाहता था। 1706 ई. में छठे दलाई लामा की रहस्यमयी परिस्थितियों में मृत्यु हो गई। आज भी तवांग के बौद्ध मतावलंबी तिब्बतियों को छठे दलाई लामा के हत्या का जिम्मेबार मानते हैं और तिब्बतियों से घृणा करते हैं। छठे दलाई लामा का जन्म तवांग में हुआ था। चूँकि माँचू सम्राट भी छठे दलाई लामा को अवतार नहीं मानते थे। अतः लाजंग खाँ को मौका मिला और उसने यह कहते हुए कि छठे दलाई लामा असली नहीं थे, अपने ताकत के बल पर पोटला प्रसाद में एक नए छठे दलाई लामा का राज्याभिषेक कर दिया। इस प्रकार के जबरन राज्याभिषेक का पूरे तिब्बत में विरोध हो रहा था। यहाँ की स्थिति पर नजर रखने के लिए **सम्राट ने एक दूत को ल्हासा में नियुक्त कर दिया।** लाजंग खाँ का विरोध बढ़ता ही जा रहा था। इसी बीच यह चर्चा भी होने लगी कि छठे दलाई लामा का पूर्वी तिब्बत के लितांग में पुनर्जन्म हुआ है। गेलुग मठ के भिक्षु एकजुट हो गए और जूनाधार खाँ की सहायता से लाजंग खाँ को ल्हासा से भगा दिया। लाजंग खाँ ने सम्राट से सैन्य सहायता की याचना की, चूँकि लाजंग खाँ चीनी

संप्रभुता के अधीन था। अतः सैन्य सहायता की तैयारियां की जाने लगी। इसी बीच लाजंग खाँ की मृत्यु हो गई। लेकिन चीनी सेना को ल्हासा के लिए प्रस्थान करने का आदेश दिया जा चुका था। तब तक सातवें दलाई लामा की खोज कर ली गई वे उस समय 12 वर्ष के थे। गेलुग मठ की परंपरा का सम्मान करते हुए सम्राट ने चीनी मंगोल एवं तिब्बती लिपि में एक स्वर्ण मुद्रा जारी कर सातवें दलाई लामा को अधिकृत किया। **अक्टूबर, 1720 में सातवें दलाई का माँचू सेना के साथ पोटला राजप्रसाद में प्रवेश हुआ।** इस सेना में माँचू, हान्, मंगोल, तिब्बती सभी थे। सम्राट ने पोटला प्रसाद के व्यय एवं सजावट के लिए विपुल धन राशि उपलब्ध कराई। सम्राट ने जहाँ दलाई लामा के उत्तराधिकार एवं मंगोलों के हस्तक्षेप को एक साथ सुलझा लिया वहीं तिब्बत में निर्णायक रूप से हस्तक्षेप का निर्णय भी लिया और तिब्बत को स्पष्ट रूप से चीनी संप्रभुता के अधीन कर लिया। तिब्बत के आमदो को चीनी प्रान्त क्विंघाई (QUINGHAI) में मिला लिया गया तथा खाम के अधिकांश हिस्से को सिचुआन प्रान्त में मिला लिया गया। तिब्बत का प्रशासन एक परिषद के अधीन कर दिया गया। दलाई लामा की भूमिका सीमित कर दी गई। तिब्बत के सत्ता संघर्ष में चीनी सेना की भूमिका निर्णायक हो गई ल्हासा में सम्राट के दो दूत प्रतिनियुक्त कर दिए गए। इसके पूर्व ल्हासा मे नियुक्त चीनी दूत यों तो ल्हासा में मात्र एक ही वर्ष रहा था, लेकिन उसने तिब्बत एवं उसकी सीमाओं के अनेक रेखाचित्र बना लिए। उन्हीं रेखाचित्रों के आधार पर ई. 1778 में प्रकाशित चीनी एटलस में तिब्बत को चीन का भाग दिखाया गया है।

इस प्रकार 18वीं शताब्दी के प्रारंभ में तत्कालीन राजनैतिक सांस्कृति एवं अन्तर्राष्ट्रीय मापदण्डों के आधार पर तिब्बत निश्चिय रूप से चीनी संप्रभुता के अधीन था।

यदि तिब्बतियों के व्यक्तित्व के बारे में देखें तो उनका सर्वाधिक चरित्र यह है कि वे बड़े परिश्रमी, निर्भीक, स्वतंत्र एवं लड़ाकू होते हैं। सम्राट द्वारा की गई व्यवस्था से असंतुष्ट तिब्बतियों ने 1750 ई. में पुनः विद्रोह कर चीनी अम्बनो (दूतों) को मार डाला। सम्राट को पुनः हस्तक्षेप करना पड़ा। दलाई लामा के सामान्य राज–काज के लिए एक मंत्री परिषद का गठन कर दिया गया। चीनी अम्बन की भी भूमिका सीमित कर दी गई। पूर्वी तिब्बत के बड़े हिस्से को चीनी प्रान्तों में मिलाया जा चुका था। पश्चिमी तिब्बत में पंचेन लामा को आंतरिक मामलों में पूरी तरह स्वतंत्र कर दिया गया था। 18वीं

शताब्दी के अंत होते–होते तिब्बत की पूरी राजनैतिक व्यवस्था सम्राट के अधीन थी। **1792 ई. में सम्राट क्विलॉग द्वारा 29 निदेशों वाला एक वृहत राज्यादेश निर्गत किया गया** जिसमें तिब्बत के शासन व्यवस्था लामाओं के चयन प्रक्रिया आदि को निर्धारित किया गया।

18वीं शताब्दी के उत्तरार्द्ध में हिमालय के दक्षिण पश्चिम में भी एक खूनी खेल शुरू हो चुका था। 1774 ई. तक इंग्लैण्ड की ईस्ट इंडिया कम्पनी कलकत्ता में अपनी जड़े जमा चुका था। 1774 ई. में छठे पंचेन लामा का दो दूत वारेन हेस्टिंग्स के पास एक शिकायत पत्र लेकर आया। पंचेन लामा को शिकायत थी कि ईस्ट इंडिया कम्पनी के कारिंदे एवं गुमाश्ते भूटान नरेश की दक्षिणी सीमा पर मनमानी करते हैं, उसे रोका जाए।

इस समय भूटान तिब्बत के प्रभाव क्षेत्र में था, जैसा हमारी पूर्वी सभ्यता परंपरा है। पंचेन लामा ने अंग्रेजों के लिए कुछ उपहार भी भेजे, जिसमें स्वर्ण–चुर्ण, कस्तूरी, चाँदी, सिल्क आदि थे। और जैसा कि पश्चिमी परंपरा है भेड़िया को रक्त का गंध मिल गया। हेस्टिंग्स ने तिब्बत को लूटने की योजना बनानी शुरू कर दी। उसने अपने निजी सचिव बोग्ले को अपना दूत बनाकर पंचेन लामा के पास भेजा। हेस्टिंग्स के दूत के आने की सूचना पंचेन लामा द्वारा ल्हासा भेजी गई। उस समय तक 7वें दलाई लामा की मृत्यु हो चुकी थी और 8वें दलाई लामा के अव्यस्क होने के कारण तिब्बत के शासन की देख–रेख चीनी रीजेण्ट के पास थी। रीजेंण्ड ने जब बीजिंग के पास यह सूचना भेजी तो वहाँ से चीनी सम्राट का यह आदेश दुहरा दिया गया कि **चीन की सीमा में अफगानों भारतीयों और यूरोपियनों का प्रवेश वर्जित है,** लेकिन अंग्रेजों ने तो पूरी तैयारी की थी। अंत में पंचेन लामा अपने मुख्य मठ से दूर एक छोटे से मठ में बोग्ले से मिले जो दलालों के माध्यम से पंचेन लामा को यह लालच दिया कि अंग्रेज कोलकाता में गेलुग पंथ के बौद्ध मठ की स्थापना करेंगे। उस समय भारत में बौद्ध धर्म लगभग पूरी तरह समाप्त हो चुका था और कोलकाता में गेलुग मठ की स्थापना एक बड़ा आकर्षण था। पंचेन लामा के इच्छानुसार कलकत्ता में हुगली नदी के किनारे एक गेलुग मठ की स्थापना की गई।

बीजिंग सन् 1781 ई. सम्राट Qianlong के 70वें जन्मोत्सव की तैयारियाँ चल रही थी। सम्राट की इच्छा थी कि पंचेन लामा भी उस समारोह में भाग ले। उल्लेखनीय है कि दलाई लामा से अलग पंचेन लामा बीजिंग सम्राट के प्रति ज्यादा नजदीकी संबंध रखने के पक्षधर रहे हैं। पंचेन लामा अपनी शारीरिक और मानसिक क्षमता के अनुकूल नहीं रहने के कारण बीजिंग की

3500 किलोमीटर की कठिन यात्रा नहीं करना चाहते थे। लेकिन सम्राट के बार–बार अनुरोध करने पर पंचेन लामा बीजिंग पहुँचे। बीजिंग में पंचेन लामा का भव्य स्वागत किया गया दुर्भाग्वश बीजिंग में ही प्लेग से पंचेन लामा की मृत्यु हो गई। Qianlong सम्राट के लिए यह बड़ा कूटनीतिक झटका था, सम्राट ने इस मृत्यु पर गहरा शोक व्यक्त करते हुए पंचेन लामा के शव को एक स्वर्ण स्तूप में ल्हासा भेजा। अब हुआ यह कि पंचेन लामा के साथ सम्राट द्वारा भेजे गए उपहार को लेकर उनके भाइयों के बीच झगड़ा होने लगा और उनका एक भाई समर अनेक कीमती उपहारों को लेकर नेपाल भाग गया उस समय नेपाल में पुराने राजवंश की जगह गोरखा राजशाही की स्थापना हो चुकी थी तथा नेपाल और तिब्बत के बीच सिक्कों की ढलाई को लेकर पूर्व से विवाद चल रहा था। परंपरा से तिब्बत के सिक्कों की ढलाई नेपाल में होती थी अब नेपाल शुद्ध चाँदी के सिक्कों की ढलाई करना चाहता था और तिब्बती मुद्रा का अवमूल्यन चाहता था। इसके अतिरिक्त तिब्बत से आने वाले नमक पर लगने वाले कर को लेकर भी विवाद था। समर के नेपाल में शरण लेने के कारण यह विवाद और भी बढ़ गया। समर ने जहाँ नेपाल नरेश को अनेक उपहार दिए। वहीं नेपाल के साथ एक संधि भी कर ली कि वे दोनों ल्हासा मठ जो चीन समर्थित है उससे तिब्बत को मुक्त करना है। नेपाल ने तिब्बत पर आक्रमण कर दिया। पहली बार तो वे सीमावर्त्ती क्षेत्रों से लूट–पाट कर लौट गए लेकिन नेपाली सेना ने दुबारा आक्रमण किया और उस बार वे पंचेन लामा के मठ तक पहुँच गये थे। सभी **सूचनाएँ बीजिंग में सम्राट तक भी पहुँच रही थीं नेपाल को दण्ड देना आवश्यक था। माँचू सेना ने नेपाल पर आक्रमण कर दिया और काठमाण्डू घाटी तक पहुँच गए** अनेक गोरखा सरदार जंगल की ओर भाग गए। गोरखों ने आत्मसमर्पण कर दिया और लूटी गई सभी वस्तुएँ वापस कर दीं समर के मठ को मिट्टी में मिला दिया गया और उसके सिंहासन को जमीन में गाड़ दिया गया। तिब्बत के इस अस्थिरता के कारण चीनी सेना एवं सम्राट के दरबार में यह मत था कि, तिब्बत की अशांति के पीछे इसका मूल कारण विभिन्न बौद्ध मठों की स्वार्थपरता और ईर्ष्या है। सम्राट ने इन विवादों को समाप्त करने के लिए और तिब्बत के शासन को संगठित करने के लिए नए नियम लागू कर दिए। दलाई लामा के पुनर्जन्म, नए बालक के पहचान हेतु दावेदारों की बीच लाट्री की व्यवस्था लागू कर दी गई। तुलुक और लामाओं का पंजीकरण अनिवार्य कर दिया गया लेकिन इन अव्यवस्थाओं के रहते हुए भी सम्राट तिब्बत को

सीधे अपने नियंत्रण में नहीं लेना चाहते थे। पहला कारण ल्हासा से बीजिंग 3000 मील दूर था। आवगमन अत्यन्त दुरूह बर्फ आच्छादित पर्वतीय पठारों के बीच था। उस समय तक सर्वभौम राष्ट्रीय राज्य की अवधारणा एशिया में प्रचलित नहीं थी। सम्राट के प्रति निष्ठा एवं राज्य के अनुरूप व्यवहार ही पर्याप्त माना जाता था और शायद यह भी एक कारण था कि सम्राट की माँ एक समर्पित बौद्ध थी और माँ तारा की उपासिका थी, सम्राट जानते थे कि तिब्बत का चीन में मिलाना बौद्ध धर्म की समाप्ति होगी। परन्तु बीजिंग को मिल रही खबरें चिन्ताजनक थी। समाचार यह था कि पिछले वर्षों में नेपाल के गोरखाओं को अंग्रेजों द्वारा भड़काया जा रहा है और इसके पीछे ईस्ट इंडिया कम्पनी का हाथ है। तिब्बत में प्रवेश के लिए पासपोर्ट अनिवार्य कर दिया गया। ईस्ट इंडिया कम्पनी के सारे प्रस्तावों को अस्वीकार कर दिया। सन् 1793 ई. में व्यापारिक अंग्रेजी दूत को सम्राट से मिलने की अनुमति नहीं मिली। **यूरोपियनों का तिब्बत में प्रवेश वर्जित कर दिया गया।**

अठारहवीं शताब्दी के अन्त तक भारत में मुगल सत्ता का अवसान हो चुका था। पश्चिमी यूरोप के लुटेरे व्यापारी के रूप में बिखरे एवं केन्द्रीय सत्ता विहीन भारत में प्रवेश करना प्रारंभ किया। 1739 ई. में नादिर शाह के आक्रमण के बाद मुगल श्री हीन हो चुके थे। और इसी का लाभ लेकर अंग्रेजों ने पूरे भारतीय उप महाद्वीप को अपना गुलाम बना लिया। 1857 ई. में अंग्रेज वैधानिक रूप से भारत के मालिक बन गए और दिल्ली उनकी सल्तनत का हिस्सा हो गया। अब अंग्रेज ही भारत के मालिक थे।

भारत में अंग्रेजों का प्रवेश न सिर्फ भारत बल्कि चीन के लिए भी विनाशकारी सिद्ध हुआ। अंग्रेजों ने **नेपाल, भूटान, सिक्किम सबको अपने अधीन कर लिया। जबकि पूर्व में सभी ये हिमालय के राज्य किसी न किसी रूप से तिब्बत से जुड़े हुए थे।** 1846 ई. में प्रथम सिख आंग्लो युद्ध के बाद जम्मू कश्मीर अंग्रेजों के अधीन हो गया। 1879 ई. में गंदमास्क की संधि के बाद अफगानिस्तान ब्रिटिश साम्राज्य के अधीन हो गया।

19वीं शताब्दी के उत्तरार्द्ध में माँचू सम्राट की शक्ति क्षीण हो रही थी। जहाँ पूर्व में जापान चीन के पूर्वी प्रदेशों मनचूरिया को हड़पना चाह रहा था। वहीं उत्तर में रूस की जारशाही मध्य एशिया के प्रदेशों ताशकन्द, फरगना, मंगोलिया आदि को हड़पता जा रहा था। हिमालय के दक्षिण में अंग्रेज पूर्वी पामीर से बर्मा तक फैल चुके थे। अफगानिस्तान ब्रिटिश Protectorate बन चुका था। 1895 ई. में पामीर सीमा समझौता के द्वारा अंग्रेजों और रूसियों

के बीच एक दुरभि संधि बन गई। परिणामस्वरूप 1907 में रूसी एवं ब्रिटिश ने परस्पर सहमति की। एक संधि के द्वारा तिब्बत में हस्तक्षेप नहीं करने का समझौता किया। माँचू सम्राट सिक्किम पर ब्रिटिश संप्रभुता स्वीकार कर चुके थे। लेकिन वे अफीम के व्यापार में लिप्त अंग्रेजों की धूर्तता से वाकिफ थे। अंग्रेज 1846 ई. के बाद से ही लाहौल स्पीति घाटी के रास्ते तिब्बत से व्यापार करना चाहते थे। लेकिन सम्राट उन्हें तरजीह नहीं दे रहे थे। वे जानते थे कि अंग्रेजों की नजर तिब्बत पर है। 1899 ई. में लार्ड कर्जन भारत का वायसराय बन कर आया। वह एक लुटेरा किस्म का था और किसी भी तरह तिब्बत पर अधिकार चाहता था। पूरे उन्नीसवीं शताब्दी में अंग्रेजों का खूनी खेल भारत और चीन में जारी था। जहाँ भारत पर पूर्ण स्वामित्व प्राप्त कर चुका था और चीन पर दो अफीम युद्ध लादकर और अपमानजनक शर्त्तों पर चीन को संधि के लिए विवश कर चीन को लूट रहे थे। भारत के बिहार, बंगाल, पूर्वी उत्तरप्रदेश के किसान जहाँ अफीम की खेती कर बर्बाद हो रहे थे। वहीं चीन के किसान अपना धन एवं स्वास्थ्य अफीम का सेवन कर बर्बाद कर रहे थे। यों तो माँचू सम्राट ने 1890 ई. के कलकत्ता समझौता कर सिक्किम पर अंग्रेजों की संप्रभुता और सीमा को स्वीकृति प्रदान कर दी थी लेकिन सिक्किम पर तिब्बत के कुछ अधिकार थे जिसे छोड़ने को वह तैयार नहीं था और अक्सर विवाद होता रहता था। वास्तव में सिक्किम का राजवंश तिब्बती मूल का था और तिब्बत से उसके अभिन्न धार्मिक, आर्थिक और सांस्कृति संबंध थे। लार्ड कर्जन तिब्बत को सबक सिखाने का निश्चय कर चुका था। 1899 ई. का बक्सर (Buxar) युद्ध के बाद ब्रिटेन किसी बाहरी युद्ध में उलझना नहीं चाहता था लेकिन लार्ड कर्जन ने अपने प्रभाव का इस्तेमाल कर और गलत सही तर्क देकर तिब्बत के ग्यात्से तक एक सैन्य दल भेजने के लिए अंग्रेजों को राजी कर लिया। दिसम्बर, 1903 ई. में फ्रांसिस यंग हसबैंड के नेतृत्व में 2500 गुरखा और सिख सैनिकों का एक दल भूटान नरेश की सहायता से तिब्बत में प्रवेश किया और अपने मातृभूमि की रक्षा करते भोले–भाले तिब्बती नागरिकों और बौद्ध भिक्षुओं का नरसंहार करते हुए ग्यात्से तक पहुँचा। वहाँ के मठों को जनशून्य देखकर वह ल्हासा की ओर बढ़ गया। दलाई लामा को जब यह सूचना मिली कि ब्रिटिश सेना ल्हासा की ओर बढ़ रही है तो वे मंगोलिया की ओर भाग गए यंग हसबैंड को न ल्हासा में कोई रूसी एजेन्ट मिला और न हथियार। इस प्रकार कर्जन के झूठ का पर्दाफाश हो गया। यंगहसबैंड ने दलाई लामा

की अनुपस्थिति में गोदेन मठ के लामा को एक संधि के लिए विवश किया, उसमें अनेक अपमानजनक शर्त्ते लाद दी गई। ब्रिटेन को युद्ध के हरजाना के अतिरिक्त ग्यात्से, यादोंग और गरटोक में व्यापारिक केन्द्र, सैनिक चौकी, संचार सुविधा आदि की शर्त्तें थी उसके अलावे तिब्बत पर अनेक प्रतिबंध लगा दिए गए। बाद में जब ब्रिटिश सरकार को यह लगा कि क्विंग सम्राट पूर्व से ही अफीम व्यापार से अक्रांत है और यह संधि आग में घी का काम कर सकती है तो उसने 1906 ई. में सम्राट के साथ एक नई संधि की। युद्ध की क्षतिपूर्त्ति को 75 लाख रूपए से घटाकर 25 लाख कर दिया गया, बदले में चुम्बी घाटी को लीज पर ले लिया। **1906 के ब्रिटिश चीन समझौता में स्पष्ट कर दिया गया कि तिब्बत चीन के संप्रभुता के अधीन है। ब्रिटेन तिब्बत के आंतरिक मामलों में कोई हस्तक्षेप नहीं करेगा। तिब्बत की सीमा का अतिक्रमण नहीं करेगा एवं बिना चीन की स्वीकृति के तिब्बत के साथ कोई समझौता नहीं करेगा।**

1904 ई. के तिब्बत पर ब्रिटिश दादागिरी ने माँचू दरबार को यह संदेश दिया कि ब्रिटेन चीन पर समुद्र के रास्ते ही नहीं बल्कि तिब्बत की ओर से जमीनी हमला भी कर सकता है। चीन की रक्षा के लिए तिब्बत ही कवच है तिब्बत वह हाथ है जो चीन के चेहरे को ढकता है, लेकिन तिब्बत में समस्या खाम्पा जाति के लड़ाके एवं गेलुग मठों के सशस्त्र भिक्षु थे। सम्राट ने 1906 ई. में सेनापति झाओ फेंग के नेतृत्व में एक तीव्रगामी शक्तिशाली सैन्य टुकड़ी को तिब्बत की ओर रवाना किया। सेनापति झाओ फेंग बितांग, लातंग आदि तिब्बती शहरों का क्रूरता–पूर्वक दमन करते हुए बौद्ध मठों को भी ध्वस्त कर दिया। तिब्बती उसे कसाई फेंग के नाम से जानते हैं। जिसने थोड़ा भी प्रतिरोध किया उसका सर कलम कर दिया गया। गेलुग मठ सेमपेलिंग मठ जो सर्वाधिक शक्तिशाली था के एक–एक बौद्ध संन्यासी की हत्या कर दी गई और **पूरे तिब्बत को प्रतिरोध मुक्त कर दिया गया नए नियम लागू कर दिए गए। चीनी किसानों को खाम क्षेत्र में बसाया जाने लगा तिब्बतियों को स्पष्ट कर दिया गया कि वे चीन के नागरिक हैं और उनको सीधे चीन के सम्राट को कर देना है। चीनी भाषा के स्कूल खोलें गए। बच्चों को भी चीनी नाम दिया जाने लगा। अब सभी व्यवहार में तिब्बत एक चीनी प्रदेश था।** दलाई लामा उस समय कमबम के मठ में थे। उन तक सभी सूचनाएँ पहुँच रही थी दलाई लामा सम्राट के दरबार में बीजिंग पहुँचे। उन्हें वहाँ अनेक व्यवहारों

से स्पष्ट कर दिया गया कि उनकी हैसियत एक अधीनस्थ से ज्यादा नहीं है। ई. 1909 के दिसम्बर में दलाई लामा ल्हासा लौट आए। इस बीच झाओ फेंग खाम क्षेत्र का पूरी तरह दमन करने के बाद अब अपने 2000 सैनिकों को ल्हासा भेजा। तिब्बती अब किसी तरह के प्रतिरोध करने की स्थिति में नहीं थे। बल्कि उन्होंने माँचू सेना का स्वागत ही किया। चीनी दूतों ने पत्र लिखकर दलाई लामा को स्पष्ट कर दिया कि उन्हें सिर्फ धार्मिक कार्य ही करने हैं। प्रशासन और न्याय व्यवस्था चीनियों के अधीन हो गए। **नए सिक्कों की ढलाई की जाने लगी। जिसमें तिब्बती एवं चीनी दोनों लिपि उद्धृत थी।** दलाई लामा को जब यह लगने लगा कि उनकी स्थिति भी सिक्किम के चोग्याल की तरह मात्र प्रतीकात्मक हो जाएगी तो उन्होंने पोटला राजप्रसाद फरवरी, ई. 1910 में चुपके से छोड़ दिया। हालाँकि उनके मन में गन्तव्य स्पष्ट नहीं था लेकिन भाग्य की विडंबना देखिए जिन अंग्रेजों के डर से दलाई लामा ई. 1904 में भागकर मंगोलिया चले गए थे 1910 में उन्हीं के कदमों में आ पड़े। इस समय तक प्रथम विश्व युद्ध की आहट यूरोप में आने लगी थी। 4 मई, 1910 को वायसराय मिंटो ने दलाई लामा को एक तार भेजकर स्पष्ट कर दिया कि "दलाई लामा को स्पष्ट बता दिया जाए कि महामहिम की सरकार तिब्बत और चीन के बीच कोई हस्तक्षेप नहीं करेंगे" इधर दलाई लामा के अंग्रेजों की शरणागति को माँचू सम्राट ने अपने संप्रभुता का हनन माना और अपनी संप्रभुता का प्रदर्शन करते हुए चीनी सेना तिब्बत की दक्षिणी सीमा रीमा तक आ गई और वालोंग में एक सीमा चिन्ह भी लगा दिया।

घटनाक्रम तेजी से घूम रहा था और भाग्य अंग्रेजों के पक्ष में था। 10 अक्टूबर, 1911 को 276 वर्ष पुराने माँचू राजवंश के विरूद्ध बांचुंग एवं पूरे चीन में विद्रोह फैल गया। यह अंग्रेजों की जीत थी क्योंकि मिंग सम्राट हर हाल में विदेशियों को भगाना चाहते थे, लेकिन जापान और अंग्रेजों के दलाल एवं माफिया सम्राट के विरूद्ध षडयंत्र कर रहे थे। सम्राट के विरूद्ध गृह युद्ध से चीन में राष्ट्रवादियों के नेतृत्व में नागकिंग में एक नई सरकार बनी। उधर तिब्बत में प्रवास कर रही चीनी सेना ने भी विद्रोह कर दिया। उन्होंने चीनी अम्बनों की हत्या कर दी और नागरिकों से लूट–पाट करने लगे। तिब्बती भी चीनी सेना के विरूद्ध उठ खड़े हुए और चीनियों को भारत के रास्ते भागना पड़ा। तिब्बत एवं ल्हासा की स्थिति अराजक थी। तिब्बती भी दलाई लामा समर्थक एवं विरोधियों में बँट गए, लेकिन दलाई लामा समर्थकों की जीत हुई और अंततः **जनवरी, 1913 में दलाई लामा ल्हासा में अपने राजप्रसाद में लौट आए।**

दलाई लामा ने सत्ता संभालते ही स्पष्ट कर दिया कि तिब्बत चीन की संप्रभुता के अधीन नहीं है। चँगेज खाँ और अलतान खान के समय से ही तिब्बत और चीन के बीच का संबंध गुरू और शिष्य का रहा है। यूआन और मिंग राजवंश के समय भी लगभग उसी तरह के संबंध रहे है। लेकिन पिछले कुछ समय से चीनी अधिकारियों ने तिब्बत के कई हिस्सों को अपने अधीन कर लिया है। यह हमारे अधिकारों का हनन है।

इधर नानकिंग में नई राष्ट्रवादी सरकार ने भी तुरंत स्पष्ट कर दिया कि चीनी गणराज्य हान मंगोल, माँचू, तिब्बतियों तथा तातारों के मिलने से बना है और ये सभी जातियाँ चीनी नागरिक हैं, तिब्बत चीन का हिस्सा है मंगोलिया, तर्कमेनिस्तान और तिब्बत की सीमा ही चीन की सीमा है। सेना को खाम पर कब्जा करते हुए ल्हासा की ओर बढ़ने का आदेश दिया गया। लेकिन चीन अराजकता, आपसी फूट और गृहयुद्ध के लम्बे चक्र में पड़ गया था। बीजिंग में तो सम्राट की शक्ति समाप्त हो ही रही थी, नानकिंग में बैठी नई राष्ट्रवादी सरकार भी अर्न्तविरोधों के भँवर में थी।

ल्हासा में दलाई लामा भी समझ रहे थे कि वर्तमान परिस्थितियों में उन्हें चीन से स्वाधीन रहने के लिए एक मजबूत शक्ति के समर्थन की आवश्यकता है। इधर ई. 1910 की घटना के बाद जब चीनी अधिकारी रीमा और वालोंग तक पहुँच गए थे, अंग्रेज भी सर्तक हो गए कि भारत/असम की सीमा पर एक शक्तिशाली पड़ोसी पहुँच चुका है। दलाई लामा ने ब्रिटेन को अपना पैरोकार चुना। अब अंग्रेजों की इच्छा यह थी कि जिस प्रकार मंगोलिया का विभाजन कर चीन रूस की सीमा पर एक तटस्थ और कमजोर राष्ट्र बाह्य मंगोलिया का निर्माण हो गया एवं अंग्रेज और रूस की सीमा के बीच वाखान, गलियारा का निर्माण हो गया। उसी प्रकार भारत में अंग्रेजों के राज्य और चीन के बीच तिब्बत को विभक्त कर बाह्य तिब्बत को स्वतंत्र और अंग्रेज आश्रित राज्य और आंतरिक तिब्बत को चीन का प्रांत बना दिया जाए। लंदन ने येन केन प्रकारेण नानकिंग से इस नीति पर सैद्धान्तिक सहमति प्राप्त कर ली। वास्तविकता यह थी कि चीन विदेशी आक्रांताओं और गृह युद्ध के कारण इतना कमजोर पड़ चुका था कि उसे पूरे तिब्बत को अंग्रेजों द्वारा हड़पने का भय था, अंग्रेजी राज्य के भारतीय विदेश सचिव हेंनरी मैकमोहन ने लंदन के आदेश पर ब्रिटिश भारत की उप राजधानी शिमला में सितम्बर–अक्टूबर 1913, में एक त्रिपक्षीय सम्मेलन का आयोजन किया। यह सब दलाई लामा द्वारा ब्रिटिश सम्राट को पत्र लिखकर माँगी गई

सहायता का परिणाम था। सम्मेलन में मैकमोहन ने जो मानचित्र रखा उसमें तिब्बत की सीमा लालरंग में और तिब्बत के विभाजन की रेखा नीले रंग में दिखाई गई थी। प्रारंभ में ही चीनी प्रतिनिधि पहले तो चीन तिब्बत की सीमा रेखा पर और फिर आंतरिक एवं बाह्य तिब्बत के विभाजन रेखा पर आपत्ति करने लगे। अंत में माँचू शासित समस्त क्षेत्र को आन्तरिक तिब्बत में रखा गया। फिर तिब्बती प्रतिनिधि ताबांग को असम/भारत की सीमा में दिखाए जाने एवं अन्य भू–भाग पर आपत्ति करने लगे। उनकी (यानी तिब्बतियों) सर्वाधिक आपत्ति समझौता प्रारूप के दूसरे प्रावधान पर था जिसमें पूरे तिब्बत को चीनी संप्रभुता के अधीन माना गया है। अंततः 27 अप्रैल 1914 को प्रारूप समझौता और नक्शा पर तीनों पक्ष ने दस्तखत किए। चीनी प्रतिनिधि ने स्पष्ट कर दिया कि Intial का अर्थ Signature नहीं है और पूर्ण हस्ताक्षर चीन की केन्द्रीय सरकार की स्वीकृति के बाद ही होगा। चीन की सरकार ने समझौते को मानने से इन्कार कर दिया और लंदन में विरोध प्रगट लिखित रूप में किया। इवान चेन को कड़ी फटकार लगाई गई। लंदन से इंडिया ऑफिस ने भी इन समझौते पर शर्त्त लगा दी। मैकमोहन को तार भेजकर यह बता दिया गया कि यदि चीनी प्रतिनिधि हस्ताक्षर करने से इन्कार करते हैं तो वार्ता को रद्दकर समझौता स्थगित कर दिया जाए, लेकिन मैकमोहन तार पहुँचने में विलम्ब का बहाना बनाकर चीनी प्रतिनिधि की अनुपस्थिति में 03 जुलाई, 1914 को ब्रिटिश प्रतिनिधि मैकमोहन और दलाई लामा के प्रतिनिधि ने संधि एवं मानचित्र पर हस्ताक्षर कर दिए और एक संलग्न घोषणा में यह स्पष्ट कर दिया जब तक चीन की सरकार इस समझौते पर हस्ताक्षर नहीं करती है चीन की सरकार को उसका लाभ नहीं मिलेगा। इस तरह के आधे–अधूरे समझौते को बिना ब्रिटिश सरकार की सहमति के हस्ताक्षरित करने के पीछे यह कारण था कि मैकमोहन ने गोपनीय तरीके से तिब्बत की दक्षिणी सीमा जो आसाम/भारत से लगती है का समझौता तिब्बती प्रतिनिधि के साथ 24/25 मार्च को ही मानचित्र का आदान–प्रदान (जिसमें तावंग को आसाम/भारतीय क्षेत्र दिखाया गया है) कर चुके थे। यह 1907 के ब्रिटेन रूस के बीच हुए उस समझौते का भी उल्लंघन था कि बिना चीन की स्वीकृति के तिब्बत के साथ कोई संधि नहीं होगी। यह समझौता मात्र मैकमोहन की निजी महत्त्वाकांक्षा का परिणाम था।

शिमला समझौते ने एक ऐसा विवाद पैदा कर दिया जो आज सौ वर्ष बाद भी अनसुलझा है और ई. 1962 में भारत चीन के बीच एक अनावश्यक युद्ध का मोहरा बन गया जिसमें भारतीयों को राष्ट्रीय अपमान सहना पड़ा और

माँ भारती के वीर सपूतों ने बिना किसी साजो सामान के रणभूमि में लड़कर अपने रक्त से मातृभूमि की रक्षा की।

इसी बीच 1914 में प्रथम विश्वयुद्ध प्रारंभ हो गया। चीनी क्रांति के बीच तिब्बत ने अपनी स्वतंत्र पहचान बनाने की हर कोशिश की, अंग्रेजों की सहायता से एक सशस्त्र सेना एवं पुलिस बल का गठन भी कर लिया, अनेक प्रकार के सुधार लागू किए गए। कर के बढ़ने से जहाँ तिब्बती कुलीन वर्ग नाराज चल रहा था वहीं अंग्रेजों से अधिक गठजोड़ के कारण पंचेन लामा चीन की और चले गए। दलाई लामा की अनुपस्थिति में तिब्बती कुलीन वर्ग का एक गुट चीनियों के साथ रहना चाहता था। इन्हीं विपरीत परिस्थितियों में ई. 1934 में 13वें दलाई लामा की मृत्यु हो गई। तिब्बत अभी भी प्राचीन था, दुर्गम था आधुनिक शिक्षा से दूर वहाँ एक विशेष तरह का धर्म आधारित कुलीन तंत्र था। प्रायः प्रमुख लामा प्रभावशाली कुलीन परिवारों के ही होते थे। यह कुलीन वर्ग किसी तरह के परिवर्तन का पूरा विरोध करता था। दलाई लामा के मंत्री परिषद केसांग के सदस्य जीवनपर्यन्त अपने पद पर बने रहते थे। राष्ट्रीयता की भावना का अभाव आवागमन की दुरूहता, उत्पादन के प्राचीन तौर तरीके आदि ऐसे कारण थे जो तिब्बत के संप्रभु राष्ट्र बनने की राह में बाधक थे। कृषि एवं उद्योग के एक सशक्त आर्थिक आधार के बिना एक आत्मनिर्भर राष्ट्र की कल्पना नहीं की जा सकती है। **फिर भी 1914 से 1950 तक तिब्बत लगभग स्वतंत्र था।**

01 अक्टूबर, 1949 को बीजिंग पर लाल सेना का कब्जा हो गया कोमिंतांग सरकार ने भागकर फारमूसा वर्तमान ताइवान में शरण ली। लाल सेना के पूर्ण विजय के कुछ दिनों पूर्व से ही बीजिंग रेडियो द्वारा यह प्रसारित किया जाने लगा था कि तिब्बत चीन का अविभाज्य अंग है और जो भी इसका विरोध करेगा उसे लाल सेना का सामना करना पड़ेगा। लाल क्रांति के एक वर्ष बाद ही 07 अक्टूबर, 1950 को लाल सेना तिब्बत की ओर बढ़ गई। उस समय तिब्बती मंत्री परिषद और अधिकारी छुट्टियाँ मना रहे थे। जब उन्हें चीन सेना के चामदो तक पहुँचने की सूचना मिली तो वे ल्हासा की ओर भाग गए। साम्यवादी सरकार ने स्थिति के शांतिपूर्ण समाधान का प्रयास करते हुए दिल्ली स्थित चीनी दूतावास को तिब्बती अधिकारों से वार्ता शुरू करने का निर्देश दिया। लेकिन तिब्बती किसी भी हाल में चीनी संप्रभुता स्वीकार करने को तैयार नहीं थे।

इधर ल्हासा में भी बेचैनी बढ़ रही थी। नए दलाई लामा की उम्र मात्र सोलह साल की थी और उन्होंने अभी सत्ता भी नहीं संभाली थी। इन्हीं परिस्थितियों में जहाँ लाल सेना ल्हासा की ओर बढ़ रही थी, नए दलाई लामा (वर्त्तमान दलाई लामा) तंनजिंग ग्यातसो का पदाभिषेक हुआ। दिल्ली स्थित चीनी दूतावास तिब्बतियों को वार्ता के लिए बीजिंग आने का निमंत्रण दे रहा था। उल्लेखनीय है कि पूर्व में ल्हासा और बीजिंग के बीच समुद्री मार्ग से कलकत्ता पहुँच कर कलिमपोंग सिक्किम का रास्ता ज्यादा सुगम था। यही वह समय था जब "**तिब्बत**" भारत और चीन के बीच एक यक्ष प्रश्न बन चुका था। भारतीय राजनीतियों को राष्ट्रहित में अन्तर्राष्ट्रीय कानूनों के अन्तर्गत एक स्पष्ट और दृढ़ रास्ता चुनना था, लेकिन दुर्भाग्यवश पंडित नेहरू अपने वैसे ब्रिटिश सलाहकारों पर निर्भर थे जो कट्टर चीन विरोधी थे। गलत फहमी की शुरुआत आजादी के दो माह बाद अक्टूबर, 1947 में ही प्रारंभ हो गई। चीन के राजदूत को कलकत्ता होते हुए ल्हासा जाने के लिए भारतीय वीसा की जरूरत थी। भारत की सरकार ने कह दिया कि पूर्व की भाँति ल्हासा से अनापत्ति प्रमाण पत्र प्राप्त होने के बाद ही वीसा दिया जाएगा। चीन का कहना था कि तिब्बत मेरे संप्रभुता के अधीन है। अतः किसी प्रमाण पत्र की आवश्यकता नहीं है। लाल सेना की बीजिंग में सत्ता संभालते ही दिल्ली स्थित चीनी दूतावास एवं ल्हासा सरकार के प्रतिनिधियों के बीच हुई वार्ता की विफलता के पीछे भी चीन को भारतीय प्रोत्साहन ही दिख रहा था। इसके लिए पंडित नेहरू का विरोधाभासी व्यक्तव्य भी जिम्मेबार थे। जिसमें उन्होंने कहा कि हम तिब्बत की स्वायत्तता के पक्षधर हैं लेकिन स्वाधीनता के नहीं वार्ता के लिए नियुक्त तिब्बती दूत को ब्रिटिश वीसा पर हांगकांग होते हुए चीन जाना था पर वह जा नहीं रहा था। चीन को शंका थी कि साकबपा भारत के इशारे पर ही रुका हुआ है। चीन की शंका पूरी तरह निराधार भी नहीं थी तिब्बती प्रतिनिधि साकबपा दिल्ली में भारतीय एवं अमरीकी दूतावास के अधिकारियों से मिल रहे थे जबकि चीनी राजदूत ने स्पष्ट कर दिया कि –

(1) तिब्बत चीन का हिस्सा है।

(2) तिब्बत के सुरक्षा की जिम्मेबारी चीन की है।

(3) सभी अन्तर्राष्ट्रीय संधियाँ और व्यापार चीन के हाथों में रहेगी।

साकबपा की स्थिति साँप–छुछुदंर वाली थी। साकबपा को तिब्बती सरकार ने स्पष्ट कर दिया था कि स्वाधीनता पर समझौता नहीं होगा। साकबपा को पता था कि बीजिंग में उसके लिए कुछ भी नहीं है। अतः वह

बीजिंग जाना ही नहीं चाहता था। इस प्रकार फरवरी से अक्टूबर हो गया। नवंबर, 1950 चीनी सेना ने आमदो पहुँच कर वहाँ के गवर्नर को गिरफ्तार कर लिया। चीनी सेना ने स्पष्ट कर दिया हम शांति पूर्ण समाधान चाहते है। हम वादा करते है कि तिब्बतियों के सामाजिक एवं राजनैतिक अधिकार सुरक्षित रहेंगे। लामाओं के विशेषाधिकार भी सुरक्षित रहेंगे यदि समझौते से हल नहीं निकला तो हम ल्हासा आयेंगे। दलाई लामा उस समय अव्यस्क थे और उनका कार्य रीजेन्ट देखता था। दलाई लामा ल्हासा छोड़कर सिक्किम की सीमा पर यारतुग चले आए। बीजिंग से वार्ता के लिए नागपो (Nagpo Ngawang Jigme) के नेतृत्व में एक शिष्टमंडल का गठन कर दिया गया। तिब्बती शिष्ट मंडल बीजिंग जाने के क्रम में दिल्ली में पंडित नेहरू से मिला। पंडित नेहरू भी इस पक्ष में थे कि तिब्बत का आंतरिक मामला तिब्बतियों का हैं, तिब्बत में चीनी सेना की उपस्थिति नहीं होनी चाहिए। इन्हीं मनसूबों के साथ जब तिब्बती प्रतिनिधि मंडल बीजिंग पहुँचा तो पाया कि यहाँ विमर्श के लिए कुछ भी नहीं है। एक 17 सूत्री समझौता पत्र तैयार है। उस पत्र पर मात्र हस्ताक्षर करने हैं। नागपों के समक्ष कोई विकल्प नहीं था 23 मई, 1951 को तिब्बती प्रतिनिधि मंडल, चीन के अल्पसंख्यक आयोग और चीनी सरकार के प्रतिनिधियों के बीच एक 17 सूत्री समझौता हो गया। समझौते की पहली व्यवस्था थी कि तिब्बत चीनी परिवार का हिस्सा है। दूसरी शर्त्त थी कि तिब्बत की सुरक्षा लाल सेना के सैन्य आयोग के पास रहेगा, अन्य व्यवस्था दलाई लामा के अधिकार, तिब्बती मुद्रा आदि के संबंध में था। बीजिंग और दिल्ली के बीच अविश्वास की खाई बन चुकी थी। अतः तिब्बती प्रतिनिधि मंडल को कलकत्ता/दिल्ली के रास्ते नहीं भेजकर थल मार्ग से ल्हासा भेजा गया। दलाई लामा को बीजिंग रेडियो से 17 सूची समझौते की जानकारी मिली। यद्यपि दलाई लामा को तिब्बत की स्वाधीनता खोना पसंद नहीं था, लेकिन तिब्बती कुलीन तंत्र का एक बड़ा वर्ग यह मानता था कि चीन के साथ तिब्बत के संबंध को समाप्त नहीं किया जा सकता है। चाहे कुबला खाँ के समय या गुसी खाँ के समय तिब्बत चीन की संप्रभुता के अधीन ही रहा है। चाहे आप इसे जिस रूप में देखें दलाई लामा अभी यातुंग में ही थे। 07 जुलाई, 1951 तिब्बती मंत्री परिषद ने समझौता/अधिकार पत्र की मंजूरी दे दी। वे जानते थे कि ब्रिटेन और अमेरिका की नजर में तिब्बत का महत्त्व चीन के विरूद्ध एक मोहरे से ज्यादा नहीं है। दलाई लामा ल्हासा लौट आए। नागपो ने उन्हें बीजिंग की वार्ता,

परिस्थितियों और समझौते की पूरी जानकारी दी और कहा कि यदि वे चाहें तो समझौते को अस्वीकृत कर सकते हैं। एक माह बाद दलाई लामा ने संधि की औपचारिक स्वीकृति प्रदान कर दी। चीन ने तिब्बत के शांतिपूर्ण एकीकरण का लक्ष्य पूरा कर लिया था। वर्ष के अंत तक चीनी सैन्य अधिकारी और लगभग 8000 चीनी सैनिक ल्हासा में सैन्य छावनी स्थापित कर चुके थे। चीनी यह मानते थे कि यदि चीन की दक्षिण पश्चिम सीमा खाम का सुरक्षा कबच छिन जाएगा और तब चीन की सीमा यांगत्सी नदी होगी जिसे सुरक्षा देना अत्यंत कठिन होगा और चीन में तिब्बत के रास्ते विदेशी हस्तक्षेप होता रहेगा। चीन की सरकार ने तिब्बत में आधारभूत संरचना सड़क आदि पर काफी राशि खर्च करनी शुरू कर दी। ल्हासा शहर आधुनिक हो रहा था। तिब्बत बदलने लगा था ल्हासा बीजिंग सड़क का निर्माण शुरू हुआ और संभवतः उसी समय काशगर ल्हासा सड़क की तैयारियाँ की जाने लगी।

चीनी अभी तिब्बत के राजनैतिक एवं प्रशासनिक कार्यों में हस्तक्षेप नहीं कर रहे थे और न साम्यवादी सुधार लागू कर रहे थे। लेकिन स्पष्ट था कि निर्णायिक सत्ता उन्हीं के पास थी। ई. 1952 में चीनियों के दबाव में दलाई लामा को अपने प्रधानमंत्री हटाना पड़ा। तिब्बत के एकीकरण के पश्चात चीन अब पिछले 40 वर्षों में तिब्बत द्वारा चीन की स्वीकृति के बिना स्वीकार किए गए अन्तर्राष्ट्रीय समझौते को अमान्य कर रहे थे। चीन की स्पष्ट धारणा एवं नीति थी कि तिब्बत के द्वारा पिछले 40 वर्षो में किए गए सभी समझौते अमान्य हैं क्योंकि तिब्बत को संप्रभुता एवं संधि की शक्ति प्राप्त नहीं थी। फिर भी चीन किसी तरह का एक तरफा कदम नहीं लेकर इन संधियों को पुनः न्याय एवं समानता के आधार पर नया स्वरूप देना चाहता था। ई. 1856 के एक समझौते के अनुसार तिब्बत हर साल नेपाल को दस हजार रूपए का भुगतान करता था। तिब्बत ने ई. 1952 तक इसका भुगतान किया। ई. 1953 में जब नेपाल को यह राशि नहीं मिली तो उसने तिब्बत को तगादा किया। तिब्बत ने कहा कि नेपाल बीजिंग से बात करे और बात यहीं पर समाप्त हो गई। लेकिन ब्रिटिश भारत (अब स्वाधीन भारत) और तिब्बत के रिश्ते कहीं गहरे थे। अंग्रेजों ने चीन के कमजोर राजनैतिक एवं सैनिक स्थिति का फायदा उठाकर जहाँ चीन के कई बंदरगाह एवं द्वीप हांगकांग सहित छीन लिए थे, वहीं तिब्बत में यंग हसबैंड के आक्रमण के बाद की संधि द्वारा भारी मात्रा में युद्ध का हर्जाना हासिल किया था तथा तिब्बत में व्यापार के कई अधिकार प्राप्त कर लिए। ल्हासा में एक मिशन की स्थापना एवं अंग्रेजी दूत ग्यात्से में एक सैन्य टुकड़ी, टेली ग्राफ लाईन,

अतिथि गृह, ग्यात्से एवं यादेगं में व्यापारिक केन्द्र आदि का अधिकार प्राप्त कर किया। 1952 के अप्रैल में चीनी एवं तिब्बती अधिकारियों के विमर्श में स्पष्ट किया गया कि तिब्बत एवं उनके पड़ोसियों के बीच हुई संधियाँ बीजिंग सरकार की प्राथमिकता में हैं। चीन ने कहा, जहाँ तक तिब्बत के खोए हुए प्रदेश लद्दाख, सक्किम, भूटान, तवांग आदि का प्रश्न है तो उसका उचित समय पर समाधान किया जाएगा। वस्तुतः तिब्बत ही इस प्रश्न को उठाता रहता था कि अंग्रेजों ने उसकी दक्षिणी सीमांत प्रदेशों पर कब्जा कर लिया है। उल्लेखनीय है कि 1890 में अंग्रेजों एवं माँचू सम्राट के बीच सिक्किम सीमा को लेकर हुए कलकत्ता समझौते का भी तिब्बती पुरजोर विरोध करते रहे।

14 जून ई. 1952, बीजिंग, चीनी प्रधानमंत्री चाऊ एन लाई एवं भारतीय राजदूत के.एम. पणिक्कर के बीच वार्ता में चीनी प्रधानमंत्री की भावना यह थी कि भारत की स्वाधीन गणतांत्रिक सरकार अंग्रेजों द्वारा बलपूर्वक लादी गई। असमान संधियों से प्राप्त विशेषाधिकारों को तिब्बत में बनाए रखने में दिलचस्वी नहीं रखेगी और वार्ता के द्वारा समाधान करना चाहेगी। साथ ही जब तक कोई समझौता नहीं हो जाता है तब तक के लिए ल्हासा स्थित भारतीय मिशन को जो औपनिवेशिक अंग्रेजों द्वारा स्थापित है, को वाणिज्य दूतावास में बदल दिया जाए। राजदूत से प्राप्त प्रस्ताव पर नई दिल्ली ने ल्हासा स्थित अपने मिशन कार्यालय को वाणिज्य दूतावास में बदल दिया लेकिन अंग्रेज अधिकारी रिचर्डसन को नहीं बदला गया। अन्तर्राष्ट्रीय कूटनीति में इस तरह के संकेत काफी मायने रखते हैं। **यहाँ पर प्रश्न उठता है कि क्या भारत को तिब्बत का मामला पूरे समग्रता में सीमा निर्धारण सहित उठाना चहिए था? क्या पंडित नेहरू अपनी उत्तरी एवं उत्तर पूर्वी सीमा के बारे में निश्चित नहीं थे या जरूरत से ज्यादा निश्ंचित थे या तिब्बत पर उनका कोई रणनीति दृष्टिकोण था।** क्योंकि 02 अगस्त, 1952 को भारत सरकार ने चीन को लंबित मामलों की जो सूची दी उसमें सीमा वार्ता/समस्या का कोई उल्लेख नहीं था **यह एक आत्मघाती कदम था।**

(1) ल्हासा में भारतीय मिशन की स्थिति।
(2) ग्यातसे और यारदोंग के व्यापार केन्द्र।
(3) गरटोक बाजार में व्यापार का अधिकार।
(4) तिब्बत में व्यापार का अधिकार।
(5) पोस्ट और टेलीग्राफ कार्यालय।

(6) ग्यातसे में भारतीय सेना की छावनी।

(7) भारतीयों के मानसरोवर तीर्थ यात्रा।

सितम्बर, 1953 में चीन ने भारत को उपरोक्त सभी बकाया बिन्दुओं पर विमर्श के लिए आमंत्रित किया। भारतीय विदेश मंत्रालय जो पंडित नेहरू के अधीन था को वार्ता के पूर्व अपनी नीति निर्धारण करना था। भारत में भारत तिब्बत सीमा के प्रश्न पर गृहमंत्री सरदार बल्लभ भाई पटेल जिनकी मृत्यु हो चुकी थी, ने ई. 1950 में अपने मृत्यु से कुछ दिनों पूर्व प्रधानमंत्री को अपनी चिंता से अवगत कराते हुए कहा था कि "तिब्बत समाप्त हो चुका है अब हमारी उत्तरी एवं उत्तरी पूर्वी सीमा पर चीन है और जहाँ तक मैंने भारतीय राजदूत और चीन के बीच पत्राचार को समझा है आप चाहे जो कहें लेकिन चीन आपको अपना मित्र नहीं मानता है।" स्वाधीन भारत के प्रथम विदेश सचिव गिरजा शंकर बाजपेयी जो इन दिनों बम्बई में राज्यपाल थे ने भी स्पष्ट तौर पर कहा कि चीन ने कभी भी 1914 के शिमला समझौते और मैकमोहन रेखा को स्वीकार नहीं किया। अतः चीन सीमा समस्या को उठाएगा जरूर लेकिन अपनी सुविधानुसार। भारत के हित में है कि चीन के साथ वार्ता में पूरे सीमा के प्रश्न को उठाया जाए क्योंकि भारत को तिब्बत में जो अभी अधिकार प्राप्त है वह 1906 की ल्हासा संधि से प्राप्त है और इस संधि को चीन के माँचू सम्राट की स्वीकृति प्राप्त है। उनकी नीजि राय थी कि तिब्बत में अपने अधिकारों के समर्पण के बदले सिक्किम, भूटान के बीच में स्थित चुम्बी घाटी का क्षेत्र माँग ले जो भारतीय सुरक्षा के लिए आवश्यक है। लेकिन पंडित नेहरू जो 1946 में बनी अंतरिम सरकार से ही विदेश मंत्रालय को देख रहे थे और निश्चित रूप से अंग्रेज अधिकारियों से सीमा समस्या पर विमर्श करते रहे होंगे, ने एक कठोर रूख अपना लिया कि हम सीमा पर वार्ता नहीं करेंगे। पंडित नेहरू के इस दृढ़ मत के बाद भी विदेश मंत्रालय ने वार्ता पूर्व नेहरू को भेजे संलेख में विवादित भू–भाग का जो विवरण भेजा उसमें अवसाई, चीन, तवांग, भूटान और वालोंग का नाम था लेकिन पंडित नेहरू ने मात्र भूटान पर अपनी प्रतिक्रिया दी कि यदि चीन भूटान के साथ कूटनीति संबंध बहाल करता है तो इसे गैर–मित्रतापूर्ण माना जाएगा। अंततः निर्णय यह हुआ कि भारतीय दल सीमा के प्रश्न को नहीं उठाएगा। यदि चीन इस प्रश्न को उठाता है तो इसे टाल दिया जाएगा यदि फिर भी चीनी दल इस प्रश्न को उठाता है तो वार्ता भंग कर दी जाएगी। बीजिंग में वार्ताएँ शुरू हुई।

31 दिसम्बर को प्रधानमंत्री चाऊ एन लाई ने वार्ता शुरू करते हुए तीन संदेश दिए–

(1) विवादों के समाधान हेतु नीति।

(2) वे विवाद जो आसानी से सुलझा जा सकते हैं सुलझाए जाएं।

(3) दो पड़ोसिया के बीच लंबी सीमा निर्धारण की समस्या।

वार्ता एवं समझौते के लिए पाँच सिद्धांत तय किए गए–

(1) एक दूसरे की संप्रभुता एवं क्षेत्रीय अखंडता का सम्मान।

(2) एक दूसरे के प्रति अनाक्रमण।

(3) एक दूसरे के आंतरिक मामलों में हस्तक्षेप का निषेध।

(4) समानता एवं परस्पर लाभ।

(5) शांतिपूर्ण सह अस्तित्व।

इसे पंचशील का नाम दिया गया। ये सब तो सिद्धान्त की बातें थी जब वार्ता प्रारंभ हुए जो कि स्वाधीन भारत का संभवतः प्रथम अन्तर्राष्ट्रीय कूटनीति वार्ता थी। जैसा कि भारतीय कूटनीतिक भी स्वीकार करते हैं चीनी पहले आपको अपनी बात रखने के लिए प्रेरित करेगा। फिर इसकी समीक्षा करेगा फिर अपनी बात रखेगा। चीनी पेशेवर कूटनीतिज्ञ थे और तिब्बत एवं अंग्रेजी संबंधों का पूरा अध्ययन करके आए थे। वे इस तरह के शब्दों का इस्तेमाल कर रहे थे कि जब 1954 का भारत चीन समझौता हुआ तो उस पर पुराने 1906 की ल्हासा संधि (ब्रिटेन चीन संधि) की छाया तक भी नहीं थी। भारत ने बिना किसी क्षतिपूर्ति/लाभ के लिए ही तिब्बत में अपने सारे अधिकार चीन को सौंप दिए।

सीमा के प्रश्न पर तीर्थ यात्रा के लिए मध्यक्षेत्र में जो विवाद रहित रहा है वहाँ कई दर्रो लिपूलेख, दरमा, नीति, माना, उनटा धूरा, आदिपर आवागमन की सहमति बन गई । चीनियों ने अपना असली दाँव लद्दाख में खेला। परंपरा के अनुरूप जब ल्हासा लेह के बीच रूदोक और रवांग दर्रे से व्यापार की माँग की तो चीनियों ने यह कहते हुए कि यह जम्मू–कश्मीर राज्य का हिस्सा है जिस पर आपका पाकिस्तान के साथ विवाद चल रहा है अतः हम इन दर्रों को समझौते में शामिल नहीं करेंगे। अंततः भारतीय दल बिना किसी प्रतिरोध के पीछे हट गया। जब दिल्ली से कर्रा तगला, लनक ला, और दमजोर दंगमजो ला पर वार्ता के लिए कहा गया तो भारतीय राजदूत राघवन ने यह कह कर मना कर दिया कि ये तीनों दर्रा अक्साई चीन के सीमा पर हैं और इनको वार्ता में लाने पर सीमा क्षेत्र का प्रश्न उठ जाएगा। अंततः यह भी बिना चर्चा के ही वापस ले लिया गया। लद्दाख और तिब्बत सीमा पर हिमाचल की सीमा के पास किन्नौर घाटी में ताशीगांग दर्रा स्वीकृत

हुआ। वस्तुतः दर्रा एक सीमा है और चीन नहीं चाहता था कि ऐसा कोई प्रमाण हो जो भारत के पक्ष में हो। यह एक बहाना था। 1962/63 में एक दर्रा क्या पूरे पाक अधीकृत कश्मीर और चीन का सीमा समझौता हो गया।

लद्दाख में किसी दर्रे को आवागमन के लिए नहीं खोलना स्पष्ट रूप से सीमा के प्रश्न को अपरिभाषित रखना था। दुर्भाग्यवश भारतीय दल के प्रमुख राघवन ने इस तरह की रूकावटों के बाद भी वार्ता को जारी रखा और लद्दाख तिब्बत के बीच रूदोग और रवांग दर्रा खोलने का प्रस्ताव ही वापस ले लिया। येन केन प्रकारेण 29 अप्रैल, 1954 को भारत चीन का तिब्बत के संबंध में समझौता हो गया। लेकिन पूरे भारत तिब्बत सीमा के प्रश्न को अनुन्तरित छोड़ दिया गया। **जबकि स्वाधीन भारतीय गणराज्य की पहली आवश्यकता उन सीमाओं को परिभाषित करना था जिसे अंग्रेज अपरिभाषित एवं विवादित छोड़कर चले गए थे।** लेकिन भारत के प्रधानमंत्री एक अलग ही विश्व व्यवस्था का स्वप्न देखते रहते थे। वे तिब्बत और चीन को अलग–अलग देखने की भूल कर रहे थे। जबकि परिस्थितियाँ पूरी तरह बदल चुकी थीं। वे हिमालय की दुर्गम्यता को अधिक और चीन की सैन्य शक्ति को कम आँक रहे थे। नेहरू अपनी छवि को चीन के पीछे हट जाने का कारण मानते थे। उनके मन में कहीं न कहीं यह भ्रम था कि यदि चीन ने भारत पर हमला किया तो विश्वयुद्ध हो जाएगा और शायद सबसे बड़ा यह भ्रम कि साम्यावादी सरकार भी आने वाले दस–पन्द्रह वर्षो में गृह युद्ध की भेटें चढ़ जाएगी। **कारण जो भी हो लेकिन चीन के प्रधानमंत्री द्वारा समग्र वार्ता का प्रस्ताव देने के बाद भी सीमा निर्धारण का प्रश्न नहीं उठाना भारत की राजनीतिक भूल थी। और उससे भी बड़ी भूल यह थी कि 1954 के समझौते के बाद भारत यह मानकर चलने लगा कि भारत चीन के बीच कोई सीमा विवाद नहीं है।** सबसे अधिक पीड़ा दायक यह है कि 1954 से लेकर आगे तक पंडित नेहरू राष्ट्रीय विमर्श को ऐसी दिशा में ले जा रहे थे जहाँ आम भारतीय के मन में यह धारणा भरती जा रही थी कि भारत के दोस्ती एवं सहयोग को ठुकराकर चीन भारतीय भू–भाग पर कब्जा करना चाहता है। यह धारणा सर्वथा विनाशकारी है जैसे आगे स्पष्ट होगा पंडित नेहरू यह मामने को तैयार ही नहीं थे कि चीन के पास भी कोई तर्क है या उसका भी कोई पक्ष है।

इधर तिब्बत के संबंध में भारत चीन समझौता के बाद बीजिंग का ध्यान उसके आंतरिक प्रशासन की ओर गया। 1954 में दलाई लामा एवं पंचेन लामा बीजिंग की यात्रा पर गए। वहाँ उनका उत्साहपूर्वक स्वागत किया गया।

लेकिन बीजिंग का मुख्य लक्ष्य तिब्बत का शासन एक स्वातंत्र परिषद को सौंपना था जो पूरा हुआ। दलाई लामा की शक्तियों काफी कम कर दी गई। चीनी मुद्रा येन ही अब तिब्बत की मुद्रा हो गई। शिक्षा व्यवस्था आदि में भी परिवर्तन किए गए। दलाई लामा की सहायता के लिए जिस परिषद का गठन किया गया व्यावहारिक रूप से शासन व्यवस्था उन्हीं के हाथों में थी। ई. 1955 में दलाई लामा ल्हासा लौट आए। सामान्य तौर पर वे चीन के विरूद्ध नहीं थे लेकिन बौद्ध धर्म को लेकर उनकी चिंताएँ थीं जहाँ माओं ने दलाई लामा के विदाई के समक्ष यह कह दिया कि "धर्म जहर है" (Religion is poison)। वहीं तिब्बत में भी परिवर्तन की लहर चल रही थी। धर्म का आवरण और बुद्ध के उपदेश जो भी रहे हों। व्यवहार में विशेषाधिकारों पर आधारित पूरी मठ प्रणाली अत्यधिक भ्रष्ट थी। लोगों में लामा तंत्र के प्रति असंतोष था और वे परिवर्तन चाहते थे।

चीनी अब तिब्बत को एकीकृत और वहाँ दूरगामी सुधार करना चाहते थे। तिब्बत के पूर्वी क्षेत्र खाम, आमदो आदि में खाम्पा जाति निवास करती थी। यह जाति प्रारंभ से ही लड़ाकू प्रवृति की है। हलाँकि, ये तिब्बती मूल के नहीं है लेकिन गेलुग मठ और दलाई लामा के अनुयायी थे। ये दलाई लामा में यकीन रखते थे लेकिन लामा तंत्र से नफरत भी करते थे और 9वें, 10वें, 11वें एवं 12वें दलाई लामा की अप्राकृतिक मृत्यु के लिए लामा तंत्र के लालच और भ्रष्टाचार को दोषी मानते थे।

चीन की साम्यवादी सरकार खाम क्षेत्र में गरीब किसानों की दशा सुधारने के लिए व्यापक भूमि सुधार करना चाह राह थी। साथ ही खाम्पाओं को जो परंपरानुसार शस्त्र धारण करते थे। उन्हें शस्त्र जमा कराने के आदेश दिए गए पूरे खाम क्षेत्र में चीन विरोधी भावनाएँ भड़क रही थीं। ई. 1955 में दलाई लामा बीजिंग में वापस आने के क्रम में खाम में रूककर यह अपील कर रहे थे कि चीनी हमारी सहायता के लिए हैं और हमें उनका सहयोग करना चाहिए। दलाई लामा की अपील का कोई विशेष प्रभाव नहीं पड़ा क्योंकि कुछ ही समय बाद खाम्पा चीनी नागरिकों और अधिकारियों पर हिंसक आक्रमण करने लगे। जब चीनी सेना बचाव करने आई तो ये विद्रोही जंगलों और बौद्ध मठों में जा छिपे।

खाम्पाओं के इस विद्रोह में K.M.T. की चोंग काई शेक की सरकार और C.I.A. को अवसर दिखा और वे कालिंमपोंग, दार्जलिंग, जलपाई गुड़ी, मुश्तॉग (उत्तरी नेपाल) उत्तरी भूटान में रह रहे तिब्बती शरणार्थियों के माध्यम

से शस्त्र एवं गोला बारूद आदि की आपूर्त्ति करने लगे। पूर्वी पाकिस्तान (बंगला देश) के हवाई अड्डों का इस्तेमाल कर, अमरीका तिब्बती विद्रोहियों को कोलराडो में सशस्त्र छापा मार युद्ध का प्रशिक्षण दे रहा था। चीन के विदेश विभाग ने भारत सरकार को कई बार बताया कि कालिमपोंग चीन विरोधी गतिविधियों का केन्द्र बन गया है। 1956–57 में जब चीनी प्रधानमंत्री चाऊ एन लाई भारत की यात्रा पर थे उन्होंने पंडित नेहरू का ध्यान इस ओर खींचा। पंडित नेहरू ने अपने सुपरिचित अहंकार पूर्ण शैली में उत्तर दिया कि कालिमपोंग में तो स्थानीय आबादी से ज्यादा जासूस भरे हुए हैं। एक शासानाध्यक्ष द्वारा इस तरह का उत्तर एक गंभीर कूटनीतिक एवं रणनीतिक भूल थी। अपने भू–भाग का उपयोग पड़ोसी देश के विघटनकारियों को करने देना शत्रुतापूर्ण कार्रवाई है जो मित्र राष्ट्र के विरूद्ध सर्वथा निसिद्ध है। चीन ने भारतीय सीमा पर आव्रजन के नियम कड़े कर दिए। आने–जाने वालों की जाँच गहनता से की जाने लगी वहीं दूसरी ओर लद्दाखियों को तिब्बत जाने के लिए भारतीय परमिट की व्यवस्था समाप्त कर दी गई। संदेश था लद्दाखी तिब्बती हैं, दोनों देशों के बीच मतभेद बढ़ता जा रहा था।

पूर्वी तिब्बत खाम, चामदो आदि में चीन का विरोध शुरू हुआ। विरोध मध्य तिब्बत ल्हासा आदि की ओर बढ़ रहा था। यह अव्यवस्था तिब्बत की प्राचीन धर्म आधारित सामन्तवादी व्यवस्था एवं साम्यवादी नीतियों के टकराहट का अधिक परिणाम थी। लेकिन चीन की सरकार उसके पीछे साम्राज्यवादियों (ब्रिटेन, अमेरिका) के एजेन्टो एवं भारत सरकार का परोक्ष हाथ भी मानती थी। दलाई लामा ने विद्रोहियों का साथ देने से मना कर दिया था, लेकिन उनके अपील का भी कोई असर नहीं हो रहा था। विद्रोही चीनियों के साथ सहयोग को तैयार नहीं थे। बौद्ध धर्म तिब्बत की आत्मा थी वे बौद्ध धर्म को छोड़ने को तैयार नहीं थे और वे चीनियों को धर्म विरोधी मानते थे।

असंतोष चरम पर था मात्र एक चिनगारी की जरूरत थी 1959 में दलाई लामा (वर्त्तमान दलाई लामा) ने बौद्ध दर्शन के अध्ययन में स्नातक की उपाधि प्राप्त की थी। ल्हासा में Greater Prayer समारोह मनाया जा रहा था ल्हासा में चीनी छावनी के सैन्य अधिकारी दलाई लामा के सम्मान में एक चीनी नृत्य नाटिका आयोजित करना चाह रहे थे। चूँकि दलाई लामा के आवास में बड़ा हॉल नहीं था अतः इसे लाल सेना के मुख्यालय में आयोजित करने का निर्णय हुआ। उधर ल्हासा में अफवाह फैलाई जाने लगी कि चीनी सेना दलाई लामा को अपहरण कर उसे चीन ले जाना चाहती है। ल्हासा

में अराजकता फैलने लगी भीड़ दलाई लामा के आवास नारबूलिंग के बाहर इकट्ठी हो रही थी। ल्हासा की सड़कों पर आजादी के नारे लगने लगे। पूरे शहर में अराजकता थी 17 मार्च की सुबह लाल सेना ने कार्रवाई शुरू की। दलाई लामा के आवास नारबुलिंग के ओर भी गोले दागे गए। मंत्री परिषद की सलाह पर 17 मार्च की अर्धरात्रि को दलाई लामा अपने कुछ निकट संबंधियों एवं विश्वासपात्रों के साथ भारतीय सीमा की ओर निकल पड़े। चीनी अधिकारी अभी तक इससे अनजान थे। 20 मार्च को तिब्बत की स्थानीय सरकार को बर्खास्त कर दिया गया। एक नई समिति बना दी गई। 22 मार्च तक स्थिति पूरी तरह नियंत्रित कर ली गई। बीजिंग में भी चिंता थी। 21 मार्च को ल्हासा में भारतीय वाणिज्य दूत को चीनी अधिकारियों ने कहा कि यह सब कलिमपोंग में अड्डा जमाए विदेशी प्रतिक्रियावादियों की करतूत हैं। 22 मार्च को बीजिंग में भारतीय राजदूत को बुलाकर कहा गया कि इस हिंसा के पीछे विदेशी साम्राज्यवादियों का हाथ है। लेकिन सबसे कठोर प्रतिक्रिया चीन की साम्यावादी पार्टी की ओर से आई। साम्यवादी पार्टी के महासचिव देंग जिझाओं पिंग ने सीधे नाम लेकर कहा कि यह सब भारतीय प्रधानमंत्री नेहरू के इशारे पर हो रहा है। हालाँकि, यह अतिशयोक्ति थी लेकिन इसके कुछ हदतक नेहरू की अर्न्ताविरोधी नीतियाँ भी जिम्मेदार थी। इनका

(1) हमेशा यह कहना कि चीन हमारा मित्र है और तिब्बत उनका आंतरिक मामला है।
(2) साथ में यह भी कहना कि तिब्बत में हमारे तीर्थ स्थल हैं, कैलाश मानसरोबर आदि, दलाई लामा पूजनीय है, हम तिब्बत के लिए चिंतित है।
(3) हम तिब्बत की स्वायत्तत्ता चाहते हैं जो चीनी संप्रभुता के अधीन हो।
(4) चीन के बार–बार अनुरोध के बाद भी कलिमपोंग स्थित सी.आई.एन. के, अड्डे को बंद नहीं करना आदि गंभीर कूटनीतिक भूल थी।

26 मार्च, 1959 दलाई लामा ने पत्र लिखकर शरण की माँग की और पंडित नेहरू ने इसे स्वीकार कर लिया। **लगता था कि सब कुछ पूर्व नियोजित था।**

31 मार्च, 1959 दलाई लामा भारत की सीमा में प्रवेश कर गए। तिब्बत में धर्म पर आधारित राजनैतिक व्यवस्था का अंत हो चुका था। वही **भारत और चीन के बीच एक ऐसे दुःखद अध्याय की शुरुआत थी जिसे भारत आज भी भुगत रहा है।** हमारा नवोदित राष्ट्र आजादी के समय से ही एक

ऐसे धर्मांध शत्रु का सामना उत्तर पश्चिम में करता आ रहा था, जिसका कोई अंत नहीं था। अब हमारे उत्तरी सीमा पर भी खतरा मंडराने लगा था। तिब्बत का पूर्व के लम्बे ऐतिहासिक काल खंड में कभी कोई स्वतंत्र अस्तित्व नहीं था। यह अंग्रेजों द्वारा निर्मित एक छलावा था। जिसका अन्त होना ही था। नेहरू चाहे तिब्बत और दलाई लामा की जितनी प्रशंसा करें लेकिन स्वतंत्र तिब्बत हमेशा भारतीय भू–भाग लद्दाख, भूटान, सिक्किम दार्जलिंग आदि पर अपना दावा करता ही रहा। यहाँ तक कि भारत चीन संधि 1890 का जिसमें सिक्किम की सीमा का निर्धारण हुआ तिब्बत ने उसका भी विरोध किया और हस्ताक्षर करने से इन्कार कर दिया। पंडित नेहरू ने एक बार खुद मजाकिए लहजे में कहा था कि यदि तिब्बत की बात मान ली जाए तो भारत की उत्तरी सीमा गंगा नदी से प्रारंभ होगी।

दलाई लामा का दल तवांग होते हुए तेजपुर पहुँचा। जहाँ दलाई लामा की ओर से प्रेस विज्ञप्ति जारी कर तिब्बत के स्वाधीनता का दावा किया गया चीन एवं तिब्बत के बीच फर्क बताया गया। कहा गया कि **चीन तिब्बत की स्वाधीनता, धर्म, और संस्कृति को नष्ट करना चाहता हैं।** एक निर्वासन के सरकार की घोषणा की गई जिसका मुख्यालय भूटान में LHUNISE DZONG रखा गया। भारत सहित पूरे विश्व से उस सरकार को मान्यता देने की अपील की गई। भारत में चीन विरोधी भावनाएँ भड़काई जा रही थी। बम्बई में एक विरोध प्रदर्शन के क्रम में माओंसेतुंग का पोस्टर जलाया गया। चीनी जन संचार माध्यम भी भारत विरोधी व्यक्तव्य दे रहे थे। 24 अप्रैल, पंडित नेहरू की दलाई लामा से मसूरी में मुलाकात हुई।

ई. 1959 से लेकर आज तक पिछले साठ वर्षों से दलाई लामा स्थायी रूप से धर्मशाला में रहकर अपनी निर्वासित सरकार चला रहे है, और पश्चिमी जगत के धनाढ़य शिष्यों को बुद्ध की शिक्षाओं, करूणा, प्रेम, मानवाधिकार आदि की शिक्षा दे रहे हैं तथा इन्हीं समस्याओं पर अपना ध्यान केन्द्रित कर रहे हैं।

भारत की उत्तरी सीमा लद्दाख

प्रकृति ने भारत भूमि को तीन दिशाओं में विशाल सागरों की सुरक्षा प्रदान की है वहीं उत्तर में हिमालय की दुर्गम चोटियां इसके प्रहरी हैं।

द्वितीय आँगल अफगान युद्ध के बाद ई. 1893 में डूरंड रेखा अस्तित्व में आई। अंग्रेजों ने उत्तर पश्चिम में अपनी सीमा सुरक्षित करने के बाद अब अपना ध्यान भारत के उत्तरी एवं उत्तर पूर्व सीमा पर केन्द्रित किया। ई.1895 में पामीर समझौते के बाद बारवान गलियारा अस्तित्व में आया। अब अंग्रेजी राज्य की सीमा पूर्वी पामीर से पूर्व की ओर कारकोरम दर्रे के आगे लद्दाख, हिमाचल प्रदेश पुनः उत्तराखंड, नेपाल, भूटान, सिक्किम– आसाम के आगे वर्मा तक थी। अंग्रेजों की इच्छा थी कि जिस तरह रूसी और ब्रिटिश साम्राज्य के बीच एक तटस्थ राज्य अफगानिस्तान है उसी तरह उत्तर एवं उत्तर पूर्व में भी एक रणनीतिक सीमा और मित्र राष्ट्रों की श्रृंखला हो जो उसके भारतीय साम्राज्य की रक्षा कर सके। यह सीमा लगभग 3500 किलोमीटर लंबी है तथा भारतीय प्रान्त लद्दाख के काराकोरम दर्रे से लेकर भारत चीन वर्मा के तिराहे तक फैली हुई है।

आधुनिक राष्ट्रीय राज्यों की अवधारणा अपेक्षाकृत नई है। पूर्व में बड़े–बड़े साम्राज्य हुआ करते थे। इन साम्राज्यों की कोई सीमा नहीं बल्कि सीमांत होता था, यानी जहाँ सम्राट के तलवार की चमक फीकी पड़ती थी वहाँ तक उनका राज्य था। एक निश्चित भौगोलिक सीमा के अंतर्गत एक संप्रभु के अधीन नागरिकों का एक समूह जो आधुनिक राज्य की परिभाषा है, के पूर्व विश्व का मानचित्र आज के मानचित्र से काफी भिन्न था। विश्व बड़े–बड़े साम्राज्यों में बँटा हुआ था। ब्रिटिश साम्राज्य, रूसी साम्राज्य, ओटोमन साम्राज्य, एस्ट्रो हंगेरियन साम्राज्य आदि इन सब में ब्रिटिश साम्राज्य सबसे शक्तिशाली था। लेकिन 19वीं शताब्दी में इसे हमेशा रूस के जार का भय बना रहता था। जार का साम्राज्य सर्बिया से साईबोरिया, लुथेनिया से लेकर ईरान, तुर्क में निस्तान, उज्बेकिस्तान आदि तक फैला था। ब्रिटेन को हमेशा यह भय रहता था कि रूस कभी थी मंगोलिया एवं तिब्बत तथा फरगाना के रास्ते उसके भारतीय

साम्राज्य में फूट और अव्यवस्था फैला सकता है। इस रणनीतिक खेल को इतिहासकार "The Great Game" कहते हैं। ई. 1892 में चीन के सिंकियांग प्रान्त के गवर्नर ने काराकोरम दर्रे पर एक सीमा चिन्ह लगा दिया जिस पर अंकित था "यह चीन की सीमा है।" अंग्रेजों ने भी चीन के उस सीमाकंन पर कोई आपत्ति नहीं की, लेकिन काराकोरम दर्रे से आगे दक्षिण पूर्व की ओर बढ़ते हुए हिमाचल प्रदेश की सीमा दमचोक दर्रे तक लद्दाख एवं चीन के तिब्त की सीमा रेखा है। यह पिछले 200 वर्षो से विवाद ग्रस्त है और इस विवाद के केन्द्र में है अक्साई चीन। यानी सफेद पत्थरों की मरूभूमि सामान्यतः पाँच से छः हजार मीटर की ऊँचाई वाला यह निर्जन पठार वर्ष के बारहों महीने बर्फ से आच्छादित रहता है। इस सफेद मरूभूमि की हवा इतनी विरल है कि साँस लेने में भी कठिनाई होती है। काराकोरम पर्वत माला के उत्तर एवं कुन लुन पर्वत माला के दक्षिण चीन के सिंकियांग प्रान्त और तिब्बत के बीच का यह पठार पूरी तरह जन शून्य है। भविष्य में यही भू-भाग भारत एवं चीन के बीच एक बड़े विवाद एवं युद्ध का कारण बनने वाला था।

इस विवाद के कहानी की शुरूआत हम ई. सन् 1846 में प्रथम आंग्ल सिख युद्ध से मान सकते हैं। महाराजा रणजीत सिंह की मृत्यु के बाद लाहौर दरबार में अस्थिरता, सिक्ख सरदारों की आपसी प्रतिस्पर्धा तथा विश्वासघ. ात का माहौल था। अंग्रेजों ने सदा की भाँति भारतीयों के आपसी फूट का फायदा उठाकर कुछ सिक्खों की सहायता से ही प्रथम आंग्ल युद्ध में लाहौर दरबार को पराजित कर लाहौर संधि द्वारा जहाँ जुर्माने की भारी राशि वसूली वहीं व्यास एवं सिन्धु नदी के बीच के सारे प्रदेश भी हड़प कर गए। ईस्ट इंडिया कम्पनी ने अपने लूट को आगे बढ़ाते हुए जहाँ जम्मू के शासक गुलाब सिंह को ब्रिटिश संप्रभुता के अधीन जम्मू का महाराजा बना दिया। वहीं 75,00,000 नानकशाही रूपए में कश्मीर की रियासत गुलाब सिंह को बेच दी। ई. सन् 1846 के पूर्व ही गुलाब सिंह लाहौर दरबार के लिए लद्दाख को पंजाब की सीमा में मिला चुके थे। इस प्रकार अंग्रेजी संप्रभुता के अधीन **जम्मू कश्मीर लद्दाख सहित एक बड़ी रियासत बन गई और अंग्रेजी साम्राज्य की सीमा चीनी साम्राज्य के सिंकियांग और तिब्बत की सीमा तक पहुँच गई।**

अंग्रेजों ने बड़ी धूर्तता से महाराजा गुलाब सिंह को अमृतसर की संधि 16 मार्च, 1846 द्वारा रावी नदी के पश्चिम एवं सिंधू नदी के पूर्व के सभी पहाड़ी राज्य सौंपते हुए जम्मू का महाराज बना दिया तथा कश्मीर की रियासत भी दे दी। वहीं यह शर्त्ते भी लगा दिया कि जम्मू कश्मीर लद्दाख की रियासत

की सीमा में लाहौल की घाटी शामिल नहीं होगी। वस्तुतः इस खेल के पीछे पशमीना ऊन का कारोबार था। पशमीना ऊन का मुख्य उत्पादन पश्चिमी तिब्बत एवं लद्दाख क्षेत्र में होता था। लेकिन बेहतरीन करघे एवं कारीगर कश्मीर घाटी में थे। पशमीना से तैयार सामग्रियाँ शॉल, कारपेट, वस्त्र, चादर आदि लेह यारकन्द के रास्ते रेशम मार्ग से चीन ईरान आदि तक जाता था और ऊँचे दामों पर बिकता था। यह एक अत्यन्त ही लाभप्रद व्यवसाय था। महाराजा गुलाब सिंह और ईस्ट इंडिया कम्पनी दोनों का ध्यान इसी व्यापार के एकाधिकार पर लगा हुआ था। कम्पनी भी लाहौल घाटी के रास्ते तिब्बत से व्यापार प्रारंभ करना चाहती थी।

ई. सन् 1834 में लद्दाख और 1839 में बालूचिस्तान को लाहौर दरबार के अधीन करने के बाद ई. सन् 1841 में गुलाब सिंह ने पश्चिमी तिब्बत पर आक्रमण कर दिया और राकस ताल, कैलास, आदि को जीतते हुए मानसरोवर तक चले गए। उनकी सेना का नेतृत्व **उनके सेनापति जोराबर सिंह कर रहे थे। लेकिन सर्दियों में घोर बर्फवारी के बीच तिब्बत एवं चीन की सम्मलित सेना ने पलटवार किया। जोराबर सिंह मारे गए और तिब्बती सेना आगे बढ़ती हुई लद्दाख की राजधानी लेह तक पहुँच गई।** गुलाब सिंह को अतिरिक्त फौज भेजनी पड़ी। दोनों के बीच 18 सितम्बर, 1842 को संधि हुई। यह संधि खालसा सरकार की तरफ से गुलाब सिंह और ल्हासा सरकार के प्रतिनिधि के बीच हुई। उसके प्रथम उपबंध में ही कहा गया कि "लद्दाख और ल्हासा की सीमाएँ पूर्ववत रहेंगी दोनों पक्ष अपनी–अपनी सीमा के अन्दर रहेंगे और किसी की सीमा का अतिक्रमण नहीं करेंगे", लेकिन इस संधि में यह स्पष्ट नहीं था कि दोनों देशों की सीमा कहाँ है और यह आज तक विवादित है। सीमा का इस तरह अनिर्धारित रहने की एक वजह तो यह हो सकती है कि उन्हें पता था कि दोनों देश व्यापार एवं तीर्थ यात्रा के लिए किन रास्तों एवं दर्रों का प्रयोग करते थे। लेकिन शायद दूसरी इससे भी बड़ी बजह यह थी कि इन्हें पता ही नहीं था कि यह **जन शून्य, निर्जन क्षेत्र कहाँ से कहाँ तक हैं। यह क्षेत्र जिसे हम अक्साई चीन कहते हैं। पूरी तरह अनजाना था। "TERRA INCONGITA"** ईस्ट इंडिया कम्पनी महाराजा गुलाब सिंह के महत्त्वकांक्षा एवं लालच से परिचित थे। अतः अमृतसर की संधि में ही यह प्रावधान कर दिया गया था कि महाराजा बिना कम्पनी की स्वीकृति के अपनी सीमा का विस्तार नहीं करेंगे। कम्पनी को शक था कि गुलाब सिंह तिब्बती क्षेत्रों पर पुनः आक्रमण

कर सकते हैं और जो नए विवाद को जन्म दे सकती है। कम्पनी की शिकायत लंदन और बीजिंग तक पहुँच सकती है। इस समय ईस्ट इंडिया कम्पनी एवं ब्रिटिश सरकार दोनों चीन के साथ अफीम के व्यापार में मोटा मुनाफा कमा रहे थे। अतः नहीं चाहते थे कि तिब्बत सीमा पर गुलाब सिंह की महत्त्वाकांक्षा के कारण कोई अप्रिय स्थिति पैदा हो। अमृतसर संधि द्वारा रावी नदी के पश्चिम एवं सिंधु नदी के पूरब तक के सभी पहाड़ी राज्य गुलाब सिंह को दिए गए थे। लद्दाख के बाद तिब्बत का क्षेत्र था अतः अमृतसर संधि में यह उपबंध था (Article II) जम्मू कश्मीर राज्य की पूर्वी सीमा महाराजा एवं कम्पनी दोनों के द्वारा नियुक्त कमिश्नरों के संयुक्त सर्वेक्षण द्वारा तय की जाएगी और इस सीमा के विवरणी बाद में एक समझौता द्वारा तय होगी। उपर्युक्त व्यवस्थानुसार कम्पनी ने लद्दाख और तिब्बत के सीमा निर्धारण के लिए जुलाई 1846 में एक आयोग का गठन कर दिया। Mr Vans Agnew और कैप्टन कनिंघम को उनका सदस्य बनाया गया। गवर्नर जनरल लार्ड हार्डिंग ने तिब्बत की राजधानी ल्हासा को तथा महराजा गुलाब सिंह एवं केन्टन में ब्रिटिश राजदूत के माध्यम से चीन की सरकार, सबको शामिल होने का अनुरोध किया। लेकिन ईस्ट इंडिया कम्पनी तो लूटेरा था। उसने इस सीमा सर्वेक्षण/निर्धारण के प्रस्ताव के साथ एक व्यापारिक प्रस्ताव भी शामिल कर दिया। कम्पनी ने कहा कि 1842 के कश्मीर तिब्बत संधि में व्यापार के लिए मात्र लद्दाख सड़क की अनुमति दी गई है। वह हमारे लिए हानिप्रद है। उसमें संशोधन करते हुए लाहौल घाटी के रास्ते भी व्यापार मार्ग दिया जाए। यह महाराजा गुलाब सिंह के पशमीना कारोबार के अधिकार में हिस्सेदारी का प्रयास था। Lord Hardinge ने पत्र में सीमा के लिए Exact Limit का प्रयोग किया और यह भी लिखा कि हम पत्र के साथ सीमा का रेखा चित्र भी दे रहे हैं। लद्दाख सीमा के इस रेखा चित्र में सीमा चिन्हों के सरलतापूर्वक पहचान के लिए चीनी नाम भी दिए गए हैं। दुर्भाग्यवश लंदन/दिल्ली के अभिलेखागार ने अभी भी इस रेखाचित्र को गोपनीय रखा है। इतना स्पष्ट है कि ई. 1842 की संधि एक निश्चित सीमांकन की संधि नहीं थी। एक सामान्य जानकारी थी कि लद्दाख की सीमा कहाँ तक है। गुलाब सिंह कहा भी करते थे कि मेरी सीमा वहाँ तक है जहाँ तक मेरी तलवार की पहुँच है।

लार्ड हार्डिंग के इस पत्र का चीन की सरकार के जो प्रथम अफीम युद्ध के बाद 1842 की नानकिंग संधि के द्वारा काफी अपमान और नुकसान उठा चुकी थी, बिलकुल रूखा–सा जबाव देते हुए लिखा कि लद्दाख और

तिब्बत की सीमा पूर्व से निर्धारित है। यही परंपरागत सीमा ठीक है। किसी नए उपायों की जरूरत नहीं है, जहाँ तक व्यापार के लिए तिब्बत में बाजार करने की बात है तो नानकिंग संधि में जो पाँच बंदरगाह दिए गए हैं। उसके अतिरिक्त कोई व्यापारिक केन्द्र देना संधि का उल्लंघन होगा। हार्डिंग के अनुरोध के बाद भी अन्य कोई पक्ष उपस्थित नहीं हुआ। कमीशन के पास करने को काम नहीं था। उसने सिर्फ लाहौल स्पीति घाटी और कश्मीर के सीमाकंन का कार्य पूरा किया। लेकिन कलकत्ता को चैन नहीं था। उसने 1847 में पुनः Captain Curnigtam के नेतृत्व में एक त्रिसदस्यी सीमा आयोग का गठन कर दिया। इस सीमा आयोग के समक्ष भी ना तो ल्हासा सरकार के और न महाराजा गुलाब सिंह के कोई प्रतिनिधि उपस्थित हुए। आयोग ने लाहौल स्पीति घाटी से लेकर पेगांग त्सो लेक तक लद्दाख और तिब्बत की सीमा का निर्धारण किया और आयोग इस मत पर पहुँचा कि पेंगांग सो लेक से उत्तर का क्षेत्र पूरी तरह जन शून्य है, अनजाना है, "TERRA INCOGNITA"।

जब The great Trigonometrical survey ने ई. 1855 में कश्मीर में कार्य प्रारंभ किया। ई. 1865 में वहाँ के तत्कालीन सर्वेयर डब्लू.एच. जॉनसन थे। जॉनसन जो संभवतः गुलाब सिंह के प्रभाव में थे कश्मीर की पूर्वी सीमा को कुएन लेन पर्वत श्रृंखला पर दिखाया जब कि चीनी परंपरागत रूप से कश्मीर की सीमा काराकोरम पर्वत को मानते थे। इस प्रकार जॉनसन ने काराकोरम पर्वत से कुएन लेन पर्वत तक के पूरा क्षेत्र (अक्साई चीन) को कश्मीर की सीमा के अन्दर दिखा दिया। जॉनसन के इस निर्णय की लंदन में भी काफी अलोचना हुई। जब ब्रिटिश सरकार ने जॉनसन को इस कृत्य के लिए फटकार लगाई तो उसने नौकरी से त्याग पत्र दे दिया और महाराजा गुलाब सिंह ने उसे लद्दाख का गवर्नर बना दिया। ई. 1867 में ब्रिटिश सर्वेयर जनरल ने जॉनसन द्वारा कश्मीर की सीमा कुन लुन पर्वत श्रृंखला पर दिखाए जाने को हास्यास्पद बताया। किसी ने व्यंग्य करते हुए कहा कि Saidulla पर महाराजा गुलाब सिंह का उतना ही अधिकार है जितना मेरा। लेकिन इस किन्तु–परन्तु के बाद भी 1868 में जो मानचित्र प्रकाशित हुआ, उसमें अक्साई चीन को रियासत जम्मू कश्मीर की सीमा के अन्दर दिखाया गया।

प्रश्न यह है कि कश्मीर की सीमा के बारे में अंग्रेज स्वयं अनिश्चित थे और अंग्रेज यह भी जानते थे कि गलत मानचित्र का प्रकाशन हमेशा विवादों को जन्म देना है, तो ई. 1868 में कश्मीर का गलत मानचित्र क्यों प्रकाशित

किया गया। उस मानचित्र जहाँ कश्मीर की पूर्वी सीमा कुएन लेन पर्वत पर दिखाई गई बल्कि पूरा चांगचेनमो घाटी को कश्मीर के अन्दर दिखाया गया। जबकि इस नदी घाटी का दक्षिणी पश्चिमी भाग परंपरा से तिब्बती चरवाहों के अस्थाई झोपड़ी और चारागाह के लिए प्रयोग होता रहा है। इस घाटी के कुछ भाग पर कोंगका दर्रे के आस–पास महाराजा गुलाब सिंह का अधिकार था। जब भी ब्रिटिश अधिकारी तिब्बती हिरण के शिकार के लिए जाते थे तो कश्मीर सरकार से परमिट प्राप्त करते थे। डब्लू.एच. जॉनसन ने पूरे काराकाश घाटी को भी कश्मीर की सीमा में दिखा दिया। जबकि काराकोरम दर्रे के आगे यारकन्द के रास्ते में पड़ने वाले जंगलों में कंजूरी एवं कंजूति मुस्लिम कबीले सदियों से नाम मात्र को ही सही पर चीन की संप्रभुता के अधीन रहे हैं। वास्तविक रूप से देखें तो लद्दाख पश्चिमी तिब्बत के राजघराने के बिखराव एवं बँटवारे के बाद बनी छोटी–सी रियासत थी जिसे अब गुलाब सिंह और अंग्रेज खींच–खींच कर यदि जरूरत हो तो रेशम मार्ग तक पहुँचाना चाहते थे। कश्मीर में काराकाश, अक्साई चीन, चंगेचेमपों घाटी आदि को शामिल करने के तीन कारण हो सकते है –पहला जब जॉनसन सर्वे करता हुआ कश्मीर के खोतान की ओर गया तो काराकोरम दर्रे से लगभग 70 मील की दूरी पर सैदुल्ला (Shaidulla) में एक मिट्टी की रक्षा चौकी थी और उसके आगे जंगलों (Karghiz) में भी चारकान्द मार्ग पर कुछ कश्मीरी सैनिक थे इसके अतिरिक्त महाराजा कश्मीर सैदुल्ला के दक्षिण चांगचेनमो घाटी से LINGITANG होते हाजी लंगर के रास्ते यारकन्द तक एक वैकल्पिक मार्ग भी बनाना चाह रहे थे, क्योंकि Shaidulla वास्तव में पूर्वी तुर्कमेनिस्तान का हिस्सा था और खोतानी था। कश्मीरी की उपस्थिति अस्था. ई थी। कभी भी काशगरिया के शासक उसको अपने राज्य में ले सकते थे और हुआ भी वही कुछ ही दिनों बाद महाराजा कश्मीर को Shaidulla खाली करना पड़ा। अब चूँकि महाराजा गुलाब सिंह और जॉनसन के मध्य एक रिश्ता था और बाद में उसको लद्दाख का गवर्नर बना दिया गया तो जॉनसन ने पूरे चाँगचेनयो नदी घाटी के उत्तर अक्साई चीन और काराकश नदी घाटी को भी कश्मीर की सीमा में दिखाया। ताकि महाराजा गुलाब सिंह को लद्दाख के आगे रेशम मार्ग तक के लिए एक अन्य मार्ग हो सके।

दूसरा कारण यह हो सकता है कि द्वितीय अफीम युद्ध के बाद चीनी सम्राट काफी अपमानित एवं पराजित होकर जनता के विद्रोह का भी सामना कर रहे थे जिसका फायदा उठाकर याकूब वेग ने काशगारिया पर कब्जा

कर लिया। काशगारिया के चीनी सैनिक कमांडर ने आत्म हत्या कर ली। 3000 चीन सैनिकों ने आत्म समर्पण कर इस्लाम कबूल कर लिया। जिस तरह विदेशियों ने बीजिंग में द्वितीय अफीम युद्ध के बाद लूट एवं तबाही मचाई उसके बाद यह स्वाभाविक रणनीति थी कि चीन अब कभी भी पूर्वी तुर्कमेनिस्तान को नहीं जीत पाएगा और चूँकि काशगरिया का शासक अपनी सीमा तक तकलामाखन मरूभूमि और कुएन लेन पर्वत तक ही मानता था अतः अंग्रेजों ने कश्मीर की सीमा कुएन लेन पर्वत तक पहुँचा दिया और पूरे अक्साई चीन पठार को कश्मीर का भू–भाग दिखा दिया।

तीसरा कारण यह हो सकता है कि जब क्रीमिया के युद्ध में पराजय ने रूसी साम्राज्य का पश्चिम की ओर विस्तार रोक दिया तो उसने मध्य एशिया में अपना विस्तार शुरू किया। रूस ने ई. 1864 में कजाकिस्तान, ई. 1865 में ताशकन्द, ई. 1868 में समरकन्द एवं फरगना, ई. 1870 में कोकन्द आदि को अपने अधीन कर लिया। अंग्रेजों को लग रहा था तुर्कमेनिस्तान रूस की दया पर है और वह कभी भी काशगरिया (पूर्वी तुर्कमेनिस्तान) पर कब्जा कर सकता है। अब रूसी साम्राज्य अंग्रेजी साम्राज्य की सीमा तक पहुँच चुका था। अंग्रेजों को लगता था कि यदि तुर्कमेनिस्तान की सीमा पर निर्जन "No Man's Land" रह जाता है तो वह रूस के नियंत्रण में चला जाएगा और वैसी परिस्थति में कश्मीर की सीमा को जहाँ तक हो सके उत्तर एवं पूर्व की ओर बढ़ा कर रखी जाए, ताकि यदि बुरा वक्त आ ही जाए तो हमारे पास भी कोई साक्ष्य एवं तर्क हो।

ई. सन् 1868 में कश्मीर का जो मानचित्र प्रकाशित हुआ उसमें कश्मीर की सीमा कुएन लेन पर्वत पर दिखाई गई। बाद में इस सीमा को लेकर अंग्रेजों में ही विवाद हो गया, क्योंकि ई. 1873 में पूर्वी तुर्कमेनिस्तान का जो मानचित्र Walker के मार्ग दर्शन में प्रकाशित हुआ उसमें पूर्व तर्कमेनिस्तान की सीमा काराकोरम पर्वत शृंखला के उत्तरी ढलानों पर दिखाई गई थी, जब Thomas Duglas Forsyth (I.C.S.) ने अपनी टिप्पणी में विदेश सचिव Aitchtion का ध्यान आकृष्ट करते हुए मानचित्र में दिखाए गए सीमा को त्रुटिपूर्ण माना। साथ ही कहा की Walker का कहना है कि ऐसा मेरे कहने पर किया है। Walker ने अपने स्पष्टीकरण में कहा कि मानचित्र में कश्मीर की सीमा काराकोरम पर्वत श्रृंखला की ओर पीछे करने का मेरे पास कोई सबूत तो नहीं है लेकिन आपने तुर्कमेनिस्तान के प्रथम मानचित्र प्रकाशित होने पर कहा था कि कश्मीर की सीमा कुएन लेन पर्वत श्रृंखला तक नहीं बल्कि

काराकोरम पर्वत श्रृंखला एवं चॉगचेनयों घाटी तक ही होनी चाहिए जैसा कि जॉनसन द्वारा सीमा को उत्तर की ओर दिखाने के पूर्व था फिर भी यदि आप इससे सहमत नहीं हैं तो "I am Sorry"।

कश्मीर को ब्रिटिश संप्रभुता के अधीन आए 27 वर्ष बीत चुके थे लेकिन अभी भी सीमा निर्धारण का कार्य अंधेरे में भटक रहा था। इस समय ब्रिटिश इंडिया के विदेश सचिव थे Sir Charles Umpherston Aitchison (I.C.S.) जो अपनी संधि एवं सनदों के संग्रह प्रकाशित करने के लिए आज भी प्रासांगिक है। उन्होंने 11 जुलाई, 1873 के गवर्नर जनरल/वायसराय North brook को स्पष्ट लिखा कि "वास्तविकता यह है कि कश्मीर की उत्तरी सीमा कभी परिभाषित नहीं की गई है और कोई नहीं जानता है कि यह सीमा कहाँ है।" वस्तुतः अंग्रेज भी दो गुटों में बँटे हुए थे और कभी रूस की बढ़ती ताकत कभी चीन की घटती–बढ़ती ताकत के अनुसार सीमा को काराकोरम और कुएन लेन तक आगे पीछे करते रहते थे। ई. 1877 में माँचू सम्राट ने पुनः पूर्व तुर्कमेनिस्तान पर अपना अधिपत्य कर लिया और नाम दिया सिंकियांग (The New Dominion)।

ई. 1885 तक अंग्रेज भी एक निश्चित मत पर पहुँचने लगे थे और इसके लिए Ney Elias जो एक ब्रिटिश खोजी एवं अधिकारी और संभवतः जासूस थे के खोजी यात्राओं से प्राप्त जानकारी थी। Ney Elias चीन के Yellow River, खुरासान, पामीर, कारकोरम आदि क्षेत्र की दुर्गम यात्राएँ की थी। उन्होंने जुलाई, 1885 में स्पष्ट लिखा कि मैं बराबर कहता रहा हूँ कि यदि सिन्धु नदी के जल प्रवाह को कश्मीर के राजा की सीमा मानी जाए तो यह हर तरह से उपयुक्त होगा। लद्दाख शहिदुल्ला सड़क पर काराकोरम दर्रा कश्मीर की सीमा होगी और उसके आगे कश्मीर का कुछ भी नहीं है। अंग्रेज उस समय तक अपना निर्णय ले चुके थे और एक माह बाद ही लिखित रूप में भारत सरकार का स्पष्ट मत 01 सितम्बर, 1885 को विदेश विभाग द्वारा महाराजा के अधिकारी को लिखित में भेजा गया। **महराजा को सूचित कर दिया जाए कि वे शहिदुल्ला पर कब्जा नहीं करेंगे।**

लेकिन इस स्पष्ट मत के बाद भी ब्रिटिश नौकरशाही सीमा विवाद में उलझी ही रही और इसमें सबसे अग्रणी थे कैप्टन रेमसे जो लेह के संयुक्त आयुक्त थे तथा कश्मीर में रह रहे अन्य ब्रिटिश अधिकारी भी जो जम्मू, कश्मीर आदि में पदस्थापित थे वे महाराजा के प्रभाव में रहते थे और कश्मीर की सीमा को कुएन लेन पर्वतमाला तक बढ़ाने के लिए हमेशा सक्रिय

रहते थे। रेंमसे ने फरवरी, 1888 में सीमा विवाद को फिर उठा दिया। विदेश विभाग में कनिंघम ने स्पष्ट किया कि "1885 में जो हमारा निर्णय है कि महराजा कश्मीर शहिदुल्ला पर कब्जा नहीं करेंगे उसमें किसी परिवर्तन की आवश्यकता नहीं है। यह सही है कि कराकाश घाटी में चीनी शासन कमजोर स्थिति में है" लेकिन यदि कश्मीर का शासक वहाँ जाएगा तो चीन अवश्य विरोध करेगा। अप्रैल 1888 को विदेश सचिव ड्रंड ने उस पर अपनी सहमति और वायसराय डफरिन ने इसे स्वीकृत कर दिया।

कैप्टन रेमसे ने दिसम्बर, 1888 में पुनः सीमा निर्धारण के प्रश्न को उठाया इस बार उनका प्रस्ताव थोड़ा सकारात्मक था। उनका कहना था कि यदि सिन्धु नदी के जल ग्रहण को ही सीमा बनानी है तो श्योक नदी सिन्धु नदी की सहायक नदी है और श्योक नदी का जल ग्रहण क्षेत्र Lingzi Thaug और Soda Plains तक है। यह लद्दाख का क्षेत्र है। भविष्य में सीमा विवाद इस निर्जन क्षेत्र को लेकर ना हो इसलिए चीन के साथ सीमा निर्धारण नितांत आवश्यक है क्योंकि वर्तमान में कश्मीर और चीन के बीच में एक बहुत बड़ा "No Man's Land" है।

यदि भारत में सीमा के प्रश्न को लेकर अनिश्चितता थी तो चीन को भी स्पष्ट रूप से पता नहीं था कि उसकी सीमा कहाँ है। 1838 में काशगार पर पुनः कब्जा करने के बाद भी चीनी सेना ने अपने को कुएन लेन पर्वत माला के उत्तरी दर्रों तक ही सीमित रखा।

इसी बीच कारकोरम के उत्तर में Kanjuti और Kirghiz मुस्लिम कबीलों के बीच झगड़ा काफी बढ़ गया और Kirghiz ने काशगार के राज्यपाल से माँग की हमको Shahidulla का चौकी मरम्मत कराने दीजिए नही तो हम सिरिकोल के अपने संबंधी कबीले वालों की ही तरह रूस की अधीनता स्वीकार कर लेंगे। रूसी सीमा Kirghiz के जंगलों से लगभग 80 मील थी। Hunja के कनजूती कबीले के मुसलमान लुटरे किस्म के थे और हमेशा कनजूरियों के साथ लूट–पाट करते रहते थे इन्हीं विवादों के बीच ब्रिटिर्शस ने कैप्टन यंग हैसबैंड को एक दुभाषिए Maccartny के साथ काराकोरम के उत्तर क्षेत्र की जानकारी हेतु भेजा। 1889 के गर्मियों में दल को रवाना करते समय स्पष्ट कहा गया कि सीमा संबंधी कोई वार्ता नहीं करनी है। न कोई सीधा प्रश्न पूछना है। कनजूरियों को भी कोई स्पष्ट आश्वासन नहीं देना है। कैप्टन यंग हैंसबैंड ने इन क्षेत्रों का अध्ययन करने के बाद एक विस्तृत प्रतिवेदन सौंपा, जो 127 पृष्ठों में था। यंग हैंसबैंक

की मूल अनुशंसा यही थी कि हालाँकि, शहिदुल्ला तक चीनी सेना प्रशासन का सीधा नियंत्रण नहीं रहता है लेकिन किरगिज कबीले चीनी संप्रभुता के अधीन कर (Tax) आदि देते रहे हैं। कारकोरम तक ही भारतीय सीमा रखी जाए। दूसरे विकल्प के रूप में कुएन लेन पर्वत माला को भी कश्मीर की सीमा मानी जा सकती है। सामान्य तौर पर आम सहमति काराकोरम पर्वत माला तक ही कश्मीर की सीमा रखने पर बन गई थी और जब कैप्टन यंग हसबैंड को अपने रिपोर्ट को संक्षिप्त करने को कहा गया तो उसने मुख्य रूप से ये सुझाव दिए–

(1) कश्मीर की सीमा सिन्धु नदी जल ग्रहण तक हो।
(2) चीन को सिन्धु नदी जल ग्रहण क्षेत्र के आगे काराकोरम एवं मुस्तांग पर्वत माला तक प्रभावकारी नियंत्रण के लिए प्रोत्साहित किया जाए।
(3) कुन लुन पर्वतमाला तक कश्मीर की सीमा का विस्तार दूसरे विकल्प के रूप में रखा जाए क्योंकि काराकोरम एवं कुन लुन पर्वत माला का क्षेत्र इतना निर्जन एवं दुरूह है कि यात्रा मात्र कुल्हाड़ी एवं रस्से के सहारे ही की जा सकती है। वर्ष के कई माह आवागमन बंद रहता है। सामरिक दृष्टि से इस सीमा की रक्षा अत्यन्त कठिन है।
(4) यदि कश्मीर की सीमा कुन लुन पर्वतमाला तक रखी ही जाए तो इसे मात्र सौदेबाजी के लिया रखा जाए।

ई. 1890 के जुलाई में वायसराय लैंसडो ने बीजिंग में ब्रिटिश मंत्री को स्पष्ट लिखा कि हम काराकोरम पर्वतमाला के आगे नहीं जाना चाहते हैं। हम सिर्फ रूस को इस क्षेत्र से दूर रखना चाहते हैं। अतः चीन को काराकोरम तक अपना विस्तार करना चाहिए।

सितम्बर, 1892 में चीन ने भी कारकोरम दर्रे पर अपना सीमा चिन्ह लगा दिया कि यह क्षेत्र चीन के सम्राट के अधीन है। वस्तुत चीन के इस एकतरफा कार्रवाई के पीछे ब्रिटिशर्स की ही उकसाने वाली कार्रवाई थी। काराकोरम एवं मुश्तांग पर्वतमाला के पश्चिमी किनारे पूर्वी पामीर के पास मुसलमान कनजूति जन जातियों का एक इलाका है, हुँजा। हुँजा के अमीर शाह गजनफ्फर ने कश्मीर के महाराजा के साथ एक संधि की थी और महाराजा के प्रति मीर ने वफादारी का वचन दिया था। ई. 1891–92 में कश्मीर के फौजो ने अंग्रेजी फौज के साथ मिलकर हुँजा पर कब्जा कर लिया। यह एक अक्रामक कार्रवाई थी। क्योंकि हुँजा निर्विवाद रूप से चीनी संप्रभुता के अधीन था। हुँजा के अमीर की नियुक्ति चीन के सम्राट से प्राप्त

होती थी। हुँजा प्रति वर्ष चीन को नजराने के तौर पर 1 ½ औंस स्वर्ण भष्म देता था। जब चीन ने अंग्रेजो के इस कदम का विरोध किया तो अंग्रेजों ने टका से जबाव दिया कि हुँजा (कंजूत) भारत चीन सीमा पर पर्वतमाला के दक्षिण भारतीय हिस्से में है, "पामीर के दक्षिण ब्रिटिश प्रभाव क्षेत्र है।" इसके अतिरिक्त कश्मीर के महाराजा भी लेह यारकान्द मार्ग पर Shahidulla को पुनः अपने अधीन करने का प्रयास करने लगा था। प्रतिक्रिया स्वरूप चीन ने भी एक तरफा कार्रवाई करते हुए काराकोरम दर्रे पर अपना सीमा चिन्ह लगा दिया और इस पर अंकित कर दिया कि क्षेत्र चीन की सीमा में हैं। यह सीमा चिन्ह लगभग दर्रे के बीच में था। अंग्रेजों ने चीन की इस कार्रवाई का स्पष्ट विरोध तो नहीं किया लेकिन कूटनीतिक पत्रों/चालों के द्वारा चीन को यह संदेश दिया कि अपरिभाषित सीमा पर सीमा चिन्ह लगाना दोनों पक्षों की आपसी सहमति/स्वीकृति के बाद होना चाहिए।

चीन की केन्द्रीय सरकार ने 31 मार्च, 1894 को इस पर अपनी लिखित प्रतिक्रिया दी, "हमें सिंकियांग के गवर्नर से एक तार मिला है, जो आपके पत्र के उत्तर में हैं और उसमें कहा गया है कि ई. 1890 में ब्रिटिश प्रजा द्वारा Shahidulla में एक मिट्टी का किला बनाया गया था। लेकिन जब उन्हें पता चला कि यह चीन की सीमा में है तो वे वापस चले गए। काराकोरम चीन के मुस्लिम नागरिकों का चारागाह रहा है एवं चीन का भू–भाग हैं। यह पर्वत माला उत्तर एवं दक्षिण के जल ग्रहण क्षेत्रों को बाँटती हुए एक प्राकृतिक सीमा बनाती है। काराकोरम का क्षेत्र सिंकियांग प्रान्त के खोतान जिले का हिस्सा है। ब्रिटिश मंत्री जिस क्षेत्र की बात कर रहे हैं वह निःसंदेह चीनी भू–भाग है और भारत से उसका कुछ लेना–देना नहीं है। लंदन और कलकत्ता दोनों ने सहमति दी कि सीमा चिन्ह के प्रश्न को अब आगे नहीं उठाया जाए। लद्दाख की सीमा के बारे में ब्रिटिशर्स को पता था। उनका असली मकसद तो रूसी खतरे से बचना था। कश्मीर तिब्बत सीमा का प्रश्न किसी न किसी रूप में ब्रिटिशर्स के लिए हल करना आवश्यक था। मार्च, 1896 में काशगरिया से ब्रिटिश दूत मैक कार्टिनी ने कश्मीर के रेजीडेण्ट को सूचित किया कि विश्व मानचित्र में पूरा अक्साई चीन कश्मीर का भू–भाग दिखाया गया है। इस पर चीनी अधिकारी आश्चर्य एवं आपत्ति व्यक्त कर रहे हैं इनको इस बात के लिए संभवतः रूसियों ने उकसाया है। इसके पूर्व ई. 1892 में प्रकाशित जॉनसन के रॉयल एटलास में अक्साई चीन को तिब्बत का भू–भाग दिखाया गया था। ई. 1895 में चीन पर जापानी आक्रमण

चीन की कमजोर सामरिक स्थिति एवं रूस के बढ़ते दबाव को देखकर ब्रिटिश सैन्य खुफिया प्रमुख ने यह प्रस्ताव दिया कि कश्मीर की सीमा कुन लुन पर्वतमाला तक रखी जाए। अब इस सीमा के प्रश्न में एक और आयाम जुड़ने वाला था। ई. 1891 में हुँजा पर अंग्रेजों ने कब्जा कर लिया। हुँजा के कनजूतियों को तागदमबाश एवं यारकान्द घाटी तक चरागाह का अधिकार था। साथ ही वे कनजूरियों से कुछ कर भी वसूलते थे। अब चीन कनजूतियों के इस अधिकार पर रोक लगा रहा था। यह हुँजा पर अंग्रेजों के जबरदस्ती कब्जा का प्रतिकार था। सीमा का प्रश्न और जटिल हो गया था।

अंततः वायसराय लार्ड एलगिन ने 27 अक्टूबर, 1898 को ब्रिटिश सरकार के सेकरेटरी ऑफ स्टेट को कश्मीर एवं चीन के बीच की सीमा निर्धारण हेतु विस्तृत प्रस्ताव भेजा। ब्रिटिश सरकार की स्वीकृति के बाद चीन में ब्रिटिश राजदूत Claud Macdonald ने वायसराय के प्रस्ताव को 14 मार्च, 1899 को चीन के समक्ष रखा और इसमें कश्मीर की सीमा के साथ हुँजा की सीमा एवं संप्रभुता का विषय भी शामिल कर दिया। सर Claud Macdonald के अनुसार कश्मीर की सीमा काराकोरम दर्रे के आगे लगभग 30 किलोमीटर पूर्व की ओर जाकर फिर दक्षिण की ओर मुड़कर 350 आकांक्षाश (उत्तर) के नीचे से काराकश नदी के उद्‌गम के पास से घूमती हुई उत्तर पूर्व KIZIL GILG तक आती है तथा दक्षिण पूर्व की ओर मुड़ते हुए LAK TSANG पहाड़ी श्रृंखला के साथ चलते हुए 80^0 देशान्तर (पूर्व) कुन लुन पर्वत श्रृंखला की एक शाखा से मिलती है। **मान्यवर यदि इस रेखा को देखेंगे तो पाएँगे कि हमने एक बहुत बड़ा क्षेत्र चीन की सीमा के अन्दर दिखाया है।** सामान्यतः इस प्रस्ताव पर चीन की मौखिक प्रतिक्रिया सकारात्मक ही थी, लेकिन जिस प्रकार ई. 1846 के सीमा निर्धारण प्रस्ताव के साथ लाहौल स्पीति घाटी के रास्ते व्यापार मार्ग की अनुमति माँग कर उस प्रस्ताव का गला घोंट दिया था। इस प्रस्ताव के साथ भी यही किया और शर्त्त लगा दिया कि मान्यवर जैसा आप जानते हैं कनजूत (हुँजा) एवं चीन के बीच का सीमा निर्धारण कभी नहीं हुआ हैं कंजूतियों को पामीर, यारकन्द, तागदमबाश आदि इलाके में चरागाह एवं कर वसूली के अधिकार आदि प्राप्त हैं जिसे पूर्व के वर्षो में सिंकियांग के चीनी अधिकारियों ने भी स्वीकार किया है। फरवरी, 1896 में काशगार के जिलाधिकारी ने माना है कि पामीर में कनजूतियों के कुछ अधिकार हैं। सिंकियांग के अधिकारियों के बीच वार्ता में यह तय हुआ रसकम की कुछ जमीन कनजूतियों को खेती के लिए दी जाए। अब हमारा प्रस्ताव

है कि भविष्य के विवाद आदि से बचने के लिए एवं सीमा की एक स्पष्ट समझदारी के लिए चीन हुँजा के कूनजतियों पर अपनी संप्रभुता का अधि िकार छोड़ दे और बदले में हम कनजूतियों की ओर से तागदमबाश और रसकम के सारे अधिकार छोड़ देंगे उसके बाद सीमा प्रस्ताव में पामीर से लेकर काराकोरम दर्रे तक की सीमा निर्धारण का विवरण दिया गया है जो अब पाक अधिकृत कश्मीर का हिस्सा है और ई. 1962/63 की सीमा संधि द्वारा चीन और पाकिस्तान ने स्वीकार कर लिया है। इस प्रकार जो सीमा निर्धारण का प्रस्ताव दिया गया वह सीमा निर्धारण का विषय कम और संप्रभुता का विषय ज्यादा हो गया। सिंकियांग के गवर्नर पर रूस का प्रभाव था और रूस का कहना था कि न कनजूतियों पर संप्रभता त्यागी जाए न तागदुमबाश और रसकम में कनजूतियों को अधिकार देंगे। उस समय चीन और रूस के बीच का सीमा निर्धारण नहीं हुआ था और चीनियों को भय था कि यदि ब्रिटेन के साथ संप्रभुता का कोई समझौता किया गया तो रूस भी अपना दावा बढ़ा सकता है। 10 जुलाई, 1899 को रूसी युद्ध मंत्री जनरल कुरिपाफेन ने स्पष्ट धमकी दी कि अंग्रेज रसकम में प्रवेश करेंगे तो हम काशगार पर अधिकार कर लेंगे हालाँकि, बाद में लंदन के आग्रह पर सेंट पीटर्सबर्ग ने अपनी आपत्ति वापस कर ली लेकिन तब तक **ब्रिटेन की ओर से चीन को कश्मीर सीमा निर्धारण कर दिया गया। एक मात्र प्रस्ताव अपने ही बोझ के नीचे दबकर दम तोड़ चुका था, 20वीं सदी के प्रारंभ तक कश्मीर और चीन के बीच की सीमा अपरिभाषित एवं अनिर्धारित थी।**

15 अगस्त, 1947 को भारत का जन्म ब्रिटिश भारत के उत्तराधिकारी राज्य के रूप में हुआ। इसके पूर्व 14 अगस्त, 1947 को पाकिस्तान को ब्रिटिश भारत से अलग कर एक नया राष्ट्र बनाया जा चुका था। इसके साथ ही सैकड़ों देसी रियासते थी। 15 अगस्त, 1947 को जो भारत की सीमा थी उसमें ये देशी रियासतें शामिल नहीं थी। केवल ब्रिटिश भारत की सीमा ही उत्तराधिकारी भारत को मिली थी। अक्टूबर, 1947 में जम्मू कश्मीर राज्य के भारत में विलय के बाद जम्मू कश्मीर एवं लद्दाख तक भारत की सीमा का विस्तार हुआ। चूँकि जम्मू कश्मीर ब्रिटिश संप्रभुता के अधीन था अतः स्तंत्रता के समय भारत के सीमा की निम्न स्थिति थी–

(1) भारत के सर्वेक्षण विभाग द्वारा प्रकाशित मानचित्रों में काराकोरम दर्रा से लेकर काराकोरम पर्वत माला एवं कुन लुन पर्वत माला के बीच का पूरा अक्साई चीन का पठार कश्मीर का भू–भाग दिखाया जा रहा था।

लेकिन सीमा क्षेत्र को बिना किसी चिन्हों और विवरणों के कलरवाश में दिखाया गया था और स्पष्ट रूप से अंकित था "Boundry Undefined" सीमा अपरिभाषित।

(2) 14 मार्च, 1899 को चीन में अंग्रेजी दूत सर क्लाडड मैक डोनाल्ड द्वारा दिया गया ब्रिटिश सरकार का सीमा संधि प्रस्ताव जिसमें पूरे अक्साई चीन पठार को तिब्बत का हिस्सा दिखाया गया है लेकिन जिस पर चीनी की औंपचारिक स्वीकृति प्राप्त नहीं थी।

(3) सन् 1842 की माँचू सम्राट द्वारा स्वीकृत लद्दाख एवं तिब्बत के बीच की संधि जिसमें पूर्व के अनुरूप सीमा निर्धारित की गई, "ANTE BELLUM" यानी युद्ध के पूर्व की स्थिति का उल्लेख है।

(4) ई. 1914 के शिमला समझौते के साथ संलग्न तिब्बत का नक्शा जिसमें तिब्बत की सीमा को लाल इंक में तथा बाह्य एवं आंतरिक तिब्बत, को विभाजित करने वाली रेखा नीले इंक में है। यह मानचित्र अभिलेखागार के गोपनीय आलमीरा में बंद है और कम ही लोगों ने इसे देखा है। ऐसा माना जाता है कि इस मानचित्र में तिब्बत के उत्तर पश्चिम क्षेत्र में अक्साई चीन सम्मलित है।

स्वाधीन भारत के प्रथम प्रधानमंत्री पंडित नेहरू द्वारा 21 नवंबर, 1950 को सीमा की स्थिति के संबंध में संसद में दिया गया व्यक्तव्य, प्रश्न था कि क्या भारत तिब्बत की सीमा परिभाषित है। पंडित नेहरू का उत्तर था, "भारत एवं तिब्बत की सीमा लद्दाख से लेकर नेपाल तक पुनः भूटान से लेकर इरावदी नदी तक एक दूसरे से मिलती है। भूटान से पूर्व की ओर की सीमा मैकमोहन रेखा द्वारा स्पष्ट रूप से परिभाषित है, जिसे शिमला समझौते द्वारा निर्धारित किया गया है। नेपाल से लद्दाख तक की सीमा परंपरा एवं व्यवहार द्वारा निर्धारित है। जब एक सदस्य ने पूछा कि चीनी मानचित्रों में भारतीय भू–भाग को चीन की सीमा में दिखाया गया हैं, तों पंडित नहेरू एक खतरनाक व्यक्तव्य दे दिया। उन्होंने कहा कि मैकमोहन रेखा हमारी सीमा है और वही हमारी सीमा है। Map or Nomap तथ्य यही है कि हम उसे अपनी सीमा मानते हैं और किसी को उसके अतिक्रमण की इजाजत नहीं देंगे। अन्तर्राष्ट्रीय कूटनीति में इस तरह के चरम व्यक्तव्य द्विपक्षीय संबंधों के लिए घातक माने जाते हैं एवं वार्ता तथा सहयोग की राह के रुकावट बन जाते है। पंडित नेहरू का यह व्यकतव्य तथ्यात्मक रूप से भी गलत था। जैसा आगे देखेंगे।

मैक मोहन रेखा 1914 के शिमला समझौते की उपज है। उसे चीन की केन्द्रीय सरकार ने ना सिर्फ संपुष्ट करने से इन्कार कर दिया था, बल्कि अस्वीकृत भी कर दिया था। जहाँ तक लद्दाख तिब्बत के सीमा का प्रश्न है ब्रिटिशर्स ने मानचित्र पर कोई रेखा नहीं खींचकर भू–भाग को फीके पड़ते रंग में दिखाया तथा उसमें स्पष्ट अंकित था "BOUNDRY UNDEFINED"। उस समय भारत एवं चीनी के सम्राट दोनों द्वारा स्वीकृत मात्र दो सीमा संधियां थी (1) ल्हासा की ई. 1842 की संधि जो लद्दाख और तिब्बत की सीमा को लेकर थी (2) कलकत्ता की ई. 1890 की संधि तिब्बत एवं सिक्किम की सीमा को लेकर।

अंग्रेजों ने बाद में चीन की कमजोर स्थिति देखकर तिब्बत के भू–भाग को हड़पने की चेष्टा में लग गए। ई. 1842 की संधि वर्तमान मापदंडों के अनुरूप सीमा रेखा को स्पष्ट रूप से परिभाषित नहीं करते है, लेकिन व्यावहारिक दृष्टि से यह सीमा संधि थी। इस संधि को खालसा सरकार एवं माँचू सम्राट की स्वीकृति प्राप्त थी। ई. 1841 में तिब्बत के साथ युद्ध में हार के बाद महाराजा गुलाब सिंह को स्पाट पता थी कि लद्दाख की सीमा कहाँ है। लेकिन उनकी निगाहें पश्चिमी तिब्बत तथा लेह यारकन्द मार्ग पर अवस्थित Shahidulla Khwaja पर लगी रहती थी और अंग्रेज उनकी ही भाषा बोल रहे थे।

लद्दाख की सीमा कहाँ तक है, यह ई. 1846 में ईस्ट इंडिया कम्पनी द्वारा बनाए गए दल के सदस्य Vans Agnew ने अपने एक पूर्ण प्रतिवेदन में स्पष्ट कर दिया था। उन्होंने स्पष्ट किया लद्दाख, तिब्बत और यारकन्द के बीच की सीमा काफी पुरानी है और चीन इसे पूरी तरह जानता और मानता है। सिर्फ सीमा के दोनों सिरों (End) पर मतभेद है तथा मात्र दमचोक में सड़क और दर्रों पर अधिकार को लेकर विवाद है, Agnew ने प्रतिवेदन दिया कि स्फीति, लद्दाख और तिब्बत की त्रिमुहान सीमा Exactly कहाँ पर है, यह बताना तो मुश्किल है जिस प्रकार नदियाँ मरूभूमि में खो जाती हैं, उसी प्रकार यह सीमा दुर्गम पहाड़ियों में खो जाती है आगे लिखते हैं–

(1) लद्दाख एवं तिब्बत की सीमा स्फिति घाटी के पाका नदी के AKEHE से शुरू होकर (उस समय 1846 के अमृतसर संधि के पूर्व चम्बा एवं लाहौल दोनों कश्मीर में थे) लद्दाख के दमचोक नदी तक आती है। यहाँ पर गुलाब सिंह एवं चीन के बीच सड़क एवं दर्रों पर अधिकार को लेकर विवाद है क्योंकि यही रूदोक एवं गारो घाटी का रास्ता है।

(2) उसके बाद लद्दाख की सीमा सिन्धु नदी को पारकर पहाड़ों की चोटियों पर से होते हुए Rudok Hanle सड़क के दर्रे तक आती है, वहाँ चीनी सीमा हैं।

(3) लद्दाख की सीमा वहाँ से पहाड़ों की चोटियों पर से होते हुए पोंगांग सो झील तक आती है।

(4) फिर पोगांग सो झील को पारकर पहाड़ियों के ऊपर से होते हुए चीन की सीमा के पूरब दुर्गलेह नदी के पूरब से श्योक नदी के संगम तक आती है।

(5) उसके बाद श्योक नदी के पूरब की पर्वत श्रृंखला से होते हुए काराकोरम पर्वत माला तक आती है, यही लद्दाख की सीमा है।

(6) इसके बाद लद्दाख की सीमा यारकन्द की सीमा के पास पश्चिम की ओर मुड़ते हुए नुब्रा घाटी तक है, महाराजा गुलाब सिंह के राज्य की सीमा काराकोरम तक ही है। उसके बाद हुँजा लिटिल तिब्बत आदि हैं।

Mr. Agnew ने प्रतिवेदन दिया कि लद्दाख की सीमा को प्राकृतिक बनावट के आधार पर मानचित्रों में अंकित एवं परिभाषित करना आवश्यक है ताकि श्योक एवं सिन्धु नदी तक लद्दाख के मार्ग के अधिकारों को विवाद रहित बनाया जा सके। महाराजा की सीमा यारकन्द, Rudok, गारो आदि के पहले ही समाप्त हो जाती है। यह भी स्पष्ट करना है कि यारकन्द से Rudok तक श्योक नदी के पूर्वी किनारे एक सड़क है। जिसे चीन ने बंद कर रखा है।

भारत को जब अंग्रेजों से आजादी मिली तो यह नया देश नहीं था बल्कि यह 'Transfer of Power' यानी सत्ता का हस्तांतरण था। तद्नुसार भारत (INDIA) की अन्तर्राष्ट्रीय सीमा वही थी जो ब्रिटिश भारत (BRITISH INDIA) की सीमा थी। भारत (INDIA) ब्रिटिश भारत की उत्तराधिकारी थी। अक्टूबर, 1947 में कश्मीर भारत का हिस्सा बना तो लद्दाख की सीमा अनिर्धारित थी और यदि पंडित नेहरू ने भारतीय विदेश विभाग के अभिलेखागार से जानकारी प्राप्त की होती तो उन्हें वायसराय लार्ड एलगिन का भेजा हुआ ई. 1899 का वही प्रस्ताव मिलता जिस पर चीन ने कोई सहमति/स्वीकृति नहीं दी थी। इस प्रकार पंडित नेहरू का यह कहना कि हमारी सीमा परंपराओं से परिभाषित है गलत था। अन्तर्राष्ट्रीय कानून के अन्तर्गत सीमा विवाद में सर्वमान्य सिद्धांत है। UTI Possidetis ITA Possidetis. As you Possess So you Possess और भारत की लद्दाख सीमा वही सीमा थी जो अंग्रेज देकर गए थे और उसमें अक्साई चीन भारत

का हिस्सा नहीं था। ई. 1899 के प्रस्ताव में लद्दाख की सीमा काराकोरम पर्वत माला तक ही थी। यदि ई. 1842 की संधि में वर्णित परंपरागत सीमा को आधार मानें तो जैसा कि प्रथम सीमा आयोग के सदस्य Mr. Vans Agnew ने स्पष्ट कर दिया था लद्दाख की सीमा सिन्धु एवं श्योक नदी तक ही थी बाद में यह सारा सीमा विवाद का प्रपंच कश्मीर के महराजा गुलाब सिंह और अंग्रेज ईस्ट इण्डिया कम्पनी द्वारा फैलाया गया। आज भी साम्यवादी चीन उसी दावे पर कायम है।

ई. 1842 की संधि यदि सीमा संधि थी तब भी उसमें न सीमा रेखा की कोई परिभाषा, विवरणी आदि थी ना प्राकृतिक नदी, पहाड़, दर्रा, घाटी आदि के संकेतक चिन्ह थे। परिणामस्वरूप समय एवं परिस्थिति के अनुसार दोनों पक्ष इसकी व्याख्या के लिए स्वतंत्र थे। महाराजा गुलाब सिंह कहा करते थे मेरे राज्य की सीमा वहाँ तक है जहाँ तक मेरे तलवार की पहुँच है। Aitchison के 1947 तक के सभी संस्करणों में यही उल्लेखित है, "The Northern as well as Eastern Boundry of Kashmiree is still undefined" इंडिया आफिस लंदन 10 जनवरी, 1924 "So far as we know there is no officialy recognized boundry लार्ड माउन्ट बेटन के रिपोर्ट के साथ संलग्न मानचित्र में भी सीमा की यह स्थिति दिखाई गई है।

स्पष्ट है कि दो दुर्गम पर्वत मालाओं के बीच स्थित यह जन शून्य सफेद बर्फ की मरूभूमि विवादित थी एवं इसे गूढ़ कूटनीतिक एवं रणनीतिक सूझ–बूझ से सुलझाने की आवश्यकता थी।

प्रधानमंत्री 1950 के नवंबर में जब लोकसभा में यह कह रहे थे हमारी सीमाएँ पूर्व से निर्धारित हैं तो वह तथ्यों से पूरी तरह अनजान थे या वास्तविकता को नकार कर देश को गुमराह कर रहे थे।

भारत एवं चीन के बीच कूटनीतिक संबंध होने के बाद जब सितम्बर, 1951 में भारतीय राजदूत के.एम. पणिकर चीनी प्रधानमंत्री के साथ औपचारिक मुलाकात कर रहे थे, चाऊ एन लाई ने सीमा के प्रश्न पर कहा कि तिब्बत की सीमा का प्रश्न शीघ्र हल होना चाहिए और इसके लिए भारत चीन नेपाल की संयुक्त वार्ता हो। प्रधानमंत्री चाऊ ने यह भी स्पष्ट कहा कि भारत तथा चीन के बीच कोई सीमा विवाद/संघर्ष नहीं है। इसमें भारत चीन संबंधों की एक नई शुरूआत के स्पष्ट संकेत थे। इसके विपरीत पंडित नेहरू ने भारतीय राजदूत पणिकर को स्पष्ट निर्देश दे रखे थे कि चीन के साथ सीमा संबंधी कोई वार्ता नहीं की जाए। फलस्वरूप पणिकर यह कह कर टाल

गए कि पहले तिब्बत के प्रश्न पर भारत चीन समझौता हो जाए फिर नेपाल को शामिल करेंगे और इस प्रकार सीमा समस्या सुलझाने का एक स्वर्णिम अवसर भारत के हाथ से निकल गया। पुनः ई. 1953 में जब भारतीय दल वार्ता के लिए बीजिंग जा रहा था तो उनके द्वारा ध्यान आकृष्ट करने पर भी पंडित नेहरू का स्पष्ट मत था सीमा पर कोई वार्ता नहीं होगी।

अप्रैल 1954 में चीन भारत के बीच पंचशील समझौते के बाद भारत के सर्वेक्षण महानिर्देशक को आदेश जारी किया गया कि भारत के नए राजनैतिक मानचित्र प्रकाशित किए जाए। उसमें हमारी उत्तरी एवं उत्तर पूर्वी सीमा को पूर्ण निर्धारित/परिभाषित सीमा के रूप में दर्शाया जाए एवं भारत चीन पंचशील समझौते के बाद भारत चीन सीमा को दृढ़ स्थायी एवं निश्चित मानी जाए। यदि चीन के मानचित्र इन क्षेत्रों को चीन की सीमा में दिखाते हैं तो हम इस प्रश्न को चीन के साथ उठाएँगे अभी तुरंत नहीं लेकिन लम्बा इंतजार भी नहीं करेंगे हमारी सीमा, समझौते में उल्लेखित दर्रों के कारण स्थाई हो गई है। यह पंडित नेहरू की गंभीर कूटनीतिक/राजनीतिक भूल थी। (1) ई. 1954 का भारत चीन समझौता सीमा संधि नहीं थी इस संधि की प्रस्तावना "भारत तथा चीन के तिब्बत क्षेत्र के बीच व्यापार एवं संस्कृति, तीर्थ यात्रा एवं आवागमन को बढ़ावा देने हेतु थे, इससे स्पष्ट होता है कि यह एक व्यापारिक संधि थी और अन्तर्राष्ट्रीय संधियों की प्रस्तावना ही इसकी आत्मा होती है। संधि में सीमा का कोई उल्लेख भी नहीं है (2) सीमा संधियाँ स्थाई एवं दीर्घकालीन होती है, जबकि 1954 को संधि का 8 वर्ष के बाद पुनः समीक्षा होनी थी और आवश्यकतानुसार समीक्षा कर पुनः समझौते का नवीकरण करने का प्रावधान था, पंडित नेहरू ने यह सोचा कि ई. 1954 में पंचशील समझौते के समय चीन ने सीमा का प्रश्न नहीं उठाकर भारत के सीमाओं को मान्यता दे दी है। एक मूर्खतापूर्ण विचार था। पंडित नेहरू हर समय अपने इसी विचार को प्रगट करते रहते थे। यह न सिर्फ भारत की स्थाई सीमा नीति हो गई बल्कि भारतीय जनमत भी इसी को सत्य मानने लगा। प्रसंगवश जिस पंचशील समझौते को नेहरू सीमा संधि मान रहे थे उस के चीनी वार्ता दल में एक भी तिब्बती नहीं थे। भारत ने भी तिब्बतियों के संबंध में कोई बात नहीं की। जबकि पूर्व में इन्हीं तिब्बतियों के साथ हुए 1914 की संधि को नेहरू अन्तर्राष्ट्रीय सीमा संधि मान रहे थे। इस पूरे सीमा विवाद का यही सबसे जटिल पक्ष था। धीरे-धीरे राजनीतियों, जन संचार माध्यमों ने भारत में यह विमर्श बना दिया कि हमारी चीन के साथ लगने वाली सीमा

विवाद रहित न्यायपूर्ण एवं स्थाई है यदि दूसरा पक्ष इस पर आपत्ति करता है या उसका विरोध करता है तो उसे आक्रांता एवं हमलावर माना जाएगा। वह भी तब जबकि 1920 में ही चीन की कामिनतांग सरकार के समय से प्रकाशित चीनी मानचित्रों में अक्साई चीन, तवांग एवं उत्तर पूर्व के कुछ हिस्से को भी तिब्बत की सीमा में दिखाया जा रहा था। चीन तो फिर भी एक विदेशी पड़ोसी था स्वयं पंडित नेहरू द्वारा लिखी पुस्तक, ''भारत एक खोज'' में भारत का जो मानचित्र दिया गया है उसमें भारत की उत्तर पूर्वी सीमा हिमालय की निचली पहाड़ियों शिवालिक पर दिखाई गई है। यह पुस्तक 1946 में प्रकाशित हुए उसी वर्ष नेहरू भारत के अंतरिम सरकार में विदेश मंत्री बने थे। भारतीय दल को इस समय झेंपना पड़ा जब ई. 1959–60 के संयुक्त सीमा वार्ता में चीनी दल ने यही मानचित्र रख दिया। इसी तरह उत्तरी सीमा पर भी चीनी मानचित्रों में तिब्बत की सीमा काराकोरम पर्वत माला तक दिखाई जा रही थी।

बीजिंग से ल्हासा की दूरी लगभग 3000 किलोमीटर है एवं रास्ता दुर्गम्य पहाड़ों एवं बर्फीले हिम नदी आदि के कारण काफी दुरूह है तथा तिब्बत के उत्तर पूर्व में चीन की मुख्यभूमि के बीच गोबी की मरूभूमि है तिब्बत अन्न आदि के लिए भारत के रास्ते या कासगरिया अब (सिंकियांग) के रास्तों पर निर्भर रहा है। बीच में जब ल्हासा के सैनिकों के लिए अधिक चावल की आवश्यकता थी तो कलकत्ता के रास्ते ही भेजा गया था। अतः लाल क्रांति के लगभग तुरंत बाद ही ई. 1950 में चीन ने यारकन्द से अक्साई चीन के रास्ते गरटोक तक के लिए एक सैन्य वाहनों के उपयोग हेतु रास्ता निर्माण करना प्रारंभ कर दिया। भारत सरकार को गरटोक के भारतीय एजेन्ट ने 1954 में यह सूचना दी कि चीनी सेना सिंकियांग और तिब्बत के बीच आने–जाने के लिए अक्साई चीन के रास्ते एक मार्ग का निर्माण कर रहा है, भारत अनजान बना रहा। यह खबर भारतीय समाचार पत्र ''Setesman'' में भी छपी 1956 में चीनी अधिकारियों ने यारकन्द एवं गोरटोक के बीच इसी सड़क को पक्के राजमार्ग में बदलने का कार्य शुरू किया। उन्नीस महीनों में चीनी सीमा रक्षकों ने 3000 मजदूरों की मदद से 750 मील लम्बे इस राजमार्ग का निर्माण अत्यन्त विषम परिस्थितियों में पूरा कर लिया। पीकिंग से भारत के राजदूत ने सितम्बर, 1957 में यह सूचना भेजी कि यहाँ दुर्गम्य पहाड़ों के बीच सिकियांग तिब्बत राजमार्ग रेकार्ड समय में पूर्ण हो जाने की खुशियाँ मनाई जा रही है। अगले एक वर्ष तक भारत ने इस पर कोई प्रतिक्रिया नहीं दी। अगले

वर्ष 1958 ग्रीष्म में (जुलाई) भारत ने सड़क के उत्तरी एवं दक्षिणी सिरे का टोह लेने हेतु दो गश्ती दल भेजे गये। एक दल जो तिब्बत सीमा की ओर दक्षिण सिरे की ओर भेजा गया था उसने अक्टूबर में आकर सूचित किया कि निर्मित राजमार्ग भारतीय सीमा के अन्दर है। दूसरा दल जो यारकन्द की ओर गया था वह लापता हो गया। यह स्पष्ट हो जाने के बाद कि यह राजमार्ग उस क्षेत्र में बना है जिसपर अंग्रेजों ने 1866 में प्रकाशित मानचित्र में भारत (जॉनसन रेखा) का भू–भाग दिखाया गया है। भारत सरकार द्वारा 18 अक्टूबर, 1958 को चीन की सरकार को एक अनौपचारिक संदेश भेजा गया। उसमें कहा गया कि आपने जिस भू–भाग पर सिंकियांग तिब्बत राजमार्ग का निर्माण किया है वह सदियों से लद्दाख का हिस्सा रहा है और यह आश्चर्य है कि आपने उस भू–भाग पर बिना मेरी अनुमति के राजमार्ग का निर्माण कर लिया है। साथ ही भारत ने अपने लापता गश्ती दल के बारे में भी जानकारी माँगी। चीन की ओर से स्वाभाविक तौर पर कड़ी प्रतिक्रिया आई। चीन ने कहा, भारतीय गश्ती दल गैर कानूनी तरीके से चीनी क्षेत्र में आए थे जिन्हें रोक लिया गया था। चीन भारत के बीच मित्रता को देखते हुए उन्हें प्रत्यार्पित कर दिया गया है, लेकिन इस तरह की घुसपैठ पंचशील समझौते के भावना के विपरीत हैं और भारत को यह सुनिश्चित करना चाहिए कि इस घटना की पुनरावृति नहीं हो।

इस घटना ने भारत चीन सीमा विवाद को सतह पर ला दिया। **भारत ने उत्तर देते हुए कहा कि यह क्षेत्र चीन का भू–भाग है या भारत का यह विवाद का विषय है। इस प्रकार भारत ने पहली बार स्वीकार किया कि भारत चीन सीमा पर विवाद है। लेकिन भारत ने कुछ ही हफ्तों बाद पलटते हुए कहा कि हमारी सीमा निश्चित एवं विवाद रहित है भारत के सोच में यह अपरिपक्व अहंकार भरा था कि हमारी सीमा तो निश्चित एवं विवाद रहित है। विवाद सिर्फ चीन पैदा कर रहा है।** भारत ने यह तर्क भी दिया कि जब 1956 में चीनी प्रधानमंत्री भारत आए थे तो हमारे प्रधानमंत्री ने चीन के मानचित्रों में भारतीय भू–भाग को दिखाए जाने का प्रश्न उठाया था तो चाऊ एन लाई ने कहा था कि ये मानचित्र पुराने है और अभी तक हमने इसका अध्ययन नहीं किया है। चीनी विदेश मंत्रालय का उत्तर था कि हाँ हमारे प्रधानमंत्री ने ऐसा कहा था लेकिन यह भी स्पष्ट कर दिया था कि हमने अभी चीन की सीमाओं का सर्वेक्षण नहीं किया है। सर्वेक्षण के पश्चात अपने पड़ोसी राष्ट्रों के साथ वार्ता कर सीमाओं का निर्धारण करेंगे,

लेकिन जब तक ऐसा नहीं होता है हम अपने मानचित्रों में परिवर्तन नहीं करेंगे चीनी प्रधानमंत्री इन्डोनेशिया के बांडुंग एशिया अफ्रीका सम्मेलन 1955 में भी स्पष्ट तौर पर कह चुके थे कि हम अपने पड़ोसियों के साथ सीमा को शांतिपूर्ण तरीके से वार्ता द्वारा हल करना चाहते हैं।

सीमा पर चीनी एवं भारतीय रूख में मौलिक अन्तर यह था कि जहाँ चीन मानता था कि हम अपने अन्तर्राष्ट्रीय सीमा विवादों को शांतिपूर्ण तरीके से पड़ोसी देश के साथ वार्ता एवं सर्वेक्षण के आधार पर सुलझाएँगें वहीं भारत का दृष्टिकोण हमारी सीमाएँ परंपराओं से निश्चित हैं। Map or Nomap वही हमारी सीमा है और हम किसी को इस पर आपत्ति की अनुमति नहीं देंगे। 1956 में दलाई लामा एवं चाऊ एन लाई दोनों भारत के दौरे पर थे। तिब्बत में दलाई लामा के समर्थक रकुले आम चीन का विरोध कर रहे थे, चूँकि चीन को भारत की भूमि से C.I.A. की गतिविधि की जानकारी थी अतः चीन भारत सीमा पर सैनिक गतिविधियाँ बढ़ने लगी थीं हिन्दी चीनी भाई भाई का दौर खत्म होने लगा था। अक्टूबर, 1958 में उत्तरी सीमा पर विवाद, बढ़ने के बाद दिसम्बर में पंडित नेहरू ने चीनी प्रधानमंत्री को पत्र लिखा। पत्र की भाषा मित्रतापूर्ण थी। लेकिन भाव उसी चरम रूप में था। उन्होंने कहा कि "सीमा विवाद पर चीनी व्यक्तव्यों में जो आपसी वार्ता एवं संयुक्त सर्वेक्षण की बात की जा रही है वह हमारी समझ से परे है। चीनी मानचित्रों में जिस भारतीय भूमि को चीन का दिखाया जा रहा है वह भारतीय भू–भाग है और विवाद रहित है।"

8 सितम्बर, 1959 को चाऊ एन लाई ने पत्र का उत्तर भी उतने ही मित्रवत भाव से दिया। पहले तो अन्तर्राष्ट्रीय मंचों पर भारत द्वारा दिए जा रहे समर्थन के लिए आभार व्यक्त किया फिर सीमा समस्या पर अपना पक्ष रखा।

(1) भारत चीन सीमा का कभी औपचारिक निर्धारण नहीं हुआ है, भारत और चीन की केन्द्रीय सरकारों के बीच कभी कोई सीमा संधि नहीं हुई है।

(2) भारत और चीन के मानचित्रों में भिन्नता है तथा सीमा पर विवाद भी हुए हैं।

(3) चीनी मानचित्रों में इसी रूप में चीन की सीमा दशकों से दिखाई जा रही है।

(4) हम ऐसा नहीं मानते हैं कि चीनी सीमा का सभी हिस्सा उपयुक्त आधार पर है, लेकिन पड़ोसी देश के साथा विमर्श एवं सर्वेक्षण के बिना मानचित्रों में संशोधन उचित नहीं होगा।

26 सितम्बर, 1959 चाऊ एन लाई के पत्र के उत्तर में पंडित नेहरू ने जो उत्तर दिया उससे स्पष्ट होता है कि **चीन को युद्ध के लिए उकसाने एवं उसे अपमानित करने की पंडित नेहरू की एक सुविचारित योजना थी।** पंडित नेहरू ने सीमा पर कोई विवाद नहीं है इसी अंह भाव के साथ उत्तर दिया।

(1) लद्दाख की सीमा गुलाब सिंह एवं तिब्बत के बीच हुई ई. 1842 की संधि द्वारा निर्धारित है।

(2) उत्तर पूर्व की सीमा मैकमोहन रेखा द्वारा निर्धारित है।

(3) मध्यक्षेत्र की सीमा प्राचीन परंपराओं एवं व्यवहारों के आधार पर निर्धारित है।

उपर्युक्त स्थिति में चीनी प्रधानमंत्री को स्वीकार करना चाहिए कि भारतीय मानचित्र भौगोलिक एवं प्राकृतिक स्वरूप के आधार पर भारत चीन सीमा का निर्धारण करते हैं और परंपरा से ऐसी सीमा को मान्यता है। पंडित नेहरू अपने इस विचार पर दृढ़ थे कि भारतीय मानचित्रों में दिखाई जा रही सीमा निर्विवाद है। इस पर किसी तरह की वार्ता, व्याख्या, सर्वेक्षण, संधि, सीमांकन की कोई आवश्यकता ही नहीं है। जबकि पूर्व में यही पंडित नेहरू एक विवाद रहित कश्मीर सीमा को संयुक्त राष्ट्र तक लेकर चले गए। उन्होंने ही भारत चीन सीमा विवाद को एक झटके में हल कर दिया। सीमा पर यथास्थिति बनाए रखने के चीन के प्रस्ताव पर भी उनकी उग्र एवं उकसाने वाली प्रतिक्रिया थी। उन्होनें कहा कि हाँ यथा स्थिति बनाए रखें और यदि किसी पक्ष ने इसका भू–भाग कब्जा कर लिया है (भारतीय मानचित्र अनुसार) उसे खाली कर दें। यानी चीन अक्साई चीन से बाहर हो जाए "**विनाश काले विपरीत** बुद्धि" चीन का प्रस्ताव था–

(1) भारत चीन सीमा का संयुक्त सर्वेक्षण हो।

(2) सीमा निर्धारण के सिद्धांत संयुक्त वार्ता में तय हो।

(3) सीमा संधि।

(4) सीमा संधि होने तक कोई अप्रिय झड़प न हो अतः तब तक यथा स्थिति रहे।

(5) जहाँ तक अक्साई चीन का प्रश्न है यह हमारे सिंकियांग प्रान्त का हिस्सा रहा है और उस क्षेत्र में चीनी सीमा रक्षक हमेशा से गश्त करते रहे हैं, हमारा तिब्बत सिंकियांग राजमार्ग इसी क्षेत्र से गुजरता है। **इस सीमा विवाद का प्रभाव भारत चीन मैत्री संबंधों पर नहीं पड़नी चाहिए पूरी**

जानकारी, मैत्री पूर्ण प्रयास एवं पंचशील के सिद्धांतों के अनुरूप चल कर हम इस पूर्व काल की समस्या का समाधान अवश्य निकाल सकते हैं।

भारत का दावा पूर्णवत था (1) सीमा पूर्व निर्धारित एवं विवाद रहित है (2) किसी भी वार्ता के पूर्व चीन भारतीय मानचित्रों में दिखाई जा रही सीमा के अनुरूप चीन, अक्साई चीन क्षेत्र खाली कर दें।

पंडित नेहरू द्वारा लगाई गई यही दोनों शर्त्तें भारत के गले का फांस बनने वाला था।

चीन के राजनीतिक तंत्र में यह धारणा बनने लगी थी कि पंडित नेहरू तिब्बत में दोहरा खेल, खेल रहे हैं। सार्वजनिक रूप से चीन के साथ दोस्ती की बात करते हैं और पीठ पीछे तिब्बतियों को चीन के विरूद्ध विद्रोह के लिए उकसाते रहते है। C.I.A. उनकी जानकारी में खाम्पा विद्रोहिया को हथियार और प्रशिक्षण दे रहे हैं। पंडित नेहरू दलाई लामा को इस्तेमाल चीन के विरूद्ध कर रहे हैं। उनका उद्देश्य चीन को नीचा दिखाना है। नेहरू के नेतृत्व में भारतीय अधिकारियों का एक दल भी सीमा विवाद को राष्ट्रीय प्रतिष्ठा का प्रश्न ई. सन् 1959 की गर्मियों में खुफिया प्रमुख बी.एन. मल्लिक ने अर्द्ध सैनिक बलों के 70 सदस्य वाले दल को चेंगचेनमों घाटी के आगे लनक ला के लिए रवाना किया। यह दल लनक ला की ओर बढ़ ही रहा था कि चुसुल के आगे कोंगका ला के पास चीनी सुरक्षा प्रहरियों से मुठभेड़ हो गई। 09 भारतीय जवान मारे गए 07 गिरफ्तार कर लिए गए। इस घटना ने पंडित नेहरू की सीमा नीति के खोखलेपन को सतह पर ला दिया। 09 सीमा प्रहरी की शहादत एक बड़ी घटना थी पूरा राष्ट्र जानना चाह रहा था कि हो क्या रहा है?

भारतीय सेना पहले भी खुफिया प्रमुख बी.एन. मल्लिक पर आरोप लगा रही थी कि वे सीमा पर उकसाने वाले आक्रमण कार्रवाईयां कर रहे हैं। वास्तविकता यह थी कि मल्लिक ये कार्रवाईयां उच्चतम स्तर से प्राप्त निर्देश के अनुसार कर रहे थे। वे सीधे प्रधानमंत्री को रिपोर्ट करते थे। वे उनके प्रिय पात्र थे।

कांगका दर्रे की घटना के बाद भारतीय सेना का धैर्य चुक गया, पानी सर से ऊँचा जाते देखकर सेना ने आदेश दिया कि बिना उसकी पूर्वानुमति के कोई गश्ती दल सीमा की ओर नहीं जाएगा। सेना का दृढ़ मत था एवं

वास्तविकता भी यही थी कि नगण्य संसाधानों वाली सेना को एक अति दुर्गम एवं शून्य यातायात, आवागमन वाले क्षेत्र में एक ऐसे युद्ध की ओर ढकेला जा रहा है जिसका परिणाम केवल पराजय ही हो सकता है।

सेना ने यह आदेश सुरक्षा के उद्देश्य से दिया था। लेकिन चीन विरोधी चांडाल चौकड़ी यह प्रचार करने लगी कि भारत सरकार ने कठोर कदम बढ़ाते हुए सीमा की जिम्मेबारी सेना के हवाले कर दी है। इस चौकड़ी को सच से कोई सरोकार नहीं था। इसका उद्देश्य था प्रधानमंत्री की चापलूसी और सिर्फ चापलूसी।

इतना बड़ा था हमारा दावा और इतनी अपरिपक्व थी हमारी रणनीति।

भारत की उत्तर पूर्वी सीमा मैक मोहन रेखा

पूर्व हिमालय में सुम्रद तल से 16000 फीट की ऊँचाई पर है बूम ला। ला का अर्थ होता है दर्रा (Passes) जहाँ ऊँचे पर्वत श्रृंखलाओं के बीच एक कम ऊँचाई का रास्ता दर्रा (Passes) होता है और यहीं से आवागमन होता है।

भारत भूटान एवं तिब्बत के त्रिसीमा पर दो उन्नत पर्वतों के मध्य स्थित नुकीले उबड़–खाबड़, पथरीले भूमि वाला, यह क्षेत्र बूम ला ही भारत भूमि को तिब्बत के पठार से अलग करता है और यह भारत एवं चीन की सीमा नियंत्रण रेखा तथा भारत की उत्तर पूर्वी सीमा का प्रारंभ बिन्दु है। यह क्षेत्र पूरी तरह सैन्यकृत है, दर्रे के भारतीय हिस्से पर सैनिक छावनियाँ हैं एक चिन्ह लगा हुआ है जिस पर लिखा है "भारतीय सीमा का अंत" वहाँ पर भारतीय तिरंगा एवं चीनी झंडा साथ–साथ लहराता रहता है। जिसके नीचे लिखा है **दो पड़ोसी प्राचीन सभ्यता, प्रगति में भागीदार,** लेकिन दर्रे के उत्तरी तरफ चीन की सीमा पर सैनिक नहीं हैं क्योंकि वे सीमा को अनिर्धारित मानते हैं। यही है नियंत्रण रेखा एवं प्रसिद्ध मैकमोहन रेखा का प्रारंभ बिंदु जो पराधीन भारत के विदेशमंत्री तथा शिमला समझौता के मुख्य शिल्पकार हेनरी मैकमोहन के नाम पर है। यह सीमा रेखा भूटान, तिब्बत, अरूणाचल प्रदेश के तिराहो सीमा से शुरू होकर बर्मा, तिब्बत, अरूणाचल प्रदेश के सीमा त्रिमुहान तक जाती है जो इरावती नदी ISSU RAZI PASS पर जाकर समाप्त होती है।

उत्तर पूर्व भारत भूमि की मुख्य धारा में क्रमिक रूप से शामिल होता रहा है और यह प्रक्रिया आज भी जारी है। 12 अगस्त, 1765 को मुगल सम्राट ने सालाना सलामी के बदले सूबे बंगाल की दीवानी ईस्ट इंडिया कम्पनी को सौंप दी। उस समय बंगाल की सीमा में वर्तमान आसाम का अविभाजित ग्वाल पाड़ा जिला भी था। इस प्रकार 1765 में उत्तर पूर्व पहली बार ईस्ट इंडिया कम्पनी के चंगुल में आ गया। कम्पनी ने ई. 1822 में एक विशेष

प्रशासनिक क्षेत्र का गठन किया जिसमें रंगपुर जिला के चार थाने धुबरी, नागेश्वरी, ग्वाल पाड़ा और कारियाबाड़ी आदिवासी बहुल क्षेत्र को शामिल किया। ई. 1824 में प्रथम आंग्ल बर्मा युद्ध के बाद जो पूर्ण रूप से अंग्रेजों द्वारा थोपा गया था। युद्ध दरांग के राजा पराजित हो गए। गोवाहाटी अंग्रेजों के अधीन हो गया। 1825 तक अंग्रेजों ने अहोम राजा की राजधानी रंगपुर को भी अपने अधीन कर लिया। ब्रह्मपुत्र की घाटी से आगे बढ़ते हुए अंग्रेजों ने ई. 1828 में कचार पर ई. 1832 में खासी एवं ई. 1833 में जनतिया का इलाका सहित पूरे अपर आसाम को भी अपने अधीन कर लिया।

अधिक वर्षा उमस भरी गर्मी एवं दलवॉ भूमि के कारण 1837 के आस–पास आसाम में चाय की खेती शुरू हुई। अंग्रेज व्यापारियों को इसमें अवसर दिखा। जहाँ उन्होंने पूर्वोत्तर के घरेलू उद्योंगो को नष्ट कर दिया वहीं चाय की खेती और व्यापार पर एकाधिकार स्थापित करने के उद्देश्य से 1838 में बंजर भूमि नियमन लागू कर दिया। अब स्थानीय लोगों के लिए चाय बागान का स्वामित्व प्राप्त करना असंभव हो गया। आसाम में चाय बगानों में काम करने के लिए बिहार/झारखंड से आदिवासी मजदूरों को लाया गया जिनका आज भी अमानवीय शोषण होता है। अंग्रेज अधिकारी/व्यापारी आदिवासी महिलाओं के पीठ पर चढ़कर यात्राएँ करते थे।

ई. 1874 में बंगाल के सिलहट को मिलाकर अंग्रेजों ने प्रदेश को एक नया स्वरूप दिया और प्रदेश का नाम हो गया उत्तर पूर्वी सीमांत क्षेत्र North East Frontier agency संक्षेप N.E.F.A. इसमें कामरूप, सिलहट, कचार, नवगॉव, दरांग, शिवसागर, जनतिया की पहाड़ियाँ, नागा पहाड़ियाँ आदि शामिल थी लेकिन अभी भी इसके उत्तर एवं तिब्बती पठार के नीचे 60 मील चौड़ा क्षेत्र भारत से अनजान था। गहरे घने जंगलों में रहने वाली जन जातियाँ अत्यधिक स्वतंत्र, स्वाभिमानी और लड़ाकू थे जो बाहरी हस्तक्षेप एकदम पसंद नहीं करते थे।

अंग्रेज व्यापारियों एवं जमींदारों के आने के बाद उत्तर पूर्व के जंगलों की अधांधुध कटाई शुरू हुई। अंग्रेजों को भय हुआ कि उन जंगलों पर आश्रित वनवासी विद्रोह कर देंगे अतः ई. 1873 में एक सीमा खींचकर उसके आगे जाने पर रोक लगा दी गई एवं परमिट व्यवस्था लागू कर दी गई। उस सीमा को इनर लाईन कहा जाता है। एक आउटर लाईन का भी सोच था जिसमें भूटान के दक्षिण से पूरा हिमालय की तराई थी, लेकिन तवांग को इस आउटर लाईन के बाहर ही रखा गया था। क्योंकि तवांग की घाटी में तिब्बती प्रभाव स्पष्ट था। यहाँ मोनपा जाति निवास करती हैं, जो तिब्बती तो नहीं है लेकिन बौद्ध मतावलंबी होने के कारण तवांग मठ के अधीन थे

और तवांग मठ ल्हासा मठ तंत्र के अधीन था। उसके नीचे उदाल गिरी एवं जलपाई गुड़ी व्यापारिक गतिविधियों का केन्द्र था जिसे ईस्ट इंडिया कम्पनी ने कूच बिहार राजा को ई. 1774 में पराजित कर अपने नियंत्रण में ले लिया था। इस आउटर लाईन तक ब्रिटिश अधिकारी कभी–कभी शोध या सर्वेक्षण के लिए आते थे। इन इलाकों में प्रशासनिक हस्तक्षेप न्यूनतम था लेकिन ये क्षेत्र ब्रिटिश प्रभुसत्ता के अधीन आ चुके थे। तिब्बत पर कम्पनी की नजर वारेन हेस्टिंग्स के समय से थी, लेकिन उनको हस्तक्षेप करने का मौका नहीं मिलता था। अंग्रेजों को पहला मौका ई. 1890 में तब मिला जब अंग्रेजों की संप्रभुता को चीन के सम्राट ने सिक्किम पर कलकत्ता संधि द्वारा मान्यता दे दी और तिब्बत एवं सिक्किम के बीच की सीमा का निर्धारण भी कर दिया। चूँकि इस संधि में तिब्बती शामिल नहीं थे। अतः उन्होंने सिक्किम पर अंग्रेजों की संप्रभुता को मानने से इन्कार कर दिया। वे सिक्किम पर अपने अधिकार छोड़ने का तैयार नहीं थे, फलस्वरूप अंग्रेजों को हस्तक्षेप का मौका मिल गया और ई. 1903–1904 में कैप्टन यंग हसबैंड के नेतृत्व में अंग्रेज सेना गोरखा एवं सिक्ख सैन्य टुकड़ी के साथ सिक्किम के रास्ते तिब्बत में प्रवेश कर गई। तिब्बतियों का क्रूरता पूर्वक दमन करते हुए ल्हासा तक पहुँच गई। एक भी अंग्रेजी सैनिक नहीं मरा। 700 तिब्बती मारे गए, दलाई लामा ल्हासा छोड़कर मंगोलिया की ओर चले गए। उनकी अनुपस्थिति में यंग हैसबैंड ने तिब्बत पर 75 लाख युद्ध हरजाना लगाते हुए अनेक व्यापारिक एवं सैनिक संबंधी कठोर शर्त्तों लाद दी। बाद में सम्राट के हस्तक्षेप पर एक नई संधि हुई जिसमें युद्ध हरजाने की राशि घटाकर 25 लाख कर दी गई। यातुंग के अतिरिक्त जहाँ ब्रिटिश ई. 1886 से ही थे दो और व्यापारिक केन्द्र, ग्यात्से और गरटोक की स्वीकृति ल्हासा में, ब्रिटिश मिशन की स्थापना, ग्यात्से में ब्रिटिश सैन्य टुकड़ी, साथ ही यह भी तय हुआ कि बिना ब्रिटेन की स्वीकृति के तिब्बत में कोई विदेशी एजेन्ट प्रवेश नहीं करेगा। बिना चीन की स्वीकृति के तिब्बत कोई अंतर्राष्ट्रीय संधि नहीं करेगा। ब्रिटेन तिब्बत के किसी भू–भाग पर कब्जा नहीं करेगा। अब रूस आपत्ति करने लगा कि ब्रिटेन तिब्बत पर कब्जा करना चाहता है तो ई. 1907 में ब्रिटेन और रूस की संधि द्वारा तिब्बत को आंतरिक मामलों में स्वायत्तता एवं क्षेत्रीय अखंडता की गारंटी दी गई और तय हुआ कि बिना चीन की स्वीकृति के तिब्बत के साथ कोई समझौता नहीं होगा।

इधर बीजिंग में सम्राट भी ब्रिटेन और रूस के इस खेल को देख रहे थे और समझ रहे थे। उन्हें लग रहा था और वास्तविकता भी यही थी कि अंग्रेज किसी न किसी बहाने तिब्बत को चीन से अलग करना चाहते हैं।

उपर्युक्त परिस्थितियों में चीन के केन्द्रीय शासन ने तिब्बत पर अधिपत्य स्थापित करने के प्रयास तेज कर दिए। चीन अब तिब्बत को अपने साथ एकीकृत करना चाहता था। ई. 1909 में दलाई लामा विदेश यात्रा से ल्हासा आने के पहले बीजिंग गए वहाँ साम्राज्ञी Dowager ने उन्हें अच्छी तरह समझा दिया कि आपकी स्थिति अधीनस्थ की है उनको "Our loyal and submissive vice regent कहा गया।" इसके पूर्व लंदन को भी ई. 1890–93 के तिब्बत व्यापार नियम को बदलकर चीन के साथ ई. 1908 में एक नए समझौते पर राजी होना पड़ा। दलाई लामा जब ल्हासा लौटकर आए तो वहाँ भारी संख्या में चीनी सेना की उपस्थिति एवं चीन के अम्बनों के बढ़े हुए प्रभाव को देखकर ई. 1910 की फरवरी में पुनः भारत की ओर निकल गए। चीन ने भी कार्रवाई करते हुए दलाई लामा को उनके अधिकारों से वंचित कर दिया। इस समय तिब्बत भारत सीमा पर भी चीनी सैन्य गतिविधियाँ काफी बढ़ी हुई थी। वे आसाम तक सड़क का निर्माण कर रहे थे और पूर्वी छोर बालोंग में एक सीमा चिन्ह भी लगा दिया। कलकत्ता के अंग्रेज अधिकारी और चाय बगान के मालिकों को खतरा महसूस हो रहा था कि कहीं तिब्बत का अस्तित्व ही नहीं समाप्त हो जाए। "उस समय लखीमपुर में अंग्रेजों के चाय बगान 70,000 एकड़ में फैले हुए थे जिसमें सालाना 3 करोड़ पौंड चाय का उत्पादन होता था। वायसराय ने लंदन को तिब्बत एवं दलाई लामा का साथ देने के लिए उकसाया लेकिन लंदन में भारत के प्रभारी मंत्री जॉन मारले ने मना कर दिया और स्पष्ट कर दिया कि स्थिति भिन्न है। चीन अब जग रहा है तथा उसे अपनी सीमाओं के संबंध में पहले की अपेक्षा बेहतर समझ है।"

इसी बीच एक ऐतिहासिक घटनाक्रम में चीन में राजतंत्र का अंत हो गया और नानकिंग में एक राष्ट्रवादी सरकार बनी। जिसका नेतृत्व डा. सनयात सेन कर रहे थे। तिब्बत में चीनी सेना ने भी विद्रोह कर दिया और अम्बनों को मार डाला एक तरह से तिब्बत स्वतंत्र हो गया। अंग्रेजों को इसमें पुनः चीन–तिब्बत के बीच हस्तक्षेप करने का मौका मिल गया। लंदन से बीजिंग तक ब्रिटिश अधिकारी नए–नए संधि एवं समझौते का प्रस्ताव तैयार कर रहे थे। नए मनसूबे बना रहे थे।

चीन की नई सरकार ने जहाँ स्पष्ट तौर पर कह दिया कि चीन हान मंगोल एवं तिब्बतियों का एक संयुक्त राष्ट्र है और स्वाधीन तिब्बत हमें मंजूर नहीं है, वहीं वे ये भी जानते थे कि तिब्बत को बिना दलाई लामा के मिलाए साथ करना संभव नहीं है। अतः 23 जून, 1912 को चीन की नई राष्ट्रवादी सरकार ने स्पष्ट किया कि हम तिब्बत की स्वायतत्ता को स्वीकार करते हैं

और वादा करते हैं कि तिब्बत को चीन के अधीन नहीं करेंगे। लेकिन चीन में गृह युद्ध, अराजकता एवं अव्यवस्था का दौर प्रारंभ हो गया था।

अंग्रेज तो मौके की ताक में थे ही अगस्त, 1912 को ब्रिटिश सरकार ने चीन के विदेश मंत्रालय को एक ज्ञापन सौंपकर कहा कि हम तिब्बत की स्वाधीनता में हस्तक्षेप एवं तिब्बती सीमा का अतिक्रमण कतई बर्दाश्त नहीं करेंगे। इसे चीन की आक्रामक कार्रवाई मानेंगे और यदि ऐसा होता है तो उसके गंभीर परिणाम होंगे। हम चीन की नई सरकार को तभी मान्यता देंगे जब उपर्युक्त शर्त्तों के आधार पर ब्रिटेन, चीन और तिब्बत के बीच एक नई संधि हो। यह तिब्बत पर ब्रिटेन के साम्राज्यवादी इरादों की खुली घोषणा थी। चीन ने नई संधि का प्रस्ताव यह कह कर ठुकरा दिया कि पूर्व में 1906 की ल्हासा संधि में तिब्बत को हर तरह की सुरक्षा प्रदान की गई है। चीन ने भी बदली हुई स्थिति को देखते हुए नई सरकार की ओर से आदेश देकर दलाई लामा को पुनः मान्यता दे दी। साथ ही पुनः स्पष्ट कर दिया कि चीन पाँच जातियों हान, माँचू, मंगोल, तिब्बती एवं तातार से मिलकर बना है और मंगोलिया, तुर्कमेनिस्तान तथा तिब्बत चीनी गणराज्य की सीमा में आते है, लेकिन नई सरकार हैं। सब दावे सिर्फ हवा के हवाई थे। उनके पास शक्ति एवं संगठन का पूर्ण अभाव था।

अतः जब जनवरी, 1913 में दलाई लामा ल्हासा लौटकर आए और आते ही घोषणा कर दी कि हम चीन के साथ रहे हैं। लेकिन चीन के अधीन नहीं रहे हैं। दलाई लामा ने ब्रिटेन के सम्राट जार्ज ट को भी उपहार के साथ पत्र भेजकर यह बताया कि हम चीन के साथ नहीं रहना चाहते हैं। लंदन में फरवरी, 2013 में ब्रिटेन, तिब्बत एवं चीन के बीच एक त्रिपक्षीय सम्मेलन के आयोजन पर विचार होने लगा। सामने से ब्रिटेन का कहना था कि हम तिब्बत और चीन के बीच एक समझौता चाहते हैं (भारत तिब्बत सीमा निर्धारण का इसमें कहीं उल्लेख नहीं था) और हम केवल एक निरपेक्ष मध्यस्थ की भूमिका में रहेंगे लेकिन इसके पीछे इनके दो स्पष्ट उद्देश्य थे।

(1) उत्तर पूर्व में ब्रिटिश चाय बागानों एवं व्यापारिक हितों की रक्षा के लिए एक रणनीतिक सीमा पर तिब्बत एवं चीन की स्वीकृति।

(2) जिस प्रकार उत्तर पश्चिम में ब्रिटेन के भारतीय साम्राज्य और रूस के बीच एक कमजोर एवं आश्रित अफगानिस्तान है उसी प्रकार भारत एवं चीन के बीच एक कमजोर एवं ब्रिटेन पर निर्भर तिब्बत।

चीन ऐसे किसी सम्मेलन में शामिल नहीं होना चाहता था जिसमें उसे तिब्बत के साथ बराबरी का स्तर हो, तिब्बत चीन का अधीनस्थ था। चीन के

टाल–मटोल को देखकर अंत में ब्रिटेन ने चीन को धमकी दी कि यदि वह संधि सम्मेलन में सम्मलित नहीं होगा तो उसके गंभीर परिणाम होंगे।

अंततः 06 सितम्बर, 1913 को दोनों देश के प्रतिनिधि दिल्ली में इकट्ठे हुए सम्मेलन का समापन 03 जुलाई, 1914 को शिमला में हुआ। अतः इसे शिमला समझौता के नाम से जाना जाता है। सम्मेलन के प्रारंभ होते ही दलाई लामा के प्रतिनिधि लोचेन शात्रा ने आपत्ति करना शुरू कर दिया कि हमने ई. 1906 के ब्रिटेन चीन के बीच हुए ल्हासा समझौता पर हस्ताक्षर नहीं किए हैं और न उसे मानते हैं। चीनी राष्ट्रपति के प्रतिनिधि इवान चेन ने कहा कि 7वीं शताब्दी से तिब्बत चीन के अधीन रहा है। हम अनेकों अवसर पर तिब्बत की मदद करते रहे हैं और दलाई लामा सम्राट के प्रति अपनी वफादारी रखते रहे हैं। तिब्बत को अन्तर्राष्ट्रीय संधि की कोई शक्ति नहीं है आदि।

जहाँ एक ओर तिब्बत और चीन के अधिकारी अपनी अन्तर्राष्ट्रीय स्थिति को लेकर विवाद कर रहे थे, वहीं कलकत्ता में वायसराय भी इस विवाद को सुलझाने में लगे थे कि N.E.F.A. (नेफा) की सीमा उत्तर में कहाँ पर रखी जाए। 28 अक्टूबर, 1913 तक मैकमोहन यही मानते थे कि आसाम की उत्तरी सीमा तवांग के नीचे से हिमालय की निचली पहाड़ियों पर हो जैसा कि रॉयल ज्योगरेफिकल सोसाइटी के मानचित्र 1906 में दिखाया गया है। उन्होंने सीमा रेखा का एक स्कैच मैप भी दिया। यह रेखा तवांग के नीचे से पूर्व की ओर बढ़ते हुए उत्तर की ओर मुड़कर सनन्सबरी नदी घाटी के पश्चिम की ओर से आगे बढ़ती है, लेकिन नवंबर आते–आते विचार बदल गया और सीमा रेखा को उन्दाल गिरि के उत्तर से तवांग मठ को छोड़ते हुए सेला दर्रे के उत्तर से हो गई। फरवरी आते–आते यह विचार भी बदल गया और सम्मेलन में 17 फरवरी, 1914 को तिब्बत की जो सीमा रेखा दी गई उसमें पूरे तवांग घाटी को भारत की सीमा के अन्दर दिखाया गया। यही सीमा जो भूटान से लेकर बर्मा तक भारत की सीमा बनी मैकमोहन रेखा के नाम से विख्यात है। यह रेखा पहली बार हैनरी मैकमोहन द्वारा 17 फरवरी को सम्मेलन के समक्ष रखी गई। यह रेखा भारत तिब्बत के बीच जलग्रहण क्षेत्रों के आधार पर ऊँचे पर्वत श्रृंखलाओं के साथ–साथ बढ़ती है। 20वीं सदी के प्रारंभ में उपलब्ध सर्वेक्षण तकनीक के आलोक में यह रेखा काफी Accurate है। मैकमोहन ने बाह्य तिब्बत की सीमा को लाल इंक से एवं तिब्बत के विभाजन की सीमा को नीले इंक में दिखाया है। कहा जाता है कि अंग्रेजों की सारी धूर्तता अंग्रेजी भाषा में हैं, मैकमोहन ने प्रारूप संधि में लिखा, "The borders of TIBET and boundry between inner and outer tibet" चीनी

प्रतिनिधि समझ ही नहीं पाए कि BORDER शब्द के प्रयोग से यह एक सीमा संधि का रूप ले लगी और वे मात्र नीली रेखा पर जो तिब्बत को विभाजित करती थी पर आपत्ति करते रहे। 24 मार्च को इवान चेन ने स्पष्ट कर दिया कि उन्हें समझौता स्वीकार नहीं है। उनकी मुख्य आपत्ति चामदो को लेकर थी जो चीनी प्रशासन के अधीन था। लेकिन नक्शे में उसे बाह्य तिब्बत में दिखाया जा रहा था। संधि का प्रारूप मुख्य रूप से तिब्बत को चीनी संप्रभुता के अधीन दो भाग में विभाजित करना था। भारत की सीमा पर ल्हासा से दलाई लामा शासित एक स्वतंत्र स्वायत्त बाह्य तिब्बत (OUTER TIBET) और चीन की सीमा पर चीन के प्रदेश के रूप में एक आंतरिक तिब्बत (INNER TIBET)। इस आंतरिक तिब्बत में दलाई लामा की भूमिका मात्र धार्मिक थी। दलाई लामा को मात्र धार्मिक अधिकार दिए जाने थे। चीनी प्रतिनिधि इवान चेन ने भी स्पष्ट कह दिया कि यदि तिब्बत चीन की सीमा निर्धारण करनी है तो उसे सालबीन नदी पर रखा जाए। 17 फरवरी को सम्मेलन में प्रस्तुत मानचित्र हमें मंजूर नहीं है। 07 अप्रैल को इवान चेन ने माँग की कि सम्मेलन का पूर्ण अधिवेशन बुलाया जाए। जिसमें हम अन्तिम रूप से अपना पक्ष रखेंगे, लेकिन **इसके पूर्व 24–25 मार्च को ही एक गोपनीय घटना क्रम में चीनी प्रतिनिधि के जानकारी बिना ब्रिटिश भारत के प्रतिनिधि मैक मोहन और तिब्बती प्रतिनिधि लोनचेन शात्रा ने एक मानचित्र का आदान–प्रदान किया। 24 मार्च को मैकमोहन ने लोनचेन शात्रा को लिखा जैसा आपने फरवरी में स्वीकार किया था, भारत तिब्बत सीमा का ISU Razi Pass से लेकर भूटान सीमा तक का मानचित्र दो प्रतियों में संलग्न है। 25 मार्च को लोन चेन शात्रा ने मैकमोहन को लिखा आपने फरवरी में जो भारत तिब्बत सीमा का नक्शा मुझे भेजा था उसे मैंने ल्हासा स्वीकृति के लिए भेजा था, वह स्वीकृत हो गया है हम इस मानचित्र को स्वीकार करते हैं। जिसमें सीमा लाल रंग में दिखाई गई है। प्रमाण स्वरूप मैंने मानचित्र के दोनों प्रतियों को हस्ताक्षरित एवं मुहरबंद कर दिया है एक प्रति मैंने रख ली है और दूसरी प्रति आपको भेज रहा हूँ। यही सीमा रेखा मैकमोहन रेखा है।**

इतना तो स्पष्ट है कि मैकमोहन एवं लोनचेन शात्रा के बीच यह सब पूर्ण नियोजित था लेकिन तिब्बती तवांग को किस प्रकार भारत को देने को तैयार हो गए यह अस्पष्ट है। अधिक संभावना इसी बात की है कि तिब्बती चामदो को किसी भी शर्त्त पर बाह्य तिब्बत में रखना चाहते थे। और शायद यही शिमला समझौते के गले की फाँस भी बन गई। यदि चामदों को आंतरिक

तिब्बत में शामिल कर चीन के अन्दर देते तो चीन शिमला समझौते की स्वीकृति दे भी सकता था। ब्रिटिश विदेश मंत्री भी यही चाहते थे, लेकिन भारतीय विदेश मंत्री मैकमोहन चामदों तिब्बत को देने पर आमादा थे शायद यह तवांग के बदले था और यही इसी संधि के गले की फाँस बन गई। 22 अप्रैल को इवान चेन शिमला संधि प्रारूप और संलग्न मानचित्र पर हस्ताक्षर करने से इन्कार कर दिया। कुछ स्पष्टीकरण के बाद 27 अप्रैल को इवान चेन ने संधि प्रारूप एवं संलग्न मानचित्र पर हस्ताक्षर कर दिए और स्पष्ट कह दिया कि इस प्रारूप पर हस्ताक्षर संधि की स्वीकृति नहीं है। 29 अप्रैल को चीन की केन्द्रीय सरकार ने इवान चेन के हस्ताक्षर को अमान्य करार कर दिया। स्पष्ट था कि शिमला समझौता दिशाहीन होकर विवाद ग्रस्त हो गया था। इसी समय यूरोप में प्रथम विश्व युद्ध की आहट आने लगी। अतः ब्रिटेन का ध्यान हट चुका था साथ ही चीन की स्वीकृति के बिना तिब्बत के साथ कोई समझौता 1907 के ब्रिटेन रूस संधि का उल्लंघन होता। अतः ब्रिटिश सरकार ने भारत के वायसराय के 01 जुलाई को पत्र लिखाकर कहा कि 03 जुलाई 1914 को शिमला में तीनों पक्षों की एक बैठक मैकमोहन द्वारा बुलाई जाए और यदि उक्त बैठक में चीन के प्रतिनिधि हस्ताक्षर करने से इन्कार करते हैं तो ब्रिटिश सरकार की ओर से तिब्बती दल से क्षमा माँगते हुए निश्चित रूप से सम्मेलन को समाप्त कर दिया जाए। हम तिब्बत को कूटनीति समर्थन देते रहेंगे। यदि चीन आक्रमक कार्रवाईयाँ करता है तो हम सैन्य सहायता भी देंगे साथ ही यदि सम्मेलन असफल हुआ तो हम देखेंगे कि चीन के विरूद्ध क्या कार्रवाई की जा सकती है। 02 जुलाई को ब्रिटिश विदेश मंत्री ने वायसराय को पुनः पत्र लिखकर स्पष्ट किया कि तिब्बत को यह बता दिया जाए कि हम इस संधि के प्रारूप एवं नक्शे को मान्यता देते हैं। यह भी स्पष्ट किया जाता है कि 01 जुलाई के तार में जो बातें कही गई हैं उसे तिब्बतियों को गोपनीय तरीके से बताया जाए। 03 जुलाई को लंदन से पुनः तार आया कि यदि चीन के प्रतिनिधि समझौते पर हस्ताक्षर नहीं करते हैं तो ब्रिटिश सरकार समझौते पर हस्ताक्षर की स्वीकृति नहीं देती है जो निर्देश 01 एवं 02 जुलाई के तार में दिया गया है उसी अनुरूप कार्रवाई हो। **लंदन से निर्देश एकदम स्पष्ट एवं संशयविहीन था पर पता नहीं क्यों मैकमोहन ने चीनी प्रतिनिधि की अनुपस्थिति में तिब्बत प्रतिनिधि लोनचेन शात्रा के साथ संधि पर स्वीकृति के हस्ताक्षर कर दिए बाद में जब मैकमोहन की भूमिका पर प्रश्न उठा तो उसने कह**

दिया हमें लंदन का 03 जुलाई का तार शिमला में संधि पर हस्ताक्षर होने के बाद मिला। वायसराय की अनुशंसा पर इस मामले को दबा दिया गया। इसी समझौते को शिमला समझौता 1914 के नाम से जाना जाता है। उसी दिन शिमला से एक स्पष्टीकरण भी जारी हुआ। जिसमें कहा गया कि यह संधि ब्रिटेन एवं तिब्बत पर बाध्यकारी होगा लेकिन जब तक चीन इस समझौते की स्वीकृति नहीं देता है चीन इस समझौते से उत्पन्न होने वाले किसी विशेषाधिकार का हकदार नहीं होगा। साधारणतः इसका अर्थ था तिब्बत की स्थिति पूर्ववत् ही रहेगी।

शिमला सम्मेलन ने एक अपारदर्शी एवं उलझनपूर्ण स्थिति उत्पन्न कर दी

(1) एक समझौता प्रारूप एवं मानचित्र था जिस पर तीनों पक्ष के हस्ताक्षर थे।

(2) एक समझौता एवं मानचित्र था जिस पर भारत एवं तिब्बत के हस्ताक्षर थे।

(3) भारत एवं तिब्बत के बीच सीमा का निर्धारण करती एक रेखा मानचित्र था जिस पर भारत एवं तिब्बत की स्वीकृति थी जो मैकमोहन रेखा के नाम से विख्यात है।

शिमला समझौता एक "STILL BORN CHILD" था जिसमें जीवन ही नहीं था अन्तर्राष्ट्रीय कानून की दृष्टि एवं व्यवहारिकता की दृष्टि से इसके पिता ब्रिटेन ने ही इसे त्याग दिया था। भारत के संधियों, समझौतों, सनदों का जो कोष पूर्व विदेश मंत्री Aitchison के नाम से ई. 1862 से प्रकाशित हो रहा था और जिसमें ई. 1700 से लेकर अंग्रेजों की सभी संधिया प्रकाशित थी कि अगले संस्करण ई. 1929 में शिमला समझौता शामिल नहीं था। यह बड़ा प्रमाणिक कोष माना जाता है और आज भी अन्तर्राष्ट्रीय कानून में इसकी मान्यता है। शिमला सम्मेलन ने एक ऐसी संधि को जन्म दिया जो प्राण हीन एवं मान्यता विहीन था जो इस सम्मेलन की सबसे बड़ी उपलब्धि थी। "मैकमोहन रेखा" भारत की उत्तर पूर्वी सीमा तत्कालीन आसाम एवं वर्तमान अरूणाचल प्रदेश का पूरा क्षेत्र घने जंगलों एवं दुर्गम्य घाटियों से निर्मित है। इस क्षेत्र में आज 21वीं शताब्दी में भी आवागमन मुश्किल है इस क्षेत्र में मैकमोहन ने 1911 से लेकर 1914 तक (शिमला समझौते के समय भी उनको जानकारी भेजी जा रही थी) अनेक सर्वेक्षण दल, सैन्य अभियान, राजनीतिक प्रयासों के द्वारा एक ऐसी सीमा रेखा बनाया जो वास्तव में एक Watershed सीमा रेखा है। हिमालय के इस क्षेत्र में जो घाटियों से भरा है और जल धाराएँ आपस में इन तरह गुथी हुई हैं कि उसमें पर्वत शृंखला

के ऊँचे शिखरों से होते हुए एक सही Water Shed सीमा रेखा का निर्माण असंभव था। सर हैनरी मैकमोहन एक उच्च कोटि के सर्वेयर थे और डूरंड के सहायक रह चुके थे। आज उपग्रह एवं रीमोट कैमरा के माध्यम से देखने पर भी यह रेखा कुछ अपवादों को छोड़कर एक वास्तविक Water Shed सीमा रेखा है निजी तौर पर चीनी विशेषज्ञों ने भी इस रेखा को सही माना है। प्रथम विश्व युद्ध शुरू हो चुका था और प्राथमिकताएँ बदल चुकी थीं तिब्बत भी लगभग सभी व्यावहारिक स्तर पर चीन से स्वतंत्र था। चूँकि चीन ने शिमला समझौता पर हस्ताक्षर नहीं किया था अतः शिमला समझौता एवं मानचित्र उन्हें नहीं भेजा गया था। अतः भारत और तिब्बत के बीच हुए समझौते की अप्रत्यक्ष जानकारी होते हुए भी चीन की सरकार ने कोई प्रतिक्रिया नहीं दी। चीन की नीति स्पष्ट थी, अभी हम कमजोर है, हमारी स्थिति ठीक नहीं है। अतः धैर्यपूर्वक प्रतिक्षा करेंगे, लेकिन द्वितीय विश्व युद्ध के कुछ दिनों पूर्व ई. 1933 में जो चीन का राजनैतिक मानचित्र प्रकाशित हुआ उसमें तिब्बत को चीन की सीमा में दिखाते हुए ब्रिटिश आउटर लाईन के दक्षिण हिमालय की तराई का पूरा क्षेत्र भी चीन की सीमा में दिखाया गया। इस प्रकार चीन ने शिमला समझौते एवं मैकमोहन रेखा को पूरी तरह नकार दिया। यह एक तरह से चीन की संप्रभुता को तिब्बत पर दिखाना था। लेकिन उसके चपेट में उसने मैकमोहन रेखा के दक्षिण के 30,000 वर्ग मील हिमालय की तराई क्षेत्र पर भी दाबा ठोक दिया। जो अभी अरूणाचल प्रदेश है।

अचानक ई. 1935 में घटी एक घटना ने मैकमोहन रेखा को फिर प्रमुखता दे दी। इसी वर्ष FRANK KINGDOM WARD प्रख्यात ब्रिटिश वनस्पति शास्त्री जो एक अंश कालिक ब्रिटिश जासूस भी थे तवांग की यात्रा पर थे। वहाँ तिब्बतियों ने उन्हें जासूसी के आरोप में गिरफ्तार कर लिया। जब विदेश विभाग में इस मामले की जाँच होने लगी तो उन्हें शिमला समझौता एवं भारतीय तिब्बत समझौता द्वारा स्वीकृत मैकमोहन रेखा का मानचित्र मिला, जिसके अनुसार तवांग भारतीय सीमा क्षेत्र है। लेकिन ब्रिटिर्शस के साथ कठिनाई यह थी कि उस समझौते एवं मानचित्र के स्वीकृति एवं प्रकाशन का कोई प्रमाण नहीं था। 1929 में प्रकाशित Aitchison के संधि संग्रह में इसका उल्लेख नहीं था। अतः भय था कि कहीं चीनी और तिब्बती उसको मानने से ही इन्कार कर दें। अतः एक जालसाजी का सहारा लिया गया। ई. 1929 में Aitchison संधि संग्रह की सभी प्रतियों को वापस मँगाकर नष्ट कर दिया गया। उसके एक प्रति हार्वर्ड विश्वविद्यालय

के पुस्तकालय में है। उन्होंने वापस करने से इन्कार कर दिया। उस प्रति में शिमला समझौता एवं भारत तिब्बत सीमा समझौता का उल्लेख नहीं है। ई. 1929 प्रकाशन वर्ष दिखाते हुए Aitchison संधि संग्रह की पुनः छपाई की गई और उसमें शिमला समझौता एवं भारत तिब्बत सीमा समझौता को शामिल कर लिया गया एवं इसी अनुरूप कार्रवाई करते हुए ब्रिटिशर्स ने ई. 1938 में भारत का जो मानचित्र प्रकाशित किया इसमें भारत की उत्तर पूर्वी सीमा मैकमोहन रेखा के अनुरूप तवांग घाटी के उत्तर से पर्वत शृंखलाओं पर ISSUZI दर्रे बर्मा तक दिखाई गई। लेकिन चूँकि यह सीमा चीन द्वारा स्वीकृत नहीं था इसलिए इस सीमा रेखा को अन्तर्राष्ट्रीय मानको के अनुसार खंडित रेखा द्वारा दिखाई गई यानी सीमाकंन नहीं हुआ है। वर्ष 1954 में जब पंडित नेहरू ने निर्देश दिया कि इसे पूर्ण अन्तर्राष्ट्रीय सीमा दिखाई जाए उसके पूर्व तक यह सीमा रेखा खंडित रूप में ही दिखाई जाती रही। इसी ई. 1938 वर्ष में अंग्रेजों ने कैंप्टन लाउट फूट के नेतृत्व में सेना की एक टुकड़ी भेजा। तवांग पहुँचकर वहाँ यूनियन जैक लगा दिया गया। घोषणा कर दी गई कि यह ब्रिटिश भारत की सीमा है। तवांग मठ को आम मोनपाओं से कर संग्रह की मनाही कर दी गई। स्थानीय लोगों से सम्पर्क बढ़ाने हेतु मोनपा सरदारों को उपहार आदि दिए गए एवं एक औषधालय की स्थापना की गई। तिब्बतियों ने उसका खुलकर विरोध किया। उनका कहना था कि हमने तवांग पर दावा इस शर्त के साथ छोड़ा था कि शिमला समझौते के आधार पर हमारी स्वतंत्रता को अन्तर्राष्ट्रीय मान्यता मिलेगी। अब चूँकि हमारी मान्यता का प्रश्न हल नहीं हुआ है अतः हम उस संधि को स्वीकार नहीं करेंगे। इधर ब्रिटिशर्स ने भी स्पष्ट कर दिया कि मैकमोहन रेखा ही हमारी सीमा रेखा है और इसके अतिक्रमण की स्वीकृति नहीं देंगे। देश की आजादी 1947 तक सेना की ही एक इकाई आसाम राइफल्स ने बालोंग, दरॉगजोंग आदि कई स्थानों पर अपनी चौकियाँ स्थापित कर ली थी। तवांग घाटी में ई. 1951 में भारतीय वन सेवा के अधिकारी बॉब खातिंग जो स्थानीय ही थे, द्वारा भारतीय प्रशासन की स्थापना की गई। मठ द्वारा कर वसूली पर पूरी तरह रोक लगा दिया गया। स्थानीय मोनपा भारतीय प्रशासन की स्थापना से खुश नहीं थे, क्योंकि मठ के अधिकारी उनके साथ क्रूरता से पेश आते थे और दासों की तरह व्यवहार करते थे। स्थानीय मोनपा लोग तिब्बती प्रशासन और कर प्रणाली के इतने अभ्यस्त थे कि बॉब खातिंग पर दबाव दिया कि कर देंगे और प्रत्येक घर 5/– प्रति वर्ष की दर से कर देने लगे। इस घटना का सबसे उल्लेखनीय पहलू यह है कि जहाँ तिब्बत ने भारत सरकार के इस कदम का भरपूर

विरोध किया वहीं पीकिंग की साम्यवादी सरकार ने इस पर कोई प्रतिक्रिया नहीं दी। यह एक बहुत बड़ा कूटनीतिक संदेश था।

मैकमोहन रेखा को ई. 1935 के बाद अंग्रेज ब्रिटिश भारत की उत्तर पूर्वी सीमा के रूप में वैधानिक एवं व्यावहारिक मान्यता दे चुके थे, लेकिन वे इसे कोई पवित्र दैवीय रेखा नहीं मानते थे जिस पर विमर्श या समंजन नहीं हो सकता है।

आसाम के गवर्नर की अनुशंसा पर अगस्त, 1939 में वायसराय लानलिथगों ने लंदन को लिखा कि यदि हम अपनी सीमा तवांग घाटी के दक्षिण सेला दर्रे पर रखें तो सीमा प्रबंधन का कार्य अनुमानित लागत से काफी कम हो जाएगा। लंदन ने भी सहमति दी कि भविष्य में तिब्बत के साथ वार्ता में इसका उपयोग किया जाएगा। ई. 1940 में आसाम के गवर्नर भूटान के राजा एवं उत्तर पूर्वी क्षेत्र के अन्य उच्चाधिकारियों की भी यही आम राय थी कि तवांग के लिए अधिक दबाव नहीं बनाया जाए। हमारी उत्तरी सीमा तवांग के दक्षिण सेला दर्रे या दिरांगजोंग पर रखी जा सकती है, जो ज्यादा उपयुक्त होगा। **आजादी के कुछ दिनों पूर्व 08 अप्रैल, 1947 को भारत सरकार ने सिक्किम में भारत के राजनैतिक दूत को पत्र लिखकर उत्तर पूर्व सीमा नीति को स्पष्ट किया "भारत तिब्बत सीमा पर मैकमोहन रेखा ही हमारी सीमा है और हम उसका कोई अतिक्रमण जैसा कि अभी हाल में सियांग घाटी में हुआ है बर्दाश्त नहीं करेंगे, लेकिन हम हमेशा दोस्ताना माहौल में शिमला समझौता के किसी पक्षकार के साथ वार्ता एवं सीमा रेखा में सुधार कर सकते हैं।" यह एक यथार्थ परक दृष्टिकोण था** क्योंकि आधुनिक उपग्रह रीमोट कैमरा जी.पी.एस. आदि के आगमन के पूर्व पूर्वी हिमालय के इस घने जंगलों से आच्छादित आड़ी तिरछी पर्वतमालाओं एवं आपस में गुथी हुए तीव्र जलधारों, हिमनदों वाले क्षेत्र में भौतिक सर्वेक्षण के आधार पर 1"= 8 मील पैमाने पर 6' फुट चौड़ी एक कैनवास पर खींची गई सीमा जो सही Watershed के अनुरूप हो में विमर्श एवं संशोधन की आवश्यकता हमेशा बनी रहती है/बनी ही रहेगी।

मैकमोहन रेखा का राजनैतिक भविष्य जो भी हो लेकिन यह तिब्बती पठार एवं भारतीय उप महाद्वीप के बीच एक वैज्ञानिक एवं प्राकृतिक सीमा रेखा है तथा यह भारत के इतिहास का एक हिस्सा बन गया है। भारत के सीमाओं की जब भी चर्चा होगी सर हैनरी मैकमोहन का नाम जरूर लिया जाएगा।

स्वाधीन भारत–साम्यवादी चीन बनते–बिगड़ते रिश्ते

एशिया महादेश के दो विशाल पड़ोसी भौगोलिक रूप से पास–पास होकर भी कुछ धार्मिक सांस्कृति एवं तीर्थाटन संबंधी व्यवहार के अलावा एक दूसरे के प्रति आज भी अनजान हैं। बौद्ध धर्म नेपाल एवं गांधार के रास्ते तिब्बत पहुँचा और कालांतर में बौद्ध धर्म की महायान शाखा तिब्बत एवं मंगोलिया का लोकधर्म बन गया। बौद्ध धर्म चीन की संस्कृति से जुड़ा लेकिन फैल नहीं पाया। चीन की मुख्य भूमि कनफ्यूसियसवाद के विचारों एवं दर्शन से ही अनुप्राणित होती रही।

आधुनिक काल में ई. 1774 में कूचबिहार भूटान सीमा पर व्यापारिक आदान–प्रदान के विस्तार की दृष्टि से गवर्नर जनरल वारेन हेस्टिंग्स ने अपने दूत बोग्ले के माध्यम से एवं पुनः 1864 मे दूत टर्बर के माध्यम से तिब्बत से सम्पर्क बढ़ाना चाहा लेकिन सफलता नहीं मिली, अंग्रेजों को सफलता तब मिली जब दो अफीम युद्धों में कमजोर हो जाने के बाद कलकत्ता समझौता द्वारा ई. 1890 में चीन ने सिक्किम पर ब्रिटेन की संप्रभुता स्वीकार कर ली, फिर 1893 में तिब्बत में व्यापार के लिए एक समझौता हुआ लेकिन यह सब ब्रिटिशर्स के गोरखधंधे थे, जिससे आम भारतीय को कोई सरोकार नहीं था।

चीन के साथ पहला सांस्कृति संबंध कविगुरू रवीन्द्र नाथ के ई. 1924 की यात्रा से शुरू हुआ। वे दुबारा भी चीन की यात्रा पर गए और वे चीन की संस्कृति, साहित्य एवं कविता को अत्यधिक पसंद करते थे। ई. 1937 में उन्होंने शान्ति निकेतन में चीन भवन का उद्घाटन करते हुए कहा कि हम भारत चीन के इस सांस्कृति संबंध को जीवंत करना चाहते हैं जिसकी नींव 1800 वर्ष पूर्व हमारे पूर्वजों ने अपने त्याग और बालिदान से रखा था। टैगोर के मन में पूर्व की एक कल्पना थी, वे कहते थे पिछले 200 वर्षो में हम पश्चिम की ओर देखते हुए अपने गर्दन की कई हड्डियाँ तुड़वा चुके हैं। भारत के सांस्कृतिक मनीषियों में सिर्फ टैगोर ही चीन में जाने एवं प्यार किए जाते हैं। वे उन्हें एक मानवतावादी के रूप में सम्मान देते हैं।

जब वर्ष 1938 में जापानियों ने चीन पर आक्रमण कर दिया और चीन की कम्यूनिस्ट पार्टी, माओं त्से तुंग, चाऊ एन लाई एवं चूतेह के नेतृत्व में जापानियों का मुकाबला कर रही थी तो नेता जी सुभाष चन्द्र बोस के आवाहन पर समुद्र के रास्ते एक एमबुलेंस और पाँच सदस्यों वाले डॉक्टरों का एक दल चीन भेजा गया। वहाँ उन्होंने चीन के लोगों की सेवा तन–मन से की। दुर्भाग्यवश ई. 1942 में डॉ० कोटनिस की चीन में हुई मृत्यु हो गई। चीन डा. कोटनिस के बलिदान को आज भी स्मरण करता है।

15 अगस्त, 1947 को भारत को अंग्रेजों की सदियों के दासता से मुक्ति मिली एवं 01 अक्टूबर, 1949 को चीन की जनता को 200 वर्षों के विदेशी शोषण और अपमान से मुक्ति दिलाने वाली एक केन्द्रीयकृत राष्ट्रवादी सरकार मिली। चीन की साम्यवादी सरकार ने 01 अक्टूबर, 1949 को सत्ता संभालने के एक दिन पूर्व ही यह घोषणा कर दी कि हमारा पहला लक्ष्य तिब्बत की मुक्ति है। नए राष्ट्रपति माओ त्यंतुंग का लक्ष्य स्पष्ट था। कहीं कोई संशय नहीं। माओ कहा करते थे तिब्बत की जनसंख्या कम है, लेकिन उसकी अन्तर्राष्ट्रीय भौगोलिक स्थिति अत्यन्त महत्त्वपूर्ण है। उस पर हमारा अधिपत्य परम आवश्यक है। यह चीन के मुख्य भूमि का दक्षिण पश्चिमी दरवाजा है। यह जिन जियांग, यूनान, क्वांगसी, सिचुआन आदि का रक्षक है। यह क्षेत्र प्राकृति संपदाओं का भंडार है, विश्व की महान नदियों का उद्‌गम है। विश्व की आधी आबादी को पेयजल देता है। विश्व में अनेक पर्वत श्रृंखलाएँ है, अनेक वन हैं, सागर है, मरूभूमियाँ है, लेकिन तिब्बत एक ही है। यह एशिया का वाटर टावर हैं। तिब्बत जब अन्तर्राष्ट्रीय मान्यता प्राप्त करने के लिए दिल्ली, लंदन, न्यूयार्क आदि दूत भेज रहा था। साम्यवादी चीन ने स्पष्ट और कड़ी प्रतिक्रिया दी, तिब्बत मेरी संप्रभुता के अधीन है उसे तथाकथित आजादी का और दूसरे देशों में दूत भेजने का कोई अधिकार नहीं है। इसे हमने अपने न्यूनतम कार्यक्रम में स्पष्ट कर दिया है। बीजिंग ने ल्हासा के अधिकारियों को भी कड़ी चेतावनी देते हुए कहा कोई देश जो ल्हासा के शिष्टमंडल को मान्यता देगा उसे चीनी गणतंत्र के प्रति शत्रुतापूर्ण भाव रखने वाला माना जाएगा। जब पंचेन लामा ने जैसा कि अनुमान था माओ त्से तुंग एवं चाऊ एन लाई को बधाई देते हुए तिब्बत के स्वाधीनता की बात कही तो उन्होंने कहा कि हम जल्द तिब्बत को स्वाधीन करेंगे। यह चीन के नए नेतृत्व का तिब्बत के प्रति चीन की प्रतिबद्धता को प्रदर्शित करता है, क्योंकि उस समय साम्यवादियों की सत्ता पूरी तरह स्थापित भी नहीं हुई थी और

कहीं–कहीं कामिनतांग के साथ लड़ाई चल ही रही थी। चीन का नया नेतृत्व क्रांतिकारी था और वह मुश्किलों से समझौता करने की अपेक्षा मुकाबला करने को तैयार था।

दूसरी ओर पंडित नेहरू की तिब्बत नीति अन्तर्विरोधी थी। भारत चीन के साथ मित्रतापूर्ण संबंध भी रखना चाहता था और अंग्रेजों द्वारा तिब्बत में बलपूर्वक प्राप्त किए गए विशेषाधिकारों को भी बनाए रखना चाहता था तथा इन अधिकारों को बनाए रखने के लिए चीन का सामना भी नहीं करना चाहते थे।

पंडित नेहरू ल्हासा पर चीन के नियंत्रण के विरोधी नहीं थे, लेकिन वह चाहते थे कि यह कार्य शांति पूर्वक दलाई लामा को विश्वास में लेकर हो।

वे जानते थे कि चीन ने कभी भी शिमला समझौता को स्वीकृति नहीं दी है लेकिन चाहते थे कि शिमला समझौते से प्राप्त तिब्बत की स्वायत्तता बनी रहे।

पंडित नेहरू यह जानते थे कि तिब्बत को कभी भी अन्तर्राष्ट्रीय संधि की शक्ति प्राप्त नहीं थी लेकिन वे चाहते थे कि चीन 1914 के भारत तिब्बत सीमा समझौता मैकमोहन रेखा को स्वीकार कर ले।

वे जानते थे कि अन्तर्राष्ट्रीय सीमा का निर्धारण एक द्विपक्षीय विषय है लेकिन वे भारत चीन सीमा का निर्धारण स्वयं करना चाहते थे।

एक ओर वे हमेशा चीन के साथ मित्रता की बात करते थे दूसरी ओर वे चीन को विस्तारवादी मानते थे और उसके प्रति अविश्वास रखते थे।

साम्यवादी गुट के बाहर भारत पहला राष्ट्र था जिसने साम्यवादी चीन को मान्यता दी। सामान्य तौर पर चीन भी भारत के प्रति सकारात्मक भाव रखता था। 20 मई, 1950 को भारतीय राजदूत चीनी राष्ट्रपति माओ त्सं तुंग के समक्ष अपना परिचय पत्र दे रहे थे तो राष्ट्रपति ने कहा भारत और चीन के समक्ष कई चुनौतियाँ हैं। हम युद्ध बर्दाश्त नहीं कर सकते हैं। चीन किसी भी देश के प्रति आक्रमण की दुर्भावना नहीं रखता है और भारत के प्रति तो बिल्कुल नहीं। आखिर उस संदेश का अर्थ क्या था? क्या उनके मन में यह आशंका थी कि तिब्बत के प्रश्न पर भारत चीन में संघर्ष हो सकता है? क्योंकि चीन उस समय कोरियाई, प्रायद्वीप में होने वाले युद्ध की तैयारियों में व्यस्त था जो कुछ ही हफ्तों में प्रारंभ होने वाला था।

भारतीय राजदूत के.एम. पणिकर एक उच्च कोटि के विद्वान एवं अध्येता थे वे दोनों चीन को देख रहे थे। उनका मूल्यांकन था कि नया चीन पुराने चीन से

भिन्न है। यहाँ सब कुछ बदल चुका है। साम्यवादी विचारधारा से अनुप्राणित कम्यूनिस्ट पार्टी के नेतृत्व में पूरा चीन एक राष्ट्र के रूप में संगठित होकर उठ खड़ा हुआ है। साईबेरिया से हिन्द चीन एवं प्रशान्त से पामीर तक फैले विपुल संसाधनों वाला यह देश हान, तांग, यूआन, मिंग, माँचू की साम्राज्य व्यवस्था से भिन्न पूरी तरह केन्द्रीयकृत शासन व्यवस्था में एक महाशक्ति है और इसे महाशक्ति के रूप में देखा जाना चाहिए। शायद यही तथ्य पंडित नेहरू जीवन भर स्वीकार नहीं कर पाए कि अन्तर्राष्ट्रीय मामलों में चीन के मुकाबले भारत की स्थिति कम दर्जे की है। चीन द्वितीय विश्वयुद्ध में ब्रिटेन और अमेरिका का सहयोगी था एवं संयुक्त राष्ट्र सुरक्षा परिषद का स्थाई सदस्य था। भारत इसी फरमूसा से चल रही सरकार के बदले चीनी गणराज्य को सदस्य बनाना चाहता था जबकि आज भी आमजन को यही बताया जाता है कि भारत ने अपने बदले चीन को सुरक्षा परिषद का सदस्य बना दिया। यह भ्रम चीन के विरूद्ध जनमत बनाने में खूब काम आया। भारत ने संयुक्त राष्ट्र में सिर्फ पुरानी सरकार को हटाकर नई सरकार को मान्यता देने की बात कही थी। भारतीय स्वाधीनता संग्राम एवं नई सरकार संभालने के वक्त तिब्बत के संबध में पंडित नेहरू के जो भी विचार रहे हों लेकिन 1951 तक ये विचार पूरी तरह बदल चुके थे और कोरियाई युद्ध की भयानकता को देखकर वे समझ चुके थे कि स्वतंत्र तिब्बत का कोई भविष्य नहीं है। उस समय भारत की उत्तर एवं उत्तर पूर्वी सीमा नीति भी आकार ले रही थी। नेहरू पर ब्रिटेन में प्राप्त स्कूल एवं कॉलेज की शिक्षा का प्रभाव या अंग्रेजों से हस्तांतरण द्वारा प्राप्त सत्ता का प्रभाव, कारण जो भी हो वे रूस और चीन को तो विस्तारवादी मानते थे लेकिन अमरीकियों एवं अंग्रेजों के प्रति उतना नकरात्मक भाव नहीं रखते थे। प्रधानमंत्री ने भारतीय राजदूत पणिकर को स्पष्ट कर दिया था कि चीन के साथ सीमा संबंधी कोई वार्ता नहीं होगी।

अक्टूबर, 1951 में भारतीय राजदूत एवं चीनी प्रधानमंत्री की बीजिंग में औपचारिक वार्ता हुई। उपलब्ध अभिलेख के अनुसार चीनी प्रधानमंत्री ने कहा कि भारत तिब्बत सीमा को स्थिरता प्रदान करने हेतु चीन भारत, नेपाल की वार्ता होनी चाहिए। उन्होंने यह भी कहा कि भारत–चीन के बीच कोई प्रादेशिक (भू–भाग) विवाद नहीं है। निहितार्थ यह था कि मैकमोहन रेखा विवादों की सूची में नहीं है उसके पूर्व भी जब, 1951 में तवांग पर भारतीय प्रशासन द्वारा अनुमंडल कार्यालय की स्थापना कर तवांग मठ के लामाओं को वापस तिब्बत भेज दिया तो चीन ने कोई प्रतिक्रिया नहीं दी थी। पणिकर को नेहरू का निर्देश था कि सीमा संबंधी कोई वार्ता नहीं करनी है। अतः वे इस

इस प्रश्न को टाल गए और कहा कि पहले भारत चीन के बीच तिब्बत के मसले पर वार्ता हो फिर नेपाल को साथ करेंगे। उस समय तक नेपाल और चीन के बीच कूटनीतिक संबंध भी नहीं थे। अतः चीनी प्रधानमंत्री के इस प्रस्ताव का एक ही निहितार्थ हो सकता है कि चीन कम से कम हिमालय क्षेत्र में शांति एवं स्थिरता चाहता था क्योंकि पूर्व में कई बार तिब्बतियों को गोरखों का साथ मिलता रहा है और दोनों मिलकर कोई नया उपद्रव न खड़ा कर दें।

14 जून, 1952 को चीनी प्रधानमंत्री ने भारतीय राजदूत से वार्ता में कहा कि मुझे नहीं लगता है कि स्वाधीन भारत साम्राज्यवादी अंग्रेजों द्वारा ई. 1906 की ल्हासा संधि द्वारा जबरन प्राप्त किए गए विशेषाधिकारों को तिब्बत में जारी रखना चाहेंगे। इसके स्थान पर हम एक नया समझौता कर सकते हैं। लेकिन जब तक नया समझौता नहीं होता है पुरानी व्यवस्था बनी रहे। प्रधानमंत्री की ज्यादा आपत्ति ल्हासा स्थित भारतीय मिशन एवं ग्यांतसे स्थित सैनिक टुकड़ी को लेकर थी। व्यावहारिक तौर पर भी तिब्बत को नियंत्रण लाल सेना के हाथों जाने के बाद भारतीय संस्थान स्वतंत्र नहीं रह गए थे। लाल सेना चीनी संप्रभुता का कुछ ज्यादा ही प्रदर्शन करते रहती थी। वैसे भी भारत को इन सुविधाओं से कोई फायदा था नहीं यह अंग्रेजों की विरासत थी। पंडित नेहरू–ल्हासा मिशन के कठिनाईयों की ओर ध्यान आकृष्ट करते हुए 28 अगस्त, 1953 को चीनी प्रधानमंत्री को पत्र लिखकर कहा कि हम सभी बकाया मामले का अन्तिम रूप से समाधान करना चाहते हैं। साथ ही ऐसा कोई प्रावधान जिससे चीन की गरिमा को ठेस पहुँचती हो उसे हटा देना चाहते हैं। मैंने इसके पूर्व 02 अगस्त, 1952 को भी लंबित मामलों की सूची भेजी थी। 02 अगस्त के पत्र में वर्णित लंबित मामले क्या थे उन्हें एक बार पुनः देख लें।

(1) ल्हासा मिशन की स्थति ।

(2) ग्यांतसे और यातुंग के व्यापार केन्द्र।

(3) गरटोक का मौसमी व्यापार केन्द्र।

(4) तिब्बत में व्यापार करने के भारतीयों के अधिकार।

(5) डाक एवं तार केन्द्र।

(6) ग्यांतसे स्थित भारतीय सैन्य टुकड़ी।

(7) तीर्थ यात्राएँ।

इन बकाया मामलों की सूची में सीमा संबंधी प्रश्न नहीं था दिल्ली में विदेश विभाग की मान्यता थी कि तिब्बत भारत के सीमा संबंधी प्रश्न पर चीन के साथ वार्ता होनी चाहिए। लेकिन प्रधानमंत्री के लोक सभा में दिए

गए एवं अन्य सार्वजनिक मंचों पर दिए गए इस व्यक्तव्य के बाद की हमारी सीमाएँ परंपरा और संधियों द्वारा निर्धारित है। विदेश विभाग के पास मौन रहने के अलावा कोई विकल्प नहीं था। 28 अगस्त को चीनी प्रधानमंत्री को पत्र लिखने के बाद 05 सितम्बर, 1953 को पुनः दिल्ली स्थिति चीनी राजदूत को वार्ता हेतु लिखा। चीन के प्रधानमंत्री ने भारतीय प्रस्ताव को स्वीकार करते हुए लिखा कि दिसम्बर में बीजिंग में वाताएँ हो। भारतीय प्रधानमंत्री ने 22 अक्टूबर के चीन के प्रस्ताव को मंजूर करते हुए लिखा कि यह एक ऐसा अवसर होगा जब हम अपने सभी "OUT STANDING" मामले को सुलझा सकेंगे। यह पूर्व के पत्रों के बकाया शब्द से स्पष्ट रूप से भिन्न था। अंग्रेजी शब्द "OUT STANDING" का व्यापक अर्थ है इसका शाब्दिक अर्थ है "महत्त्वपूर्ण"। दिसम्बर में वार्ताएँ प्रारंभ हुई और चूँकि जेनेबा में कोरिया और वियतनाम को लेकर सम्मेलन प्रारंभ होने वाला था अतः अप्रैल, 1954 को समझौते पर हस्ताक्षर भी हो गए और इसे एक बड़ा नाम दिया गया "पंचशील"। जबकि वास्तविकता यह थी कि सीमा समाधान का प्रश्न नहीं उठाकर भारत ने अपने हितार्थ की अनदेखी कर दी थी। भारत ने 1908 की ल्हासा संधि द्वारा तिब्बत में प्राप्त अपने सभी विशेषाधिकारों को बिना किसी लाभ के गवां दिया जबकि चीनी प्रधानमंत्री ने वार्ता के प्रारंभ में "OUT STANDING" शब्द को स्पष्ट कर दिया था कि हमें –

(1) विवादों के निपटारे के मार्ग दर्शक सिद्धांत तय करने हैं।

(2) वे महत्त्वपूर्ण मामलें जो समझौते हेतु परिपक्व हैं।

(3) लंबी सीमा वाले पड़ोसियों के बीच की समस्या।

दोनों दल समझ रहे थे कि इसका अर्थ क्या है लेकिन दोनों दल मौन रहें। पंडित नेहरू भी इसके निहितार्थ को समझ रहे थे, लेकिन वे एक रणनीति के तहत काम करते हुए इस संधि को बड़ी उपलब्धि के रूप में प्रचारित कर रहे थे और अन्य देशों बर्मा आदि को इसी उदारहण को अपनाने की सलाह दे रहे थे। वहीं चीन के प्रति अपने वमैनस्य को संधि पर हस्ताक्षर के कुछ हफ्तों बाद 14 जून, 1954 को विदेश सचिव को पत्र में लिखा "रूस और चीन दोनों विस्तारवादी हैं और यह दुष्टता साम्यवाद के पूर्व से है। हो सकता है कि साम्यवाद भी उनके विस्तारवाद का ही हथकंडा हो। एशिया के 1000 वर्षों का इतिहास चीनी विस्तार बाद से भरा पड़ा है संभवतः हम एक नए विस्तारवाद का सामना कर रहे हैं।" इसका क्या अर्थ है? क्या पंडित नेहरू यह जानते हुए भी कि पंचशील समझौता सीमा संधि नहीं है न सिर्फ

देश की आँखों में धूल झोंकने के लिए यह प्रचारित करते रहे कि भारत और चीन के बीच के सभी मुद्दों को सुलझा लिया गया है। पंडित नहेरू ने जहाँ 21 नवम्बर, 1950 को संसद में यह व्यक्तव्य देकर कि भारत चीन की सीमाएँ परंपराओं और संधि से निर्धारित है। भारत चीन सीमा युद्ध की ओर पहला कदम उठाया था। वहीं 01 जुलाई, 1954 को एक 17 पारा का निर्देश जारी कर दूसरा कदम उठा लिया। यह पत्र जो सेना, विदेश, गृह विभाग आदि को भेजा गया था के पारा 07 में कहा गया कि "पुराने मानचित्रों में दिखाई जा रही सीमा की जाँच कर ली जाए और जहाँ आवश्यक हो इन मानचित्रों को वापस ले लिया जाए। नए मानचित्र छापे जाएँ और इसके उत्तरी एवं उत्तर पूर्वी सीमा रेखा के साथ कोई संदर्भ नहीं अंकित किया जाएँ। ये मानचित्र हमारे दूतवासों, आम नागरिकों, स्कूल आदि में प्रचारित किए जाएँ।

पारा 08 – हमारी नीतियों एवं चीन के साथ हुए समझौते के बाद हमारी सीमाओं को स्थिर एवं निश्चित माना जाए, जिस पर किसी के साथ कोई बात–चीत नहीं होगी, इस पूरे सीमा क्षेत्र पर चौकियाँ स्थापित की जाएँ खासकर विवादित स्थानों पर।

पारा 09– हमारी सीमा सिर्फ समझौते के आधार पर नहीं बल्कि समझौते में वर्णित दर्रों के कारण भी निश्चित हो गई है। चूँकि दमचौक को चीनी विवादग्रस्त मानते हैं, अतः वहाँ एवं सांग चोकला पर चौकियाँ स्थापित की जाएँ।

अन्तर्राष्ट्रीय सीमाएँ अपनी प्रकृति से ही द्विपक्षीय होती हैं और बिना दूसरे पक्ष की सहमति या स्वीकृति के इनका कोई मूल्य नहीं है। लेकिन पंडित नेहरू ने इस कार्य को अकेले कर दिखाया। यह था उनके अंहकार की सीमा, कई घटिया कार्य भी किए गए। पुराने मानचित्रों को जला दिया गया। मानचित्र या नक्शा स्वामित्व का कोई अन्तिम प्रमाण नहीं होता है। यह सिर्फ एक साक्ष्य होता है, लेकिन केवल साक्ष्य के लिए तैयार किए गए मानचित्र का कोई नैतिक और वैधानिक मूल्य तो नहीं ही होता है बल्कि यह राजनैतिक रूप से भी विनाशकारी हो सकता है। "The evils of a erroneous map is great" और यही हुआ।

पंडित नेहरू के निर्देश पर 1954 में प्रकाशित भारतीय मानचित्रों में उत्तर एवं उत्तर पूर्वी भारतीय सीमा रेखा को एक स्थाई एवं निश्चित अन्तर्राष्ट्रीय सीमा के रूप में दिखाकर एवं प्रकाशित कर एवं उस पर किसी प्रकार की वार्ता से इन्कार कर भारत ने कूटनीति के सारे द्वार बंद कर युद्ध को आमंत्रित कर दिया। पूर्व के मानचित्रों में एवं 1954 के मानचित्र में मुख्यतः तीन परिवर्तन किए गए–

(1) 1954 के पूर्व तक जम्मू कश्मीर की सीमा सिंधु नदी के उस पार काराकोरम पर्वत श्रृंखला पर दिखाते हुए Colour Wash सीमा की ओर का रंग फीका पड़ता जाता था और **अंकित था Boundry Undefined** पहला परिवर्तन यह किया गया कि सीमा रेखा कुन लुन पर्वत माला पर चली गई और पूरे अक्साई चीन पठार को लनक ला तक एवं पूरी चंगंचेनमो घाटी को भारतीय सीमा में दिखाया गया। बाद में जब यह प्रश्न उठा **कि ऐसा क्यूँ किया गया ई. 1899 में चीन को भेजे गए मैकडोनन्ड के प्रस्ताव वाली रेखा में क्यूँ परिवर्तन किया गया तो किसी के पास कोई उत्तर नहीं था।**

(2) दूसरा परिवर्तन यह किया गया कि जहाँ "Boundary Undefined" अंकित रहता था उसे हटाकर एक स्थिर रेखा द्वारा पूर्ण अन्तर्राष्ट्रीय सीमा के रूप में दिखाया गया।

(3) तीसरा परिवर्तन यह किया गया कि उत्तर पूर्वी सीमा मैकमोहन रेखा जो पहले खंडित रेखा में दिखाई जाती थी यानी सीमा निर्धारित है लेकिन सीमांकण नहीं है उसे पूर्ण अन्तर्राष्ट्रीय सीमा के रूप में स्थिर रेखा कर दिया गया। पंचशील समझौते के बाद पंडित नेहरू चीन की यात्रा पर गए वहाँ उनका विश्व नेता की तरह स्वागत हुआ।

कोरियाई विसैन्यीकरण एवं शांति सेना तथा युद्ध बन्दियों के मसले पर चीन भारत को अमेरिका का समर्थक मानता था लेकिन खुली आलोचना नहीं कर रहा था।

ई. 1956 में चीनी प्रधानमंत्री भारत के दौरे पर आए। उस समय चीन तिब्बत के शांतिपूर्ण एकीकरण के लिए प्रयासरत था और चीनी प्रधानमंत्री का पूरा ध्यान तिब्बत पर था। चीनी प्रधानमंत्री दलाई लामा से जो उस समय भारत भ्रमण पर थे मिले और ल्हासा लौटने के लिए सहमत कर लिया। चूँकि तिब्बत में विरोध बढ़ रहा था। अतः चीनी प्रधानमंत्री ने पंडित नेहरू का ध्यान भारत के कलिंमपोंग से चल रही गतिविधियों की ओर आकृष्ट किया। पंडित नेहरू ने इस पर हल्की प्रतिक्रिया देते हुए कहा कि कलिंमपोंग में विदेशी जासूस भरे हुए हैं। शायद, स्थानीय आबादी से भी ज्यादा। जबकि मित्रराष्ट्र के विरूद्ध विघटनकारी गतिविधियों के लिए भू–भाग का उपयोग अन्तर्राष्ट्रीय कानून में शत्रुतापूर्ण कार्रवाई है। जब चीनी प्रधानमंत्री के समक्ष पंडित नेहरू ने उत्तर पूर्व में मैकमोहन रेखा का प्रश्न उठाया तो चाऊ एन लाई ने कहा कि अभी कुछ दिनों पूर्व चीन बर्मा सीमा के प्रश्न पर मैंने उसे देखा है और मुझे उस पर कोई व्यावहारिक कठिनाई नहीं दिखती है। आने वालों कुछ

महीने दोनों देशों के संबंध तनावपूर्ण लेकिन सामान्य बने रहे। दलाई लामा के ल्हासा में होने के कारण तिब्बत की स्थिति भी तनावपूर्ण लेकिन नियंत्रित थी। ई. 1958 में भारत चीन सीमा पर खाम्पा एवं लाल सेना के बीच हिंसक झड़पे शुरू हो गई यूँ तो खाम्पा विरोध एवं विद्रोह के मूल में चीन द्वारा भूमि सुधार कानूनों एवं पुरानी मठ आधारित सामंती व्यवस्था को हटाकर ज्यादा समतावादी सामाजिक व्यवस्था लागू करने के कारण हो रही थी लेकिन यह भी सत्य था कि उसे अमेरिकी खुफिया एजेन्सी C.I.A. एवं भारतीय खुफिया एजेन्सी I.B. का सहयोग एवं समर्थन प्राप्त था। दलाई लामा के भाई कलिमपोंग से इस विद्रोह को संचालित कर रहे थे। भारत की सीमा खुली थी एवं तिब्बती जासूस एवं विदेशी चुम्बी घाटी के रास्ते भारतीय सीमा में आते–जाते रहते थे। 10 जुलाई, 1958 को चीनी विदेश विभाग ने भारतीय राजदूत को विरोध पत्र देते हुए कहा कि अमरीका और उसका साथी चाँग काई शेक भारत के कलिमपोंग से चीन विरोधी गतिविधियाँ संचालित कर रहा है। साथ ही याद दिलाया के हमारे प्रधानमंत्री ने 1956–57 के भारत भ्रमण के समय भी आपके प्रधानमंत्री को यह बताया था।

तिब्बत में चल रहे गृहयुद्ध के हालातों के बीच 31 मार्च, 1959 की रात्रि में दलाई लामा ने भारत में प्रवेश कर राजनैतिक शरण ली। पूरा घटनाक्रम ऐसा था जिससे स्पष्ट था कि यह सब पूर्व नियोजित था। दलाई लामा के भारत में प्रवेश पर चीन में भारत विरोधी भावनाएँ बढ़ रही थी **लेकिन चीनी प्रधानमंत्री की प्रतिक्रिया संतुलित थी उन्होंने कहा कि यह सामान्य अन्तर्राष्ट्रीय शिष्टाचार है। भारत ने भी अपनी ओर से इसे सिर्फ मानवीय आधार पर दिया गया शरण बताया। यह तो सतह पर था हकीकत यह था कि दलाई लामा भारत पहुँचने के कुछ ही दिनों बाद राजनैतिक गतिविधियों में संलग्न हो गए। विदेशों में भारतीय दूतावास दलाई लामा के लिए अन्तर्राष्ट्रीय समर्थन जूटा रहे थे। भारत में भी नौकरशाहों एवं पत्रकारों का एक वर्ग चीन की कार्रवाई को बर्बर बताकर दलाई लामा के लिए समर्थन एवं चीन के लिए गुस्से का माहौल तैयार करने में लगा था,** जबकि खुद भारतीय दूत सिक्किम स्थित अप्पा जी ने दलाई लामा के बारे में भारत सरकार को बताया कि यह देश किसी भी तरह से शांति एवं करूणा का बौद्ध देश नहीं है। पूरा मठ एवं लामा तंत्र अत्यधिक भ्रष्ट, क्रूर एवं हिंसक है। चीन में भारत विरोधी भावना उग्र रूप ले रही थी। इसकी परिणित हुई कि 25 मार्च, 1959 को चीन की कम्यूनिस्ट पार्टी के महासचिव

डेंग जिओ पिंग ने पंडित नेहरू को व्यक्तिगत रूप से तिब्बत में हिंसा को बढ़ावा देने का आरोप लगाया और कहा कि समय आने पर हिसाब करेंगे। युद्ध की पूरी पृष्ठभूमि तैयार हो चुकी थी।

भारत की उत्तर पूर्वी सीमा रेखा का निर्धारण करते समय सर मैकमोहन ने यह पूरा प्रयास किया था कि यह एक सही Water shed सीमा हो। अतः सीमा रेखा पर्वतमाला के ऊँचे शिखरों के साथ–साथ चलती है लेकिन कहीं कहीं पर कई सामंजन भी करने पड़े है। भारत तिब्बत सीमा पर हैं मिंगयातुन, यहाँ बौद्धों का तीर्थ स्थल है। अतः मैकमोहन रेखा शिखर के नीचे घाटी से गुजरती है और लगभग 20 मील आगे जाकर पुनः शिखर के साथ हो जाती है। 1959 में जब भारतीय सेना की एक इकाई सीमा चौकी स्थापित करने गई तो मैकमोहन रेखा के पास कोई उपयुक्त स्थान नहीं देखकर मैकमोहन रेखा के आगे लगभग दो मील उत्तर सारी नदी के किनारे अपनी चौकी स्थापित की जिसके कारण एक चीनी आबादी क्षेत्र (छोटा गॉव) लोंगंजू भारतीय चौकी के अन्दर आ गया यह कोई बड़ा अतिक्रमण नहीं था। अकसर सीमा क्षेत्रों में इस तरह का सामंजस्य करना पड़ता है। लेकिन इस तरह की कार्रवाई दोनों देशों में वार्ता एवं सहमति के बाद की जाती है। भारत की यह कार्रवाई एक पक्षीय थी। चीन को न तो जानकारी दी गई थी, न सहमति ली गई थी। भारत ने इसी तरह का समंजन तामडेंन एवं किनमाझे में भी करते हुए मैकमोहन रेख़ा के उत्तर में चीन की ओर अपनी सैनिक चौकियाँ स्थापित कर ली थी। चीन ने इसका कड़ा प्रतिरोध किया। कहा कि भारतीय सेना चीन के क्षेत्र में अतिक्रमण एवं घुसपैठ कर रही है। भारत ने भी चीन पर घुसपैठ का आरोप लगा दिया और कहा कि भारतीय सीमा रक्षकों को घुसपैठ करने वालों के विरूद्ध बल प्रयोग करने की अनुमति दी गई है। भारत के इस रूख ने पूरे परिदृश्य को युद्ध की ओर ढकेल दिया। भारत ने पहले एक पक्षीय कार्रवाई में सीमा का निर्धारण किया, फिर कहा कि कोई माने या ना माने यही अन्तर्राष्ट्रीय सीमा है। अब भारत ने तीसरा कार्य कि सीमा रेखा कहाँ से गुजरती है उसका भी निर्णय कर दिया। चीन के आरोप पर पंडित नेहरू ने कहा हम अन्तर्राष्ट्रीय न्यायालय में इस मामलें को ले जाएँगे जबकि उस समय अन्तर्राष्ट्रीय न्यायालय में चीन का प्रतिनिधित्व फारमोसा की सरकार कर रही थी साम्यावादी चीन वहां था ही नहीं। अन्तर्राष्ट्रीय कानून सीमा पर आत्मरक्षा के लिए बल प्रयोग की अनुमति देता है। लेकिन किसी विवादित सीमा पर सीमा रेखा के परिवर्तन के लिए बल प्रयोग सर्वथा वर्जित है। इसे युद्ध की कार्रवाई "An act of war" माना जाता है। भारतीय जिस क्षेत्र में

सैनिक चौकी स्थापित कर रहे थे लांगजू, तामडेन, खिनमाझे, वो सभी भारतीय मानचित्र के अनुसार भी मैकमोहन रेखा के उत्तर चीन की सीमा में था। उसी विवादों के बीच 25 अगस्त, 1959 को लोंगजू में चीनी एवं भारतीय सीमा रक्षकों के बीच हिंसक झड़प हो गई। एक भारतीय रक्षक मारा गया और एक घायल हुआ। भारतीय एवं अन्तर्राष्ट्रीय मीडिया ने चीन विरोधी प्रचार अभियान छेड़ दिया। विवाद को बढ़ता देख रूसी राष्ट्रपति ख्रुश्चेव ने चीन को गुटनिरपेक्ष आंदोलन में फूट से बचने एवं कूटनीति से समस्या के निदान का अनुरोध किया। **चीन को भी यही आशा थी कि सीमा समस्या का कूटनीतिक हल निकल सकता है। सितम्बर, 1959 में चाऊ एन लाई ने भारतीय प्रधानमंत्री को पत्र लिखा। पत्र की भाषा में थोड़ी कड़वाहट थी लेकिन मूल भाव नकारात्मक नहीं था। इस पत्र में**

(1) चीन पूर्व की ही तरह यह यह स्वीकार करने को तैयार नहीं था कि भारत एवं चीन की सीमा निश्चित एवं निर्धारित है।

(2) पूर्व के रूख में जहाँ यह था कि भारत के साथ भू–भाग का विवाद नहीं है इस पत्र में चीनी प्रधानमंत्री ने कहा कि मैकमोहन रेखा के दक्षिण हिमालय की तराई का पूरा इलाका 56000 वर्ग किलोमीटर चीनी भू–भाग है जिसे हम धमकी या बल प्रयोग के कारण झुक कर नहीं छोड़ेंगे।

(3) ई. 1842 की संधि को जिसे आप सीमा संधि कह रहे हैं वह शांति और सद्भावना की संधि थी। साथ ही उसमें इसका भी उल्लेख नहीं है कि सीमा कहाँ पर है, मैकमोहन रेखा शिमला समझौते की उपज नहीं है यह समझौता 24–25 मार्च, 1914 को शिमला समझौते के पूर्व किया गया एक गैर–कानूनी समझौता है।

(4) सीमा समस्या के समाधान होने तक अप्रिय स्थिति पैदा न हो अतः सीमा पर यथा स्थिति बना कर रखी जाए। दोनों पक्ष अग्रिम क्षेत्रों में गश्ती पर रोक लगा दें जहाँ विवाद है वहाँ औपबंधिक समझौता किया जा सकता है।

(5) सबसे महत्त्वपूर्ण प्रस्ताव यह था कि हम मैत्रीपूर्ण तरीके से इस समस्या का तर्कपूर्ण एवं न्यायसंगत हल निकाल सकते हैं।

हम आशा करते थे कि चूँकि भारत भी हमारी तरह साम्राज्यवादियों के आक्रमण एवं शोषण का शिकार रहा है, अतः सीमा समस्या पर भारत का दृष्टिकोण भी चीन की तरह आपसी सहानुभूति, न्यायपूर्ण एवं तर्कसंगत होगा लेकिन भारत सरकार चाहती है कि ब्रिटिशर्स द्वारा चीन के तिब्बत क्षेत्र के

विरूद्ध जो आक्रमकता की गई है चीन की सरकार उसे ही भारत चीन संबंध की नींव मान लें। **भारत सरकार यह मानती ही नहीं है कि भारत चीन सीमा अपरिभाषित है। और उससे भी गंभीर बात यह है कि भारत सरकार इसके लिए चीन पर सभी तरह से कूटनीतिक, सैनिक एवं जनमत का दबाव बना रही है यहाँ तक कि बल प्रयोग भी किया जा रहा है एवं उसका एक मात्र उद्देश्य यह है कि चीन भारत द्वारा एक पक्षीय तरीके से निर्धारित सीमा को मान ले। ये प्रयास कभी सफल नहीं होंगे हाँ दोनों देशों के मित्रवत् संबंध अवश्य खराब हो जाँएगे भारत अपनी सेना को अपने क्षेत्र में वापस बुला ले, ताकि संकट के बादल छंट जाएँ।**

तिब्बत पर भारतीय रूख एवं सीमा पर घटी घटनाओं के कारण पत्र, की भाषा तीखी जरूर थी लेकिन पत्र में समस्या के समाधान के पर्याप्त संकेत थे। यह एक अत्यंत ही सुविचारित पत्र था और सकारात्मक था। कहा गया **"हम ऐतिहासिक पृष्ठभूमि एवं वर्तमान की वास्तविकताओं के आधार पर सीमा समस्या का हल निकाल सकते हैं उसे मैत्रीपूर्ण वातावरण में तर्कपूर्ण एवं न्यायसंगत तरीके से सुलझा सकते हैं।**

लेकिन भारत में तो पंडित नेहरू के नेतृत्व में अमरीका परस्त व्यवस्था का एक हिस्सा हर हाल में चीन को नीचा दिखाना चाहता था। उसने तुरंत चीन विरोधी प्रचार की कमान संभाल ली, कहने लगा हमारी आशंकाएँ सही साबित हुई हैं। विस्तारवादी चीन अब अक्साई चीन के बाद नेफा भी हड़पना चाहता है। उस समय अरूणाचल प्रदेश को नेफा ही कहा जाता था। भारत की नीति पूर्व की भाँति अनमनीय थी, जिसमें समंजन और लेन–देन की भावना का पूर्ण अभाव था। इस पूरे प्रकरण के मूल में यही था कि पंडित नेहरू यह मानने को कभी तैयार ही नहीं थे कि अन्तर्राष्ट्रीय सीमाएँ द्विपक्षीय होती है और एक पक्षीय निर्णय का मूल्य शून्य होता है। भारत ने चीनी प्रस्ताव में अपनी पुरानी बात को दोहराते हुए कहा कि हमारी सीमाएँ परंपराओं व्यवहारों एवं संधियों द्वारा पूर्व से निर्धारित हैं, यह कथन असत्य था क्योंकि 1954 ई. तक भारत के सभी मानचित्रों में उसकी उत्तरी सीमा पर स्पष्ट अंकित रहता था। "Boundry Undefined" जहाँ तक 1842 के संधि की बात है तो यदि शांति, सौहार्द एवं ऐतिहासिक साक्ष्यों के आधार पर संधि को लागू किया जाए तो यह सीमा संधि है। लेकिन यदि कोई पक्ष इसे मानना चाहे तो सीमा संधि नहीं भी मान सकता है क्योंकि इस संधि की प्रस्तावना में स्पष्ट रूप से अंकित है कि यह

"शांति एवं सद्भावना" "Peace and Amity" की संधि है तथा अन्तर्राष्ट्रीय संधियों की प्रस्तावना ही उसकी आत्मा होती है। काराकोरम एवं कुएन लेन के बीचों बीच स्थित अक्साई चीन में लद्दाख का कोई अस्तित्व ही नहीं था। प्राचीन समय से काराकोरम पर्वत माला के काराकोरम दर्रे से लेकर कोनका दर्रे तक ही लद्दाख की सीमा थी, लद्दाख तिब्बत से अलग होकर स्वतंत्र हुआ था जबकि अक्साई चीन की उत्तरी सीमा पूर्वी तुर्कमेनिस्तान है और ऐतिहासिक रूप से ई. 1842 के पूर्व लद्दाख एवं पूर्व तुर्कमेनिस्तान के बीच परस्पर व्यवहारिक संबंधों का कोई साक्ष्य नहीं है। ई. 1846 के प्रथम सीमा आयोग ने भी स्पष्ट कहा था कि लद्दाख की सीमा यारकन्द, गारो, रूदोक के पहले समाप्त हो जाती है। ई. 1834 में लद्दाख विजय के बाद भी ई. 1846 के पूर्व लद्दाख पर खालसा सरकार की नाम मात्र की संप्रभुता थी। ई. 1846 के अमृतसर संधि के बाद महाराजा गुलाब सिंह ने Shahidulla जो लेह यारकन्द मार्ग पर काराकोरम दर्रे से करीब 30 मील आगे है, कब्जा जरूर किया था, लेकिन वह एक अस्थाई घटनाक्रम था। यह क्षेत्र पूर्व तुर्कमेनिस्तान के अन्दर चीनी संप्रभुता का क्षेत्र था।

अक्साई चीन को तिब्बत का हिस्सा बनाना पूरी तरह अंग्रेजी साम्राज्य के सामरिक रणनीति का हिस्सा था। 19वीं शताब्दी में मध्य एशिया पूरी तरह रूसी साम्राज्य के वर्चस्व के अधीन था। अंग्रेजों को लगता था कि सिंकियांग जो पूरी तरह रूसी दया पर है। यदि यह रूस के कब्जे में चला जाता है तो रूस को कुन लुन पर्वत माला पर ही रोकेंगे। स्वाधीन भारत को लंदन के इस राजनीतिक खेल से कुछ लेना–देना नहीं था। लेकिन पंडित नेहरू न सिर्फ इस भू–भाग पर दावा कर रहे थे बल्कि इसे अपने देश का अविभाज्य अंग बता रहे थे। यह एक अतिवादी कदम था, क्योंकि उसके बाद सीमा का प्रश्न राष्ट्रहित में, सुलह–सफाई एवं लेन–देन के समंजन से आगे बढ़कर राष्ट्रीय स्मिता का प्रश्न बन जाता है। चीनी प्रधानमंत्री के यथा स्थिति "STATUS QUO" बनाए रखने के प्रस्ताव को सिरे से खारिज कर कह दिया गया यथा स्थिति के पूर्व "Status Quo Ante" बहाल किया जाए, यानी साफ तौर पर पूरा अक्साई चीन खाली कर दें।

यह सब कूटनीतिक पत्राचार चल ही रहा था कि कोंगका दर्रे के पास भारतीय एवं चीनी सीमा रक्षकों में हिंसक मुठभेड़ हो गई। 09 भारतीय सुरक्षा गार्ड मारे गए एवं 09 गिरफ्तार कर लिए गए। यह घटना 21 अक्टूबर, 1959 के दिन घटित हुई। स्थिति दिनों दिन हिंसक रूप लेते जा रही थी चीन

किसी भी स्थिति में भारत के साथ हिसंक संघर्ष नहीं चाहता था क्योंकि पूरे एशिया अफ्रिका क्षेत्र में नेहरू अपने शांति एवं अहिंसा तथा गुटनिरपेक्षता के प्रतीक माने जाते थे।

भारत के विरुद्ध संघर्ष से जहाँ गुट निरपेक्ष आन्दोलन में फूट की संभावना थी वहीं चीन की अन्तर्राष्ट्रीय छवि को बदनाम करने का अवसर ब्रिटेन एवं अमेरिका को मिल जाता। 07 नवंबर, 1959 को चीनी प्रधानमंत्री ने पंडित नेहरू को पत्र लिखकर जहाँ कोंगका दर्रे पर हुए हिंसक घटना पर दुःख प्रगट किया वहीं सीमा पर विसैन्यीकरण तथा दोनों प्रधानमंत्रियों के बीच शिखर वार्ता का प्रस्ताव किया। चीन का प्रस्ताव था कि दोनों पक्ष पूर्वी क्षेत्र में मैकमोहन रेखा के 20–20 किलोमीटर पीछे चले जाएँ और लद्दाख तिब्बत सीमा पर दोनों पक्ष वास्तविक नियंत्रण रेखा से 20–20 किलोमीटर पीछे चली जाएँ। इस उपाय को सीमा वार्ता में दावे–प्रतिदावे के रूप में उपयोग नहीं किया जाएगा। साथ ही सीमा समस्या के समाधान हेतु दोनों प्रधानमंत्रियों की बैठक शीघ्र हो। यदि पंडित नेहरू को अपनी व्यस्ततओं के कारण बीजिंग आने में कठिनाई है तो बैठक दिल्ली में आयोजित हो सकती है। अन्तर्राष्ट्रीय सीमा विवादों में विसैन्यीकरण एवं शिखर वार्ता एक उचित प्रक्रिया मानी जाती है। अतः विश्व जनमत को यह आशा थी कि दोनों पक्ष किसी न किसी समाधान पर पहुँच जाएँगे और आपसी सहमति से रिश्ते को सुधार कर पुनः सामान्य कर लेंगे। लेकिन भारतीय रणनीतिकार चीनी प्रधानमंत्री के इस याथोचित 'Approprate' प्रस्ताव पर भी पानी डालने को तैयार बैठे थे। पंडित नहेरू ने पत्र का उत्तर देते हुए कहा कि पूर्व एवं मध्य क्षेत्र में यथा स्थति से 20 किलोमीटर तक दोनों ओर विसैन्यीकृत करने का प्रस्ताव मान्य है लेकिन लद्दाख क्षेत्र में वास्तविक नियंत्रण रेखा से 20 किलोमीटर क्षेत्र का विसैन्यीकृत करने का प्रस्ताव भारत के हित में नहीं है। और हमें मान्य नहीं है। उत्तरी क्षेत्र में हमारा अक्साई चीन का भू–भाग चीन के अवैध कब्जे में है अतः **यहाँ वर्तमान स्थिति 07 नवंबर, 1959 के अनुसार नहीं बल्कि हमारा जो भू–भाग है और जो सीमा हमारे 1954 के मानचित्र में वर्णित सीमांकन है उससे चीन को 20 किलोमीटर पीछे जाना पड़ेगा। व्यावहारिक रूप से उसका अर्थ यह हुआ कि चीन पूरे अक्साई चीन और लिनगजी तांग पेन जिससे होकर सिकियांग तिब्बत राजमार्ग गुजरता है उसे खाली कर दे** पिछले कुछ वर्षो में भारत चीन संबंधों का पूरा परिदृश्य बदल चुका था। पंडित नेहरू विश्व शांति की अपनी व्याख्या अनुसार एवं भारतीय प्रचार तंत्र पश्चिमी प्रचार तंत्र के साथ मिलकर

भारतीय जनमानस में इस भ्रम को सत्य के रूप में स्थापित कर चुके थे कि चीन ने भारत के अविभाज्य भू–भाग अक्साई चीन पर कब्जा कर लिया है और विरोध करने पर उत्तर पूर्व में भी भारतीय भू–भाग पर दावा कर रहा है। पंडित नेहरू सीमा विवाद को लगातार उलझाते जा रहे थे। जहाँ 16 नवंबर के अपने पत्र में अक्साई चीन को भारत की अविभाज्य अंग बता रहे थे वहीं लोक सभा में 19 नवंबर को बता रहे थे कि "वहाँ कोई भारतीय नहीं रहता है" "None of our people have been there" और 23 नवंबर को राज्य सभा में बता रहे थे "हमारे भू–भाग का सड़क के रूप में आवागमन के लिए उपयोग किया जा सकता है इसमें कोई विवाद नहीं है। यह सड़क एवं अन्य सड़क कारवॉ मार्ग की तरह काफी दिनों से प्रयोग में है और हमें सैनिक उद्देश्यों के अतिरिक्त अन्य कार्य के लिए उस कारवॉ मार्ग के उपयोग पर कोई आपत्ति नहीं है "A Kind of Carvan Route for a long line past" यह वहीं कारवॉ मार्ग है जो सिकियांग से तिब्बत को जाती है और जिसको भारत सरकार चीन द्वारा भारतीय भू–भाग का हड़पना बता रहा है। भारत के शासानाध्यक्ष द्वारा दिया गया यह दो व्यक्तव्य

(1) अक्साई चीन क्षेत्र में जहाँ कोई भारतीय नागरिक नहीं है।

(2) एक कारवॉ मार्ग जो सिकियांग से तिब्बत जाती है काफी दिनों से प्रयोग में है।

स्पष्ट रूप से अक्साई चीन में चीन के संप्रभुता की स्वीकृति थी। एक ऐसे क्षेत्र में जहाँ कोई भारतीय नागरिक नहीं रहता, जहाँ कोई भारतीय प्रशासन नहीं है, जिस क्षेत्र से आपका कोई राजमार्ग नहीं गुजरता है। वहाँ पड़ोसी राज्य के विभिन्न प्रान्तों के भू–भाग को जोड़ने वाला मार्ग है। क्या पड़ोसी राज्य के संप्रभुता का स्पष्ट प्रमाण नहीं है ?

लेकिन पंडित नेहरू के हठधर्मिता एवं अंहकार की कोई सीमा नहीं थी, उन्होंने यह कहते हुए चीनी प्रधानमंत्री के शिखर वार्ता के प्रस्ताव को अस्वीकार कर दिया कि जब हमारा भू–भाग आपके अवैध कब्जे में है तो हम आपके साथ कैसे वार्ता कर सकते हैं। इस पूरे सीमा प्रकरण का सबसे दुःखद पक्ष यह था कि कम्यूनिस्टों को छोड़कर पूरा विपक्ष बिना समस्या के ऐतिहासिक कानूनी, राजनैतिक और व्यावहारिक बारीकियों को समझे चीन को आक्रमक और विस्तारवादी मानकर नेहरू के सुर में सुर मिला रहा था कोई चीन पर आक्रमण की वकालत कर रहा था कोई सिकियांग राजमार्ग को हवाई हमला कर उड़ा देने का आह्वान कर रहा था कोई माओं त्सेतुंग का पुतला दहन कर रहा था। इस स्थिति को MARK ANTONY के भाषण का

वह अन्तिम संवाद ही स्पष्ट कर सकता है, "अब दुष्टता घृणा के घोड़े पर सबार था"। विवेक के लिए कोई स्थान नहीं था। 27 नवंबर को पंडित नेहरू ने स्पष्ट कहा कि **"हमें विचार करना चाहिए कि कैसे हम चीन को वहाँ पहुँचकर किस प्रकार खदेड़ेंगे। यह एक बेहूदा सोच है कि चीन हमें दबा देगा।"**

चीनी प्रधानमंत्री का उत्तर समझौतावादी था, उन्होंने भारतीय प्रस्ताव का जिसमें दोनों पक्षों के द्वारा सीमा पर अग्रिम क्षेत्रो में गश्ती पर रोक लगाने की बात थी स्वागत किया और कहा कि चीन ने कोंगका दर्रे की घटना के बाद पहले ही अग्रिम मोर्चो पर गश्ती बंद कर दी है फिर उन्होंने पूछा कि नेहरू के इस प्रस्ताव का कि दोनों पक्ष अपने–अपने दावे से पीछे हट जाएँ और क्षेत्र को खाली कर दें का क्या अर्थ हैं? पंडित नेहरू का सिर्फ पश्चिमी क्षेत्र के विसैन्यीकरण का प्रस्ताव न्यायपूर्ण भी नहीं है क्योंकि **इस प्रस्ताव का भारत पर नाम मात्र का प्रभाव पड़ेगा और उन्हें सिर्फ दमचोक का छोटा सा इलाका खाली करना पड़ेगा। वहीं चीन को 30,000 वर्ग किलोमीटर का इलाका खाली करना पड़ेगा साथ ही वहाँ से सैनिक एवं सामान्य प्रशासन को भी हटाना पड़ेगा। मेरा सिकियांग तिब्बत राजमार्ग उस क्षेत्र से गुजरता है और हमारे लिए अत्यधिक महत्त्वपूर्ण है। और यदि भारत नेहरू के इसी प्रस्ताव पर कायम है तो इसे पूर्वी क्षेत्र में पूरा N.E.F.A. खाली करना पड़ेगा, क्योंकि चीनी मानचित्रों में पूरे N.E.F.A. को चीन का भू–भाग दिखाया जाता रहा है वहीं पूर्वी क्षेत्र में चीन पर नाम मात्र का असर पड़ेगा क्योंकि मैकमोहन रेखा के नीचे दक्षिण में चीन की कोई सीमा चौकी नहीं है।** अतः जब तक शिखर वार्ता में सीमा समस्या निदान के नीति निर्देशक सिद्धांत तय नहीं हो जाएँ उस तरह विवाद एवं तर्क का कोई अंत नहीं है। चीनी प्रधानमंत्री ने कहा यदि आप सहमत हो तो वार्ताएँ 26 दिसम्बर से बीजिंग या रंगून में प्रारंभ हो सकती है और यदि यह तिथि सुविधाजनक नहीं हो तो कोई अन्य तिथि भी निर्धारित की जा सकती है। पंडित नेहरू ने शिखर वार्ता के प्रस्ताव को दूसरी बार भी अस्वीकृत कर दिया। शिखर वार्ता की संभावना समाप्त हो जाने एवं पत्राचार रुक जाने के बाद भी सीमा पर शांति थी। सिर्फ रिवनमाझे भारतीय चौकी पर चीनी सैनिक मौखिक रूप से आपत्ति करते थे और खाली करने को कहते रहते थे। लोंगजू पर चीनी सेना की चौकी थी। अग्रिम मोर्चा पर दोनों सेनाओं की गश्त बंद थी। दिसम्बर के मध्य में अमरीकी राष्ट्रपति

भारत के दौरे पर आए थे और विश्व में भारत के भूमिका एवं पंडित नेहरू के प्रशंसा में कसीदे गढ़ रहे थे। पंडित नेहरू की आत्म मुग्धता चरम पर थी। दिसम्बर के अंत में लोक सभा में बोलते हुए उन्होंने कहा कि आज हमें इस बात पर घमंड होना चाहिए की विश्व मंच पर भारत की बात आदर के साथ सुनी जाती है। हम गाजा से कोंगो एवं कोरिया तक विश्व शांति के रक्षक है। हम विश्व शांति के मसीहा है। यह कहते समय **'शायद प्रधानमंत्री यह भूल गए थे कि उनके अपने ही सीमा पर कश्मीर में पिछले 10 वर्षों से संयुक्त राष्ट्र पर्यवेक्षक हैं और इस वर्ष ही कोंगका और लोंगजू में भारतीय सैनिकों ने अपने प्राण गवाँए है।** आज पुनः ये ही बातें प्रधानमंत्री नरेन्द्र मोदी के लिए कही जा रहीं हैं। जबकि बात साफ और सरल है जब आप शांति, अहिंसा सहयोग आदि की अच्छी–अच्छी बातें करेंगे तो लोग अच्छा ही कहेंगे। मधुर कूटनीतिक रिश्ते सबल सैन्य सामर्थ्य का स्थान न कभी ले पायी है न ले पाएगी।

ई. 1959 के अंत तक भी चीन को यह विश्वास था कि भारत के साथ कोई न कोई सीमा समस्या का समाधान निकल आएगा। इसका कारण था चीन के केन्द्रीय सरकार का लंबा अन्तर्राष्ट्रीय कूटनीतिक अनुभव। प्रायः अन्तर्राष्ट्रीय सीमाओं पर जहाँ सबकुछ स्पष्ट नहीं होता है, कुछ लेन–देन कर समंजन निकल आता है। लेकिन अब धीरे–धीरे स्पष्ट होने लगा था कि भारत–चीन सीमा विवाद का समाधान पंडित नेहरू का उद्देश्य नहीं था। उनका उद्देश्य था चीन की सांकेतिक संप्रभुता के अधीन एक स्वाधीन तिब्बत। पंडित नेहरू 1951 के चीन तिब्बत 17 सूत्री समझौते जिसमें तिब्बत को चीन का हिस्सा स्वीकार किया गया था के बाद से ही समझने लगे थे कि भारत के सीमा पर **नई भू–राजनीति जन्म ले रही है, और उन्हें जल्द ही तिब्बत छोड़ना पड़ेगा। भारतीय विदेश नीति दोराहे पर खड़ी थी जहाँ उत्तरी पश्चिमी सीमा पर एक ऐसा दुश्मन था जिसने आजादी के तुरंत बाद भारत पर आक्रमण कर दिया। पंडित नेहरू को मामला संयुक्त राष्ट्र संघ में ले जाना पड़ा और पिछले 10 वर्षों से कश्मीर सीमा पर संयुक्त राष्ट्र के पर्यवेक्षक युद्ध विराम की निगरानी कर रहे थे। ऐसे दुश्मन का सामना करते हुए जो अमरीका के साथ भी सैन्य गठबंधन कर चुका था। एक अत्यन्त ही दूरदर्शी एवं व्यावहारिक वास्तविकताओं के आधार पर भू–राजनीतिक परिस्थिति के अनुकूल विदेश नीति की आवश्यकता थी। लेकिन पंडित नेहरू**

खुले आम औपनिवेशवाद का विरोध करते हुए भी साम्राज्यवादियों के द्वारा निर्मित एवं घोषित एक स्वतंत्र तिब्बत के भ्रम को स्वीकार कर चीन की मित्रता के महत्त्व को नहीं समझ सके। जिस कारण भारत एक ऐसे दोहरे भँवर में पड़ गया है जिसका नुकसान आज भी उठा रहा है। पंडित नेहरू चीन को अक्रामक एवं तिब्बत को पीड़ित मानते थे। विश्व जनमत एवं पश्चिम के प्रचार तंत्र के सहारे तथा अमेरीका एवं दलाई लामा के साथ मिलकर भारतीय राज्य जम्मू–कश्मीर को धारा 370 की तरह तिब्बत में भी दलाई लामा एवं चीन की एक दोहरी व्यवस्था चाहते थे जिसमें तिब्बत को पूरी आंतरिक स्वतंत्रता होगी और चीन की नाम मात्र की संप्रभुता।

अक्टूबर, 1959 में कोनका दर्रे पर हुई हिंसा के बाद पंडित नेहरू दो बार चीनी प्रधानमंत्री के पत्र पर नकारात्मक उत्तर दे चुके थे। विश्व नेताओं खासकर गुट निरपेक्ष आन्दोलन के नेताओं में यह धारणा बनने लगी थी कि भारत, सीमा विवाद को उलझा रहा है। साम्यवादी गुट में रूस भी भारत चीन के बढ़ते विरोध से चिंतित था क्योंकि कूटनीतिक संवाद का विकल्प युद्ध ही था। फरवरी, 1960 में रूसी राष्ट्रपति ख्रुश्चेब भारत की यात्रा पर आने वाले थे। 05 फरवरी को पंडित नेहरू ने चाऊ एन लाई को भारत आने का निमंत्रण दिया और कहा कि आप हमारे सम्मानित अतिथि होंगे। उस समय भारत में चीन विरोधी भावना उग्र हो चुकी था। पंडित नेहरू ने पत्र में ही कहा कि दोनों देश के विचार सीमा समस्या पर इतने भिन्न हैं कि वार्ता से कोई हल निकलने की संभावना नहीं लेकिन पूर्व में भी मेरा यह प्रयास रहा है एवं आगे भी यह प्रयास रहेगा कि कोई समाधान निकल आए और दोनों देशों के बीच मैत्री संबंध बहाल हो सकें। प्रधानमंत्री चाऊ एन लाई ने प्रधानमंत्री नेहरू के यात्रा का आमंत्रण देने पर धन्यवाद कहा तथा कहा कि मुझे विश्वास है कि हम शांतिपूर्ण समाधान निकाल सकेंगे। चीनी प्रधानमंत्री के यात्रा की तिथि तय हो गई। वे 19 अप्रैल से एक सप्ताह की यात्रा पर भारत आ रहे थे। कोंगका दर्रे की घटना के बाद भारत के विदेश सचिव सुविमल दत्ता ने 28 अक्टूबर, 1959 को राज्यपालों के सम्मेलन को संबोधित करते हुए कहा कि "1890 में हुए सिक्किम तिब्बत सीमा को छोड़कर भारत तिब्बत सीमा कहीं भी परिसीमित Delimited" नहीं। वस्तुतः यह भी अर्द्ध सत्य ही था। सत्य यह है कि सिक्किम को छोड़कर भारत चीन सीमा कहीं भी परिभाषित ही नहीं है, यानी सरल भाषा में द्विपक्षीय समझौते में सीमा निर्धारण के मार्ग निर्देशक सिद्धान्त ही तय नहीं किए गए थे। चीनी प्रधानमंत्री

के आगमन के एक सप्ताह पूर्व चीनी विदेश मंत्रालय ने भारत को पूरी सीमा समस्या का एक सिलसिलेवार सारांश प्रस्तुत किया। उनका संदेश स्पष्ट था ब्रिटिशर्स के जाने के बाद भारत द्वारा मानचित्रों में पूर्व से दिखाए जा रहे सीमा की स्थति में जो एक तरफा कार्रवाई करते हुए परिवर्तन किए है वह अन्तर्राष्ट्रीय कानून की दृष्टि से महत्त्वहीन है। लेकिन पंडित नेहरू के नेतृत्व में विदेश महासचिव आर.के.नेहरू, ऐतिहासिक अभिलेख प्रभारी डा. गोपाल एवं चीन में भारतीय राजदूत पार्थसारथी जो वार्ता की भारतीय रणनीति बना रहे थे इस बात पर अटल थे कि हमारी सीमाएँ निश्चित हैं। इसमें छोटे–मोटे बदलाव तो किए जा सकते हैं लेकिन कोई बड़ा परिवर्तन हम स्वीकार नहीं करेंगे। **चीन में भारतीय राजदूत ने विदेश मंत्रालय को अपनी राय देते हुए स्पष्ट कर दिया कि चीनी प्रधानमंत्री अक्साई चीन पर भारत का दावा छोड़ने के लिए कहेंगे। बदले में वे मैक मोहन रेखा को स्वीकार करने का प्रस्ताव देंगे जिसे स्वीकार नहीं करना है।** विदेश मंत्रालय की यह रणनीति वार्ता के पूर्व ही बन चुकी थी। यानी कूप में ही भाँग था।

19 अप्रैल को तीन वायुयानों से प्रधानमंत्री चाऊ अपने विदेश मंत्री के साथ दिल्ली पहुँचे। हवाई अड्डे पर पारंपरिक स्वागत के बाद भारतीय पत्रकारों से वार्ता करते हुए उन्होंने कहा कि **हम यहाँ समझौते की उम्मीद लेकर आए है और शांति चाहते है। ऐसी कोई समस्या नहीं है जिसका पंचशील के आधार पर समाधान नहीं हो सकता है।** लेकिन पंडित नेहरू का स्वागत भाषण कटुतापूर्ण था। उन्होंने कहा कि हाल की घटनाओं से भारतीय जन मानस बुरी तरह आहत है एवं हमारे संबंध खराब होने के लिए जिम्मेवार है। चीनी प्रधानमंत्री ने कहा कि हम समस्या का समाधान ढूंढने की आशा से आए हैं।

वार्ताएँ प्रधानमंत्री आवास में प्रारंभ हुई। चाऊ एन लाई ने कहा कि पिछले वर्ष कुछ ऐसी घटनाएँ हुई जिस कारण दोनों देशों के बीच गलतफहमियाँ पैदा हुई है। लेकिन हम आगे बढ़ने के लिए प्रयास करें।

पूर्वी सीमा :– भारतीय पक्ष

हमारी सीमाएँ पूर्व से निर्धारित है। और यह पहले शांतिपूर्ण एवं विवाद रहित थी। ये सभी विवाद अभी हाल के वर्षो में प्रारंभ हुए है, हम 1949 से ही उत्तर पूर्व में मैकमोहन रेखा को अपनी सीमा दिखा रहे है, लेकिन आपने कभी आपत्ति नहीं की। सीमाएँ प्राकृतिक विशिष्टताओं को ध्यान रखकर बनाई गई हैं और एक सही Watershed सीमा है। यह एक मिथ्या कथन था क्योंकि

चीनी पक्ष की ओर से स्वयं प्रधानमंत्री चाऊ एन लाई ने भारतीय राजदूत के साथ अपनी पहली ही मुलाकात में भारत, नेपाल, तिब्बत सीमा का प्रश्न उठाया था इसका मतलब स्पष्ट था सीमाएँ निश्चित एवं स्थिर नहीं हैं।

पूर्वी सीमा :– चीनी पक्ष

हमने कभी शिमला समझौते की स्वीकृति नही दी है और मैकमोहन रेखा को नहीं मानते है लेकिन जिस तरह बर्मा के साथ सीमा संधि में हमने इस रेखा का मान्यता दी है इसे हम स्वीकार कर सकते हैं, एवं किसी नई सीमा संधि के होने तक हम इस रेखा को पार नहीं करेंगे तथा भारत के साथ भी वास्तविकता के आधार पर यथास्थिति बनाए रखेंगे। यथा स्थिति से तात्पर्य है भारत के स्वीधनता के समय की स्थिति। कुल तीन स्थानों पर जहाँ भारत मैकमोहन रेखा को पार कर गई है लोंगजू, तामादेन, खिनमाझे ये छोटी बाते है इसे बातचीत से सुलझा लेंगे।

उत्तरी सीमा :– भारतीय पक्ष

हमारी सीमाएँ भले ही जमीनी स्तर पर चिन्हित नहीं हो लेकिन हमने 1954 के मानचित्र में जो सीमा रेखा निर्धारित की है वह काफी सावधानी पूर्वक भौगोलिक विशिष्टताओं को ध्यान में रखकर की है। तिब्बत और लद्दाख के बीच की सीमा ई. 1842 की संधि द्वारा निर्धारित है आदि –आदि।

चीनी पक्ष :–

चीनी पक्ष भारत तिब्बत सीमा पर जिस क्षेत्र को आप अपना भू–भाग बता रहे है वह पिछले 200 वर्षो से हमारे सिंकियांग प्रान्त का हिस्सा रहा हैं हमारे सुरक्षा प्रहरी वहाँ गश्त करते रहे हैं और जिस तिब्बत सिंकियांग राजमार्ग का आपको 1958 के पूर्व पता भी नहीं था उस राजमार्ग का उपयोग हम काफी समय से आवागमन एवं खाद्यान आपूर्त्ति आदि के लिए करते रहे हैं। स्वयं भारतीय विदेश विभाग ने भी कई अवसरों पर इसे स्वीकारा है। इसे माना है कि सीमाएँ अनिर्धारित है। स्वाधीनता के बाद चीन के राष्ट्रवादी कामिनतांग सरकार के सीमा निर्धारण प्रस्ताव पर आपका उत्तर था, ''वर्तमान अराजक परिस्थितियों में कश्मीर एवं सिंकियांग के बीच अपरिभाषित सीमा का निर्धारण संभव नहीं है'' ''In the present disturbed conditions it is not possible to demarcate undefined frontier between Kashmir and seeikiang'' 13 मार्च, 1949 भारतीय विदेश विभाग का यह पत्र नानकिंग स्थित भारतीय दूतावास द्वारा दिया गया था इस

के 06 माह बाद ही 1 अक्टूबर को चीनी गणराज्य का उदय हुआ। **लेकिन स्वाधीन भारत की सरकार द्वारा कश्मीर चीन** सीमा विवाद पर चीन को दी गई यह पहली प्रतिक्रिया थी। प्रधानमंत्री चाऊ ने कहा कि काराकोरम Water Shed के दक्षिण एवं पूर्व में सिंकियांग का क्षेत्र है और काराकोरम Water Shed से शुरू होकर कोनगका दर्रे तक सिंकियांग की सीमा है वहाँ से दक्षिण चॉग चेनयों घाटी पंगोंगझील वहाँ से सिंधु नदी घाटी के पूरब का पूरा भू–भाग तिब्बत का है।

चीन मैकमोहन रेखा को एक नई संधि में स्वीकार करने को तैयार था लेकिन भारत ने उत्तरी सीमा पर जान–बूझ कर जो परिवर्तन किए थे उस पर कुछ भी सामंजस्य या लेन–देन के लिए तैयार नहीं था। रूसी राष्ट्रपति ने पंडित नेहरू को यह सलाह भी दी थी कि दो पड़ोसी देशों द्वारा स्वीकृत एक अन्तर्राष्ट्रीय सीमा किसी व्यक्ति की प्रतिष्ठा से ज्यादा महत्त्वपूर्ण है। भारत चीन सीमा समस्याएँ 05 दिनों की शिखर वार्ता के बाद बिना किसी समाधान की संभावना के समाप्त हो गई। इस प्रकरण में भारत से कुछ गंभीर गलतियाँ हुई। प्रधानमंत्री नेहरू ने झाउ एन लाई के भारत आगमन के पूर्व यह वादा किया था कि आप हमारे सम्मानित अतिथि होंगे। दुर्भाग्यवश पंडित नेहरू अपना वादा पूरा करने में असफल रहे। दोनों प्रधानमंत्रियों के बीच शिखर वार्ता राष्ट्रपति भवन एवं किसी अन्य सार्वजनिक भवन में आयोजित न होकर भारतीय प्रधानमंत्री के आवास पर आयोजित की गई। इसके अतिरिक्त चीनी प्रधानमंत्री को मुलाकात हेतु गृह मंत्री एवं वित्त मंत्री के आवास पर जाना पड़ा। भारत चीन द्वारा न कोई संयुक्त ब्यान जारी किया गया। चीनी प्रधानमंत्री के लिए भारत के विदेश विभाग में ने कोई संयुक्त प्रेस वार्ता का आयोजन किया गया। यह सब अन्तर्राष्ट्रीय शिष्टाचार का गंभीर उल्लंघन था या, यूँ कहे कि चीनी प्रधानमंत्री के साथ दोयम दर्जे का व्यवहार किया गया। बाद में 1972 में चाऊ एन लाई ने अमरीकी राष्ट्रपति निक्सन के साथ बातचीत में कहा कि नेहरू एक अशिष्ठ व्यक्ति थे। इस हद तक अशिष्ठ कि वे वार्ता में मुझे उत्तर भी नहीं देने देते थे। 25 अप्रैल को चीनी प्रधानमंत्री का भारत प्रवास समाप्त हो रहा था। भारतीय विदेश विभाग द्वारा कोई प्रेस वार्ता आयोजित नहीं करने पर चीनी दूतावास द्वारा राष्ट्रपति भवन में प्रेस वार्ता आयोजित की गई। प्रेस वार्ता लगभग सबा दो घंटे चली। प्रेस वार्ता की शुरुआत करते हुए उन्होंने कहा कि हालाँकि दोनों देश किसी समझौते पर नहीं पहुँच पाए हमारी इच्छा थी कि हम सहमति के बिन्दु पर पहुँचे। हम समाधान की आशा लेकर आए थे, लेकिन हम निराश नहीं और अगर

आवश्यकता हुई तो हम और हमारे सहयोगी दोनों देशों की मित्रता के लिए पुनः आएँगे। प्रेस वार्ता लंबी चली क्योंकि अनुवाद में वक्त लग रहा था, लेकिन मैकमोहन रेखा से लेकर दलाई लामा एवं अक्साई चीन सहित हर पहलू पर वे खुलकर बोलें।

राष्ट्रपति भवन के जिस कक्ष में चाऊ एन लाई की प्रेस वार्ता आयोजित हुई थी उसमें ब्रिटिश वायसराय एवं उनकी पत्नी का तैलचित्र टंगा हुआ था। चीनी प्रधानमंत्री ने कहा कि **"लगता है भारत में कुछ नहीं बदला है। एक स्वाधीन राष्ट्र अपने घरों की दीवार को अपने आक्रांताओं की तस्वीरों से कैसे सजा सकता है।"** दुर्भाग्यवश पंडित नेहरू अंग्रेजों को अक्रांता नहीं मानते थे। चीनी प्रधानमंत्री ने स्पष्ट कहा कि हम वार्ता की विफलता के लिए किसी को दोष नहीं देना चाहते है। चीनी प्रधानमंत्री उसी दिन नेपाल की राजधानी काठमांडू के लिए प्रस्थान कर गए। उनके प्रस्थान करते ही पंडित नेहरू ने उनके काठमांडू पहुँचने के पूर्व ही यह ब्यान दे दिया कि "चाऊ एन लाई इसलिए आए थे क्योंकि उन्होंने आक्रामक कार्रवाई द्व ारा हमारी भूमि पर कब्जा कर लिया है।" काठमांडू हवाई अड्डे पर जब पत्रकारों ने चीनी प्रधानमंत्री का ध्यान पंडित नेहरू के इस व्यकतव्य की ओर खींचा तो उन्होंने कहा कि पंडित नेहरू ने मेरे समक्ष तो ऐसा नहीं कहा हो सकता है कि उनकी कुछ मुश्किलें हो। लेकिन 100 करोड़ भारतीय एवं चीनी नागरिकों की मित्रता ज्यादा महत्त्वपूर्ण है।

समझौता वार्ता की विफलता का नकारात्मक असर दोनों पक्षों पर पड़ा। जहाँ भारत के साथ सीमा संधि से चीन को अपने घरेलू संकट जो महान ऊँची कूद Great Leap forward के कारण गहरा गया था से निपटाने में सहायता मिलती वहीं, इस संधि ने चीन के अन्तर्राष्ट्रीय कद को ऊँचा कर चोंग कोई शेक के दावे की नींव हिला दी होती। साथ ही भारत की छवि एक शांति समर्थक राष्ट्र के रूप में ज्यादा मजबूत होती और उसे अपने जन्मजात शत्रु पाकिस्तान के ऊपर एक नैतिक, कूटनीतिक एवं सामरिक बढ़त प्राप्त हो गई होती। चीन के साथ सुरक्षित सीमा पाकिस्तान के विरूद्ध एक अजेय दुर्ग बन जाती।

चाऊ एन लाई के प्रस्थान के साथ ही भारत चीन के बीच कूटनीतिक आदान–प्रदान एवं सुलह के रास्ते बंद हो चुके थे। युद्ध ही अब एक मात्र विकल्प बचा था। श्री कृष्ण के हस्तिनापुर में व्यक्त ये उद्‌गार कविवर रामधारी सिंह दिनकर की लेखनी से

" दुर्योधन अब रण ऐसा होगा
फिर कभी नहीं जैसा होगा"

युद्ध के बादल

चीनी प्रधानमंत्री चाऊ एन लाई साम्यवादी क्रांति के जन नेता थे। वे भारत चीन मैत्री में ही चीन का हित देखते थे। लेकिन पंडित नेहरू के अहं एवं जिद्द ने भारत एवं चीन के सीमा विवाद को प्रतिष्ठा का प्रश्न बना लिया था। फलस्वरूप शिखर वार्ता में हुई चर्चा के अनुसार दोनों देशों का संयुक्त कार्यकारी दल कई बैठकों के बाद भी कोई सिद्धान्त नहीं तय कर पाया। यह स्वाभाविक भी था चूँकि भारतीय प्रतिनिधि पक्ष अपने दावे से हटने के लिए प्रस्तुत ही नहीं था।

चीनी प्रधानमंत्री के प्रस्थान के बाद पंडित नेहरू उपहास का विषय बन गए थे। लोग पूछने लगे थे तब श्रीमान् अपनी मातृभूमि को विदेशी आक्रांता से कब मुक्त करा रहे है। पंडित नेहरू जिन्होंने अपना पूरा राजनैतिक भविष्य गाँधी जी के सत्य अहिंसा पर गढ़ा था अब युद्ध की बातें करने लगे थे। लोक सभा (1961) में अपना विचार रखते हुए कह रहे थे, "आपकी भूमि पर कब्जा हुआ है तो आप उसे कैसे मुक्त करेंगे? कूटनीतिक वार्ता से अगर नहीं तो युद्ध से, हम अपनी सामरिक स्थिति को मजबूत करते रहेंगे और जब हम मजबूत स्थिति में होंगे तो सैन्य कार्रवाई करेंगे, न कि कमजोर स्थिति में। **"यह सब तथ्यहीन बातें थी। कोई पंडित नेहरू से यह भी तो पूछ सकता था क्या चीन अपने ओर से प्रति आक्रमण की तैयारी नहीं करेगा लेकिन पंडित नेहरू मनमानी के अभ्यस्त हो चुके थे।"** सरदार पटेल की असामयिक मृत्यु के बाद किसी में इतना साहस नहीं था कि उनकी मनमानी पर ऊँगली उठा सके। लोकतंत्र, स्वाधीनता, शांति, आत्म निर्णय का अधिकार आदि की बड़ी–बड़ी बातों के पीछे उनकी व्यक्तिगत महत्त्वकांक्षा ने एक स्वाधीन एवं स्वायत्त, तिब्बत को अपना लक्ष्य बना लिया था। यह एक ऐसी कल्पना थी जिसका अन्त दुःखद होना था और वही हुआ। पंडित नेहरू ने यह जानते हुए भी कि भारतीय सेना की स्थिति अत्यन्त नाजुक एवं बदहाल है, उत्तरी सीमा लद्दाख से लेकर उत्तर पूर्व में थांग ला तक सीमा की ओर अग्रिम चौकियाँ (Post) स्थापित करने का आदेश देकर विवाद को

बढ़ा रहे थे। सैन्य अभियानों के लिए न तो सेना के पास संख्या बल था, ना सैन्य साजो–सामान। उस वक्त लद्दाख से नेफा (अरूणाचल प्रदेश) तक मात्र कुछ बटालियन (एक बटालिय औसतन 800 सैनिक) सेना तैनात थी, जिसके पास न तो पर्याप्त राशन का भंडार था, न पहनने को गर्म कपड़े, न रहने के लिए छावनी, न गोला बारूद। मात्र इन फिल्ड़ राइफलों एवं कुछ हल्के मशीन गन ही उनके पास थे। सेना मुख्यालय की माँगो पर रक्षा मंत्री कृष्ण मेनन कुछ ध्यान नहीं देते थे तथा सैन्य अधिकारियों को हमेशा नीचा दिखाते रहते थे। संसद में आचार्य कृपलानी जैसे भी नेता थे जो यह मानते थे कि सेना पर खर्च को बढ़ावा देने से बापू की आत्मा को कष्ट पहुँचेगा। पंडित नेहरू स्वयं सेना मुख्यालय में गुटबाजी को बढ़ावा दे रहे थे। सेना प्रमुख जनरल सिम्मैया के विरोध के बावजूद उन्होंने अपने संबंधी बृज मोहन कॉल को लेफ्टिनेंट जनरल में प्रोन्नति देकर क्वॉटर मास्टर जनरल (सैन्य व्यवस्था) के पद पर नियुक्त कर दिया। सेना मुख्यालय में सेना अधिकारियों की कॉल समर्थक एवं अन्य के रूप में पहचान होने लगी थी। बृज मोहन कॉल की प्रधानमंत्री तक सीधी पहुँच थी और वे इस बात का दिखावा भी करते थे। वे प्रधानमंत्री कार्यालय के कार में प्रधानमंत्री आवास में जाते आते थे, इस गुटबाजी और चापलूसी के माहौल में रक्षा मंत्रालय की हालत दिनोंदिन बदतर होती जा रही थी। रक्षा मंत्री कृष्णा मेनन सैन्य कमांडरों की न कोई बात सुनते थे। न उन्हें कुछ महत्त्व देते थे। इन्हीं नकारात्मक परिस्थितियों के बीच थल सेनाध्यक्ष जनरल थिम्मैया ने त्याग पत्र दे दिया। उनकी आपत्ति का कारण सेना मुख्यालय में गैर पेशेवराना तौर तरीकों एवं अपर्याप्त संसाधन था। यह एक ऐसा अवसर था जब राष्ट्र आगे आने वाली त्रासदी पर विमर्श कर सकता था। लेकिन पंडित नेहरू स्वयं अपनी छवि और कृष्णा मेनन को बचाने के लिए यह कह दिया कि जनरल थिम्मैया बात का बतंगड़ बना रहे हैं। पुनः जनरल थिम्मैया की अनुशंसा के विरूद्ध जनरल थोराट के स्थान पर जनरल थापर जो कि कॉल गुट के थे को थल सेनाध्यक्ष बना दिया। जनरल थिम्मैया सेवानिवृत्त हो गए। जनरल थोराट ने त्याग पत्र दे दिया। अब सैन्य मुख्यालय में कोई भी बृज मोहन कॉल की राय के विरूद्ध नहीं जा सकता था। पूर्व के सभी नियमों की अवहेलना कर बृज मोहन कॉल को थल सेना मुख्यालय का स्टाफ प्रमुख बना दिया गया। जबकि उन्हें इस पद की न योग्यता थी ना अनुभव। सेना मुख्यालय में गुटबाजी इतने निम्न स्तर पर पहुँच गई थी कि जनरल थिम्मैया की सेवानिवृत्ति के बाद जनरल थोराट,

जनरल मॉनक शॉ एवं जनरल एस.डी. वर्मा के विरूद्ध जाँच बिठा दी गई और जाँच का जिम्मा एडुजेन्ट जनरल को नहीं देकर बृज मोहन कॉल को दिया गया। दक्ष एवं ईमानदार सेना नायकों के बुरे दिन आ गए थे।

1959 के लोंगजू एवं कोनगका ला की घटना के बाद से ही सेना गृह मंत्रालय से इस बात को लेकर उलझ रही थी कि बिना हमारी अनुमति के भारतीय खूफिया प्रमुख ऐसे अग्रिम क्षेत्रों में गश्ती दल भेज रहे हैं जो विवादग्रस्त हैं तथा अनावश्यक कटुता एवं सशस्त्र संघर्ष को बढ़ावा दे रही है। उल्लेखनीय है कि भारतीय खूफिया प्रमुख भोला नाथ मलिक भी बृज मोहन कॉल की ही तरह पंडित नेहरू के कृपा पात्र थे। अगस्त, 1959 में लोंगजू घटना के बाद सितम्बर में प्रधानमंत्री ने आदेश दिया था कि सीमा पर यथास्थिति बनाए रखी जाए एवं उकसावे की कोई कार्रवाई नहीं हो। पूर्वी कमान का भी आदेश था। जब तक अत्यधिक आवश्यक न हो चीनी सैनिको से संघर्ष ना हो और किनमाझे को छोड़कर जहाँ हमने अपनी चौकी पूर्व में स्थापित कर ली है सेना को मैकमोहन रेखा से दो तीन मील पीछे ही रहना है।

1960 के वसंत में नेहरू चाऊ शिखर वार्ता विफल हो जाने के बाद पंडित नेहरू खुलकर चीन को भारतीय भू–भाग पर अवैध कब्जे का दोषी बताने लगे। चीन का व्यवहार भी दोस्ताना एवं लेन–देन वाला नहीं रहा। शिखर वार्ता में हुए निर्णय के अनुसार भारत चीन संयुक्त कार्य दल की बैठक में जब सेक्टर वार वार्ता होने लगी तो मैकमोहन रेखा के स्वीकृति अस्वीकृति के अतिरिक्त सबसे अधिक विवाद उत्तर में लद्दाख तिब्बत सीमा पर उभर कर सामने आया। भारत जहाँ अक्साई चीन पठार, लागजिंग थांग, पूरी चॉगचेनमो घाटी सहित लनक ला पर अपनी सीमा मानता था वहीं चीन ने उसे अपनी सीमा के अन्दर रखा। चीन के अनुसार भारत की सीमा कटालिक कांगरी 6598(मी०) चोटी से पर्वतों के शिखर पर होते हुए गलवान घाटी 78013' पूर्व तथा 34046' उ० चोटी 6556(मी०) लगभग 78026' पूर्व तथा 34032' उ० कुराग सांगपो नदी एवं चांगलुंग नदी 78053' पूर्व तथा 340,22' उ० चांगलुग नदी को पार कर पूर्व की ओर कोंगका दर्रा तक है। भारत में इस बिन्दु पर विमर्श में यह कहा जाता है कि चीन ने 1960 में अपने दावे को बढ़ा कर पेश किया और उनका यह दावा 1956 या 1959 के उनके दावे से कहीं अधिक है। यह सत्य है कि चीन का निचले गलवान घाटी एवं निचले चाँग चेनमों नदी घाटी पर दावा तथ्यों पर आधारित नहीं है, क्योंकि यह गुलाब

सिंह के पूर्ण प्रशासनिक नियंत्रण में था। चीनियों ने इसे संभवतः एक मोहरे के रूप में आगे किया है। दूसरी ओर यह कथन कि चीन के 1956 के दावे के अनुसार साभजूलिंग के आगे पूरा कारकोरम की पूर्वी शाखा पूरी गलवान घाटी एवं पूरी चांगलुंग घाटी को भारतीय सीमा में माना गया था भी सही नहीं है क्योंकि 1956 एवं 1959 में चीन ने कोई सीमा रेखा का प्रस्ताव नहीं दिया था बल्कि चीनी दावे को परिभाषित करते हुए मात्र एक रूप रेखा दी गई थी। दोनों पक्ष यह मानते है कि सीमा का केन्द्र बिन्दु कुरंग घाटी का जिनान दर्रा जिसे हम P.P. 15 (Patrolling Point 15 के रूप में जानते हैं) है यह हाट स्प्रिंग और गलवान के बीच में पड़ता है। 1962 में सेना मुख्यालय के अत्यधिक दबाव के बाद 1/8 गुरखा कम्पनी इसी रास्ते से एक माह की पदयात्रा कर गलवान घाटी पहुँची थी क्योंकि ऊपर सामजुलिंग में चीनी सेना 1959 से ही मौजूद थी। इस चौकी को चीन ने युद्ध के पहले ही दिन 20 अक्टूबर, 1962 को नष्ट कर दिया।

भारत चीन 1960 की शिखर वार्ता के कुछ दिनों पूर्व भारत की उत्तरी सीमा पर सैन्य गतिविधियाँ तेज हो गई थी। फरवरी, 1960 में पश्चिमी कमान ने आदेश दिया कि दमचोक, चुसुल, फोबरांग मुरगो आदि क्षेत्रों में सैन्य चौकियाँ स्थापित की जाएं। उस वक्त तक चीनी सेना चिप चाप घाटी काजिल जिलगा, देरा ला, सामजुलिंग (गलवान नदी) कांगका ला खुर्नाक फोर्ट आदि में सैन्य चौकियाँ स्थापित कर चुकी थी, पंडित नेहरू की रणनीति थी कि चीन को नैतिक एवं कूटनीतिक स्तर पर पराजित किया जाए और इसके लिए चीन को उकसाना आवश्यक था, सेना को आदेश दिया गया कि चीन के दावे वाले वैसे क्षेत्रों में जहाँ चीन की सैन्य उपस्थिति नहीं है वहाँ अग्रिम क्षेत्रों में गश्त बढ़ा दी जाए एवं सैन्य चौकियाँ भी स्थापित की जाएं। यह एक प्रकार से प्रत्यक्ष उकसाने वाली कार्रवाई थी।

सेना जानती थी कि इस तरह की कार्रवाई के लिए उनके पास ना तो पर्याप्त सैनिक हैं, ना साधन। सेना यह भी जानती थी कि इस तरह की गतिविधि पर चीनी सेना तीव्र प्रतिक्रिया करेगी। सेना के समक्ष गंभीर स्थिति थी। भारत के क्षेत्रीय अखंडता एवं सीमा की सुरक्षा संभाल रहे राजनैतिक नेतृत्व एवं वरिष्ठ नौकरशाहों को सेना की कार्य प्रणाली उनकी मानसिकता, उनकी जरूरतों सेना की तकनीक आदि का कोई अनुभव नहीं था। साथ ही वे सेना के प्रति अविश्वास का भाव रखते थे। सेनाध्यक्ष जनरल थिम्मैया की सेवानिवृत्ति के पूर्व यह अवफाह फैलाई गई कि वे सैनिक विद्रोह करना चाहते थे और सेवानिवृत्ति के बाद उनके विरूद्ध जाँच बिठा दी गई।

1961 के प्रारंभ में जब प्रधानमंत्री ने लोक सभा में यह व्यक्तव्य दिया कि लद्दाख के मोर्चे पर हमारी स्थति में सुधार हुआ हैं, तो कोर कमांडर एस.डी. वर्मा ने पश्चिमी क्षेत्र के सैन्य कमांडर जनरल थापर को कहा कि प्रधानमंत्री के व्यक्तव्य का वास्तविक स्थिति से मेल नहीं है। पहले तो जनरल वर्मा पर पत्र वापस लेने का दबाव बनाया गया और बाद में उनकी वरीयता को अनदेखी कर जनरल एल.पी. सेन को पूर्वी क्षेत्र का कमांडर बना दिया गया तो उन्होंने अपने पद से त्याग पत्र दे दिया। 1961 के मध्य तक सेना मुख्यालय में ऐसे सेना नायकों का वर्चस्व स्थापित हो चुका था जो राजनैतिक नेतृत्व को खुश रखकर अपनी स्वार्थ सिद्धि में लगे रहते थे, उस समय तक लद्दाख में मात्र तीन बटालियन सेना तैनात थी। उसमें भी 2 बटालियन अर्द्ध सैन्य बलों का था। यातायात की स्थिति इतनी दयनीय थी कि सेना का पहला ट्रक दत्ता लेह तक अक्टूबर, 1961 में पहुँच पाया। इन मुश्किलों एवं मजबूरियों के बाद भी अग्रिम मोर्चो पर दखल स्थापित करने का दबाव सेना पर बढ़ता जा रहा था। पश्चिमी कमान के नए कमांडर जनरल दौलत सिंह ने सेना मुख्यालय को स्पष्ट कर दिया कि सिकियांग तिब्बत राजमार्ग चीन के लिए अत्यधिक संवेदनशील है और उस राजमार्ग पर किसी भी खतरें की संभावना का चीन कड़ा प्रतिरोध करेगा।

दोनों देशों के बीच संबंध दिनोंदिन खराब होते जा रहे थे। दिल्ली स्थित न्यू चाइना न्यूज एजेन्सी को बंद करा दिया गया। चीन के कलिमपोंग स्थित वाणिज्य कार्यालय पर पहरा बिठा दिया गया। जहाँ भारत चीन संबंध खराब हो रहे थे वहीं चीन ने एक कूटनीतिक पहल करते हुए बर्मा के साथ 100 वर्षो से चल रहे 70,000 वर्ग किलोमीटर के सीमा विवाद को सुलझा लिया जबकि, चीन– बर्मा सीमा विवाद भारत–चीन सीमा विवाद से ज्यादा मुश्किल था। भारत–चीन सीमा विवाद प्रायः निर्जन प्रदेशों को लेकर है जबकि चीन– बर्मा सीमा विवाद में आबादी का हस्तांतरण भी जुड़ा हुआ था। यह भारत के लिए एक संकेत भी था क्योंकि बर्मा के साथ सीमा समझौते में चीन ने मैकमोहन रेखा को नई सीमा रेखा के रूप में मान्यता दी थी। संदेश स्पष्ट था चीन को मैकमोहन रेखा पर आपत्ति नहीं है। आपत्ति है शिमला समझौते पर भारत ने चीन–बर्मा सीमा समझौते पर आपत्ति करते हुए कहा कि भारत–चीन–बर्मा सीमा त्रिमुहान दिफू दर्रे पर नहीं बल्कि 5 मील उत्तर में है। चीन ने कहा कि इसका समाधान त्रिपक्षीय वार्ता द्वारा ही हो सकता है, जनवरी, 1960 में हुई सीमा संधि के बाद संयुक्त सर्वेक्षण करके अक्टूबर, 1960 तक

सीमांकन की संधि भी कर ली गई, उसी प्रकार 1959 में पाकिस्तान ने चीन के साथ सीमा वार्ता का प्रस्ताव दिया। काराकोरम दर्रा जहाँ से भारत चीन सीमा शुरू होती है उसके पश्चिम अफगानिस्तान के वारवान गलियारे के पहले तक भारत/पाकिस्तान की उत्तरी सीमा चीन के सिंकियांग प्रान्त से लगती है। इस क्षेत्र को भारत, कश्मीर प्रान्त का हिस्सा एवं अपना भू–भाग मानता है। लेकिन पाकिस्तान के नियंत्रण में होने का कारण भारत उसे पाक अधिकृत कश्मीर कहता है। मई, 1962 में चीन एवं पाकिस्तान में एक साथ घोषणा की गई कि हम सीमा पर शांति के लिए चीन–पाकिस्तान सीमा जो अभी तक अनिर्धारित है उस पर हम संधि हेतु वार्ता करने जा रहे हैं तथा 11 अक्टूबर, 1962 को भारत चीन युद्ध के कुछ दिनों पूर्व बीजिंग में सीमा वार्ता प्रारंभ हो गई। भारत ने विरोध किया कि चीन–पाकिस्तान की कोई सीमा आपस में नहीं मिलती है। आप जिस सीमा पर वार्ता कर रहे हो वह भारत की सीमा है और पूर्व से व्यवहार एवं परंपरा के आधार पर निर्धारित है। चीन ने स्पष्ट कहा कि यह संधि औपबंधिक है तथा जम्मू कश्मीर समस्या के अन्तिम समाधान होने के पश्चात इसे अन्तिम रूप से अंगीकृत किया जाएगा। चीन ने भारत पर आरोप लगाते हुए कहा कि जिस प्रकार आपने भारत–चीन सीमा विवाद को उलझा रखा है उसी प्रकार चीन–पाकिस्तान सीमा विवाद को भी उलझाना चाहते हैं। पड़ोसियों के साथ सीमा समस्या सुलझाने का चीन का मौलिक सिद्धांत यह था कि एक, "दूसरे के क्षेत्रीय अखंडता का सम्मान करते हुए, परस्पर हितों की रक्षा करते हुए, आपसी विमर्श द्वारा सीमा का निर्धारण पूर्व की संधियों के अनुरूप एवं जहाँ सीमा संधि नहीं है वहाँ प्राचीन व्यवहार, सांस्कृति एवं भाषाई एकता तथा भौगोलिक विशेषता, जैसे नदी, पहाड़, जलग्रहण क्षेत्र का ध्यान रखते हुए वैज्ञानिक सर्वेक्षण कर मानचित्रों पर आक्षांश, देशांतर अंकित करते हुए स्पष्ट रूप से निर्धारित किये जाएं। इसी अनुरूप चीन ने पाकिस्तान के साथ व्यावहारिक दृष्टिकोण अपनाते हुए लगभग 750 वर्ग किलोमीटर पर अपना दावा छोड़ दिया और मार्च, 1963 में चीन पाकिस्तान के बीच सीमा संधि हो गई। पंडित नेहरू का अहमभाव एवं हठधार्मिता इस कदर उग्र थी कि वे चीन द्वारा बर्मा एवं पाकिस्तान के साथ उसके सीमा वार्ता को भी भारत को नीचा दिखाने की चाल मानते थे जैसे मानों चीन एक स्वाभिमान हीन, अविवेकी राष्ट्र है, जिसका एक मात्र उद्देश्य भारत को नीचा दिखाना है।

भारत ने चीन के साथ सीमा समझौते से इन्कार कर अपने जन्मजात साम्प्रदायिक शत्रु पाकिस्तान के विरूद्ध एक मजबूत दोस्त खो दिया यदि

भारत–चीन सीमा संधि हो गई होती तो कश्मीर पर चीन द्वारा भारतीय संप्रभुता की स्वीकृति होती। हमने एक बड़ा अवसर खो दिया। भारत तिब्बत को लेकर पंडित नेहरू 1951 से 1962 तक अपने ही बनाए भ्रम जाल में उलझे रहे। एवं सभी मौके गवाँकर, राष्ट्र को शर्मनाक अपमान और पराजय तक ले गए, पिछले तीन–चार वर्षों से पंडित नेहरू जो चीन विरोधी रवैया बना रहे थे, वह 1961 के मध्य तक एक बवंडर का रूप ले चुका था। जुलाई, 1961 में भारतीय विदेश सचिव बी.के. नेहरू मंगोलिया की यात्रा से लौटते हुए बीजिंग में रुक कर चीनी प्रधानमंत्री चाऊ एन लाई से शिष्टाचार मुलाकात करने गए थे। इधर भारत में यह कहानी गढ़ी गई कि पंडित नेहरू भारतीय भू–भाग का सौदा कर रहे हैं। पंडित नेहरू को सफाई देनी पड़ी की वार्ता का अर्थ समझौता नहीं होता हैं। विदेश सचिव बी.के. नेहरू जो पंडित नेहरू के चचरे भाई और उनके विश्वासपात्र थे ने बीजिंग से आकर बताया कि चाऊ एन लाई शांति एवं समझौते के इच्छुक हैं। लेकिन पंडित नेहरू की हठधर्मिता ने सारे द्वार बंद कर दिए थे। भारत न सिर्फ एक मित्र खो रहा था बल्कि एक ऐसा शक्तिशाली शत्रु बना रहा था जो आने वाली पीढ़ियां आज तक भुगत रही है। हम रक्षा खर्च के ऐसे चक्रव्यूह में फँस रहे थे जिससे आजतक नहीं निकल पाए हैं।

1961 की गर्मियो तक भारतीय सेना लद्दाख क्षेत्र में दामचोक दौलत बेग ओल्डी अक्ष पर अपने कुछ चौकियों को बड़ी कठिनाइयों के बीच बनाए रख पा रहा था। सेना के पास न सैनिक थे न आयुध न आपूर्त्ति की कोई सुनिश्चित प्रणाली। आवागमन अत्यन्त दुरूह था, ना कहीं कोई केन्द्रीय सैन्य भंडार था, न सैनिक छावनी, न अस्पताल मुरगो में स्थापित सैन्य चौकी नेह से 175 किलोमीटर दूर हवाई मार्ग द्वारा किए जा रहे आपूर्त्ति पर निर्भर थी, जो लद्दाख के प्रतिकूल मौसम में सर्वथा अनिश्चित थी। सेना का मानना था कि हम चीन का सामना करने की स्थिति में नहीं हैं और हम मात्र लेह के मोर्चे को बचा सकते हैं, यदि हवाई आपूर्त्ति में अधिक सुधार नहीं होता है तो हमें अग्रिम चौकियाँ खाली कर देनी चाहिए।

उत्तर पूर्वी सीमा (N.E.F.A.) में भी लगभग यही स्थिति थी, अग्रिम मोर्चो पर पहुँचने के लिए सैनिको को छः से सात दिनों की पैदल यात्रा करनी पड़ती थी। चढ़ाई इतनी कठिन थी कि सहायक मजदूर मात्र 25 से 30 किलो सामग्री ही ढो पाते थे।

दूसरी ओर चीन की ओर से दोनों मोर्चो लद्दाख एवं नेफा में लगभग एक एक डिवीजन सेना यानी चीन के दस हजार से पन्द्रह हजार के बीच सैनिक

तैनात थे। उनके आवागमन के लिए प्रायः सड़क एवं ट्रक थे। पर्याप्त आपूर्त्ति एवं भंडार के साथ उन्होंने 1961 तक चिपचाप घाटी खुनोक फोर्ट आदि पर अपनी चौकियाँ स्थापित कर लीं थीं। चीनी मानचित्रों में इन क्षेत्रों को पूर्व से ही चीनी भू–भाग दिखाया जा रहा था और भारतीय मानचित्रों में इन क्षेत्रों को भारतीय भू–भाग दिखा रहा है। यह घाटी अभी भी विवाद में है।

02 नवंबर, 1961 को प्रधानमंत्री की अध्यक्षता में एक उच्च स्तरीय बैठक हुई जिसमें प्रधानमंत्री, रक्षा मंत्री, सेनाध्यक्ष, विदेश सचिव खूफिया प्रमुख बी.एन. मल्लिक जनरल बृजमोहन कॉल सभी उपस्थित थे। बैठक में यह निर्णय हुआ कि भारतीय सेना तेजी से आगे बढ़कर उन क्षेत्रों को अपने अधीन कर ले, जहाँ चीनी अभी नहीं पहुँचे हैं। एक राय यह भी थी कि हम जहाँ है वहीं रहकर अपनी स्थिति मजबूत करें। लेकिन जो निर्देश जारी हुआ वह इस प्रकार था, "जब तक आत्म रक्षा के लिए जरूरी नहीं हो चीनी सेना से उलझे बिना जहाँ तक संभव हो वर्तमान स्थिति से अन्तरर्राष्ट्रीय सीमा की ओर आगे बढ़कर सैनिक चौकियाँ स्थापित की जाएं ताकि चीनी सेना भारतीय क्षेत्र में घुसपैठ नहीं कर सके।" इसे ही पंडित नेहरू के Forward Policy के रूप में जाना जाता है। इस आदेश के अनुपालन में 05 दिसम्बर, 1961 को सेना मुख्यालय ने पूर्वी एवं पश्चिमी कमान के लिए निम्न आदेश जारी किए। "अपनी वर्तमान स्थिति से जहाँ तक संभव हो आगे की ओर बढ़ा जाए और चीनी घुसपैठ को रोका जा सके।" उस समय तक सेना मुख्यालय का नियंत्रण बृज मोहन कॉल के हाथ में जा चुका था। इस चौकड़ी को सेना की क्षमता, संसाधन, योजना, समन्वय, परिवहन आदि से ज्यादा मतलब नहीं था। उनका कार्य बस नीचे आदेश भेजना भर रह गया था, रक्षा मंत्री कृष्णा मेनन यह मानते थे कि पंडित नेहरू के कारण चीनी सेना प्रति आक्रमण नहीं करेगी। अतः सेना की क्षमता, संसाधन, समन्वय, परिवहन आदि की अनदेखी की जा सकती है। बृज मोहन कॉल उनके आदेशों का पालन करते हुए आगे बढ़ो की नीति पर चलने लगे।

सिन्धु नदी जब कैलाश मानसरोबर पर्वत से नीचे तिब्बत से आगे लद्दाख में प्रवेश करती है उस स्थान का नाम दामचोक है। दामचोक में सिंधु नदी के पूर्वी किनारे तिब्बती व्यापारियों का एक छोटा–सा बसावट है एवं नदी के इस ओर लद्दाखी व्यापारियों के कुछ घर भारतीय किनारे पर। 1961 का गर्मियों तक भारतीय सेना ने एक चौकी स्थापित कर ली थी। सेना मुख्यालय से प्राप्त निर्देश के आलोक में दमचोक सैनिक चौकी आगे के क्षेत्रों में गश्त

करने लगी थी, इसी परस्पर विरोधी दावों और अविश्वास के माहौल में भारतीय सेना के अग्रिम क्षेत्रों में गश्ती के विरूद्ध 03 नवंबर, 1961 को चीन की पहली प्रतिक्रिया आई। चीन ने प्रतिरोध दर्ज कराते हुए कहा कि भारतीय सैनिकों का लगातार चीनी क्षेत्रों की ओर बढ़ते जाना हमारे लिए गंभीर चिंता का विषय है। हमारे सीमा प्रहरी सीमा के उल्लंघन एवं **चीन की क्षेत्रीय अखंडता एवं संप्रभुता पर आक्रमण के विरूद्ध गंभीर प्रतिक्रिया व्यक्त करेंगे जिसके घातक परिणाम हो सकते हैं। हम स्पष्ट करना चाहते हैं कि हमारे संयम को हमारी कमजोरी नहीं समझा जाए।** भारत ने प्रतिक्रिया देते हुए कहा कि हम अपने ही क्षेत्र में चौकियाँ स्थापित कर रहे हैं और आपका विरोध हमारे आंतरिक मामलों में हस्तक्षेप है। चीन ने पुनः अपना पक्ष रखते हुए कहा कि **"मात्र कह देने और मानचित्र में दिखा देने से कोई क्षेत्र जिस पर भारत दावा कर रहा है वह भारत का हो गया यह तर्कपूर्ण नहीं है साथ ही यह अत्यन्त खतरनाक है।" अगर ऐसा मान लिया जाए तो चीनी सेना को भी मैकमोहन रेखा के दक्षिण हिमालय की निम्न पहाड़ियों तक चौकी स्थापित करने एवं गश्त करने का अधिकार होगा, क्योंकि चीनी मानचित्रों में इस क्षेत्र को चीन का दिखाया जा रहा है। पूरा भारत चीन सीमा अनिर्धारित एवं विवादित है। यथा स्थिति बनाए रखने के हमारे प्रस्ताव के बाद भी भारतीय सैनिक लगातार हमारे क्षेत्र में घुसपैठ कर रहे हैं जिसके खतरनाक परिणाम हो सकते हैं।**

भारत के दुर्भाग्यवश उस समय तक पंडित नेहरू का अहं भाव इतना बढ़ चुका था कि वे निरंकुश तानाशाह की तरह व्यवहार करने लगे थे। उन्हें अपनी विश्व छवि पर इतना गर्व था और जिसे उनके चापलूस सलाहकार हाँ में हाँ मिलाकर और बढ़ावा देते रहते थे कि उन्हें लगता था कोरियाई मोर्चे पर उलझा चीन कभी भी भारतीय सैनिकों पर हमले का दुस्साहस नहीं करेगा। 22 फरवरी, 1961 भारतीय राज्य सभा में पंडित नेहरू **"हमारे विचार से सीमा पर जो समस्याएँ हैं वह विवाद नहीं है, हाँ उनके शब्द जाल को देखें तो जब हम कोई पक्ष रखते है, तब विवाद कहा जा सकता है लेकिन हमारे विचार से यह विवाद नहीं है। क्योंकि हमें अपने पक्ष पर कोई संदेह ही नहीं है। हम मानते हैं, यह हमारे भू–भाग पर दावा है।"** पंडित नेहरू का यही दृष्टिकोण पूरी समस्या के जड़ में था, "चूँकि मैं ऐसा मानता हूँ अतः दूसरे को भी ऐसा ही मानना

चाहिए।" भारत में संसदीय लोक तंत्र मंत्रिपरिषद का सामूहिक उत्तरदायित्व आदि कहने भर को थे। सारी शक्तियां पंडित नेहरू के हाथ में केन्द्रित थीं उनके विचार ही देश की दिशा निर्धारित करते थे भारत चीन सीमा पर जब आगे बढ़कर सैनिक चौकियाँ स्थापित करने का निर्णय 02 नवंबर को लिया गया तो मंत्रिपरिषद की स्वीकृति नहीं ली गई। जबकि यह एक अति महत्त्वपूर्ण निर्णय था। विवादित सीमा क्षेत्र में सैन्य कार्रवाई युद्ध को अप्रत्यक्ष आमंत्रण था। इसी प्रकार जब गोवा में सैन्य कार्रवाई की गई तो मंत्री परिषद की स्वीकृति नहीं ली गई। जबकि गोवा दमन दीप पुर्तगाली संप्रभुता के अधीन था। भारत का यह कदम अन्तर्राष्ट्रीय कूटनीति एवं कानून की दृष्टि से एक गलत कदम था। नैतिक रूप से भी यह एक गलत कदम था पूरे विश्व में यह संदेश गया कि भारत अन्तर्राष्ट्रीय संबंधों में शांति एवं सद्भाव की जो बात करता है वह दूसरों के लिए। भारत में नेहरू के चाटुकारों ने इसे भारतीय सेना एंव नेहरू के अन्तर्राष्ट्रीय चमक के रूप में प्रचारित करना शुरू किया। किसी ने पंडित नेहरू को उकसाते हुए तंज किया कि 'पंडित नेहरू रसोई घर में चूहा पकड़ रहे है। जबकि शेर दरवाजे पर खड़ा है।' जो भी हो शेर को पकड़ने का निर्णय लिया जा चुका था। 05 दिसम्बर को लद्दाख में तैनात ब्रिगेड के लिए जिसके पास मात्र 2500 सैनिक थे और जिसके ऊपर काराकोरम से दामचोक तक लगभग 350 किलोमीटर सीमा सुरक्षा का भार था उसे सेना मुख्यालय से अन्तर्राष्ट्रीय सीमा की ओर आगे बढ़ने हेतु विस्तृत दिशा निर्देश प्राप्त हुए। इस निर्देश में ऐसी बातें थीं जो स्थानीय कमांडर स्तर की थी इसके पीछे बृज मोहन कॉल का हाथ स्पष्ट था। अब सेना मुख्यालय की प्राथमिकता सेना और राष्ट्रीय सुरक्षा नहीं, बल्कि राजनीतिक आकांक्षाओं की महत्त्वाकांक्षा थी। इस खेल में सेना अब एक मोहरा बन चुकी थी।

भारत की सैनिक कार्रवाईयों पर चीनी प्रतिक्रिया 01 मार्च, 1962 को आई अग्रिम गश्ती एवं अग्रिम चौकियों का पूरा ब्यौरा देते हुए कहा कि सीमा विवाद के शांतिपूर्ण समाधान के लिए वार्ता से इंकार कर तथा हमारे इस प्रस्ताव को यथास्थिति बनाए रखते हुए दोनों सेनाएँ वर्तमान स्थिति से 20 किलोमीटर पीछे चली जाएं को अस्वीकार कर भारत शांति पूर्ण समाधान के सारे रास्ते बंद कर रहा हैं और एक ऐसे मार्ग पर चल पड़ा है **जिसके गंभीर परिणाम हो सकते हैं। भारत अपनी सीमा के दावे को बलपूर्वक प्राप्त करना चाहता है।**

भारत का जबाव वही था, जो बार–बार दिया जाता था। हमारी सीमा निश्चित है। हम अपने भू–भाग में है। क्षेत्रीय अखंडता की रक्षा करना हमारा अधिकार एवं कर्तव्य है।

जून, 1962 में भारत चीन व्यापारिक संधि का नवीकरण नहीं हुआ। चीन ने कलकत्ता एवं कलिमपोंग में अपने वाणिज्यिक केन्द्र बंद कर दिए। भारत में भी ग्यात्से, गरटोक एवं यारलुग के अपने वाणिज्यिक केन्द्र बंद कर दिए।

अग्रिम सीमा क्षेत्र पर दखल की भारतीय नीति अब ज्यादा तीव्र होती जा रही थी। जून, 1962 पंडित नेहरू ने संसद को आश्वासन दिया कि उत्तरी सीमा पर (पश्चिमी हिमालय) लद्दाख में हमारी स्थिति बेहतर हुई है। उस समय 114वीं ब्रिगेड लद्दाख में थी जिनके पास चार बटालियन यानी, 3200 सैनिक थे। ये माँ भारती के सपूत थे और मातृभूमि की रक्षा के लिए सर्वस्व न्यौछावर करने को तैयार थे। आगे बढ़ो, की नीति को लागू करने के लिए ये अग्रिम मोर्चो पर 1/7 या 1/18 की संख्या में पिकेट पर तैनात थे। 114वीं ब्रिगेड के पास मात्र एक पलाटून मध्यम मशीनगन, सैनिकों के पास 303 राइफलें एवं थोड़ी सी गोलियाँ, किसी पिकेट पर 3" मोर्टार कहीं वह भी नहीं, उन्हें इस बर्फ के मरूभूमि में पैदल चलना पड़ता था। आपूर्त्ति के लिए सिर्फ हवाई मार्ग था। इस पठार पर तेज हवाओं में गिराई गई आधी सामग्री इधर–उधर गिर कर खत्म हो जाती थी, रहने के लिए कोर्टून के डिब्बों एवं पैराशूट से ढके बंकर देखने पर वे किसी सेना का हिस्सा नहीं, बल्कि दूसरों के रहमो करम पर निर्भर, असहाय मानव समूह थे। वहीं दूसरी ओर चीनी सेना ओटोमेटिक राइफलों एवं कबाईनों से लैस थे। छावनी में रह रहे चीनी सैनिक यातायात के लिए ट्रकों का भी प्रयोग करते थे एवं पैदल भी थे। 1962 की गर्मियों में चीनी सेना कह रही थी कि चिपचाप घाटी में भारतीय सेना हमारे सैनिकों को घेर रही है। हमें आत्मरक्षा में कठोर कदम उठाने पड़ेंगे, जिसकी पूरी जिम्मेबारी भारत पर होगी। स्थिति दिनानुदिन खराब होती जा रही थी लेकिन भारतीय राजनैतिक तंत्र किसी भी संकेत को पढ़ने में अक्षम हो चुका था अब आसन्त युद्ध के बीच मात्र चीन का संयम था। मई में चिपचाप घाटी में एक भारतीय सैन्य चौकी को चीनी सैनिकों ने घेर लिया। अनिश्चित आपूर्त्ति को देखते हुए पश्चिमी कमान ने सैनिकों को पीछे करना चाहा। प्रधानमंत्री ने मना कर दिया। चीनी सैनिकों ने इस पिकेट पर हमला नहीं किया। भारत में इसे प्रधानमंत्री के ढृढ़ निश्चय की जीत बताई गई। मानचित्रों में देखने पर लगता है कि गलवान घाटी होकर आसानी से अक्साई चीन की ओर बढ़ा जा सकता है। पर सच्चाई अलग है। गलवान घाटी के ऊपर सामजुलिंग में चीनी सेना 1959 से ही मौजूद थी। नवंबर 1961 में जनरल कॉल ने भारतीय सेना को सामजुलिंग के समानान्तरण एक

चौकी स्थापित करने का आदेश दिया। इस आदेश पर पश्चिमी कमान ने आपत्ति करते हुए कहा कि यह चीनी सेना को उकसाने बाला होगा। जनरल कॉल ने आपत्ति को अस्वीकृत कर दिया। अंत में जुलाई, 1962 में गुरखा राइफल्स की एक 1/8 कम्पनी (चूँकी सामजुलिंग में चीनी पहले से थे) अतः संभवतः उसके नीचे जियालन दर्रा जिसे अभी पी.पी. 15 कहते है, के रास्ते सामजुलिंग के नीचे से 01 माह की पद यात्रा के बाद गलवान घाटी में पहुँचकर एक चौकी स्थापित कर ली, यह पहला मौका था जब भारतीय सेना चीनी सेना की पीछे चली गई। चीन ने इस पर विरोध जताया तो भारत ने कहा कि चीनी सैनिक हमारे क्षेत्र में घुस आए हैं। 10 जुलाई को चीनी सैनिकों ने गलवान चौकी को घेर लिया और आपूर्त्ति बंद कर दी। तनाव चरम पर था। चीनियों ने इस चौकी को पहले दिन के हमले 20 अक्टूबर, को ही रौंद दिया। लेकिन उस वक्त चीनी सेना ने संयम का परिचय देते हुए कोई हमला नहीं किया। इधर इस घटना को चीन की कायरता और भारतीय सेना के दृढ़ता के रूप में प्रचारित किया गया। भारतीय संसद में भी चीन की कटु आलोचना हो रही थी। कोई कुछ सुनने को तैयार ही नहीं था। जब पंडित नेहरू के चचेरे भाई पूर्व विदेश सचिव ने यह कहा कि भारतीय सेना के पास तो चीन से लड़ने के लिए हथियार ही नहीं हैं तो उनकी भी आलोचना शुरू हो गई, एक दम उन्माद का वातावरण था।

भारत ने पूरा संयम खो दिया था। जहाँ पूर्व में सेना को आदेश था बिना गोली चले गोली नहीं चलाना है "Not to fire unless fired upon" उसे बदल कर नया आदेश दिया गया कि यदि चीनी सैनिक खतरनाक ढंग से भारतीय सैन्य चौकी के पास आते हैं तो गोली चला दी जाए "If comes dengeorously close." Forward policy के अनुसार भारतीय सेना अपने दावे के अनुसार चीनी सैनिक चैकियों के सामांनान्तरण साधन विहीन जीर्ण–शीर्ष चौकियाँ स्थापित कर रही थी। भारत ने विसैन्यीकरण का जो प्रस्ताव दिया उसके अनुसार भारत एवं चीन पूरे विवादित क्षेत्र को खाली कर दें तथा चीन सिंकियांग तिब्बत राजमार्ग को भी खाली कर दे। भारत इतनी ही छूट देगा कि चीन उस राजमार्ग का प्रयोग असैनिक कार्य के लिए कर सकेगा। चीन ने कहा कि यह प्रस्ताव पूरी तरह तर्कहीन एवं आव्यावहारिक है। फिर भी यदि भारत इस प्रस्ताव के प्रति गंभीर है तो समरूप कार्रवाई करते हुए भारत चीनी मानचित्र में दिखाए जा रहे दक्षिण हिमालय में पूरे नेफा (अरूणाचल प्रदेश) को खाली कर दे। **हम स्पष्ट बता देना चाहते है कि हम आपके**

अधीन नहीं है और न आपकी धमकी के आगे झुकेंगे। भारत अब खुले आम युद्ध की धमकी देने लगा था, चीन द्वारा अक्साई चीन पर दृढ़ रूख रखने के कारण भारत में यह धारणा बनने लगी थी कि अग्रिम मोर्चो की ओर आगे बढ़ने की नीति को और जोर–शोर से लागू करने की जरूरत है नेहरू जी के सैन्य नीति की चहुँ ओर प्रशंसा हो रही थी। पंडित नेहरू की तुलना नेपोलियन से हो रही थी। जिन सैनिक चौकियाँ को स्थापित किया गया था उसे नक्शे पर दिखाकर बताया जा रहा था कि हम चीन से 2500 वर्गमील का क्षेत्र छीन चुके हैं। एक आध आबाज ऐसी भी थी जो वास्तविक स्थिति बयान कर रही थी। रोमेश थापर ने E.P.W. 16.08.1962 के अंक में लिखा कि लद्दाख में भारतीय सेना से 10 गुणा ज्यादा चीनी सैनिक हैं और हमसे बेहतर स्थिति में हैं। लेकिन कोई सुनने वाला नहीं था। आम जन में यही धारणा थी कि चीनी निम्न स्तर के भूखे और कमजोर है।

21 जुलाई को चिपचाप घाटी में चीनी एवं भारतीय सैनिकों की भिड़ंत हो गई। दो भारतीय सैनिक मारे गए। चीन ने उसी दिन विरोध पत्र दिया। कहा कि हमारे चौकियों को घेरा जा रहा है। हम पर हमला किया जा रहा है। हम माँग करते हैं कि हम पर हमला बंद हो अगर भारत हमारी चेतावनी पर ध्यान नहीं देता है तो परिणाम की जिम्मेबारी भारत पर होगी। **हम भारत के साथ युद्ध नहीं चाहते हैं और मानते है कि भारत–चीन सीमा विवाद का एक मात्र समाधान वार्ता है।**

भारत ने इसका उत्तर 26 जुलाई को दिया और कई बिन्दुओं को स्पष्ट किया। भारत चीन युद्ध अब कुछ ही हफ्ते दूर था। अतः इस पत्र का अत्यधिक महत्त्व हैं–

(1) पहली बात यह कि इस पत्र में भारत सरकार की भाषा सौहार्द पूर्ण थी।

(2) पत्र में कहा गया कि 1956 के चीनी मानचित्र में जो चीन की सीमा दिखाई गई है 1960 के संयुक्त कार्य दल की बैठक में चीनी अधिकारी उससे आगे तक दावा कर रहे हैं और चीनी सेना उसी अनुरूप आगे बढ़ आई है।

(3) इस पत्र में एक संकेत था कि यद्यपि भारतीय पक्ष चीन के 1956 के मानचित्रों में दिखाए गए सीमा को स्वीकार नहीं करते है, तथापि यदि चीन 1956 की सीमा पर वापस चली जाए तो वार्ता के लिए उपयुक्त माहौल बन सकता है। यह भारत के रूख में एक बड़े परिवर्तन का संकेत था, लेकिन,

(4) इन सभी किन्तु–परंतु के बीच भारतीय पक्ष यही था कि चीन हमारे 1959 के मानचित्र के अनुसार पूरा अक्साई चीन सिकियांग तिब्बत राजमार्ग सहित को विसैन्यीकृत कर दें। यानी खाली कर दें।

चीन का उत्तर भी उतना ही सौहार्दपूर्ण था। चीन ने भारत के अक्साई चीन खाली करने की शर्त्त को अस्वीकार कर दिया। कहा कि यह संभव नहीं है कि हम अपने ही भू–भाग से एक तरफा वापसी करें, लेकिन भारत सरकार के इस प्रस्ताव को स्वीकार करते हैं कि संयुक्त अधिकारी स्तर कार्य दल के निष्कर्षों पर आगे वार्ता हो और इस तह की वार्ता प्रारंभ करने की कोई पूर्व शर्त्तें नहीं हों। हमारा पक्ष है कि यदि मात्र भारतीय सेना चीनी क्षेत्र में घुसपैठ बंद कर दें, तो स्थिति तुरंत तनाव मुक्त हो सकती है। भारत या चीन कोई युद्ध नहीं चाहता है और सीमा समस्या का शांतिपूर्ण हल चाहता है। आवश्यकता है संयुक्त कार्य दल की वार्ता प्रारंभ की जाए। यह वार्ता किस स्तर पर हो। कब हो और कहाँ हो यह कूटनीतिक माध्यम से तय किया जा सकता है। स्पष्ट संकेत था कि यदि हम समाधान की ओर बढ़ते है। तो चीन द्वारा 1956 की रेखा स्वीकार की जा सकती है।

चीन का यह शांति प्रस्ताव इतना खुला एवं स्पष्ट था कि इसने पंडित नेहरू के शांतिपूर्ण सह–अस्तित्व के प्रचार की हवा निकाल दी। अब इससे अधिक लचीला रूख कोई विपक्षी दे नहीं सकता था। यदि चीन के साथ विवाद को बढ़ाना था तो पंडित नेहरू के पास अपने पुराने माँग पर लौटना ही था। और वहीं उन्होंने किया भी वे अपने इस शर्त्त पर अडिग थे कि चीन पूरे अक्साई चीन एवं तिब्बत राजमार्ग को खाली करें। पंडित नेहरू के इस माँग का व्यावहारिक रूप यह था कि जहाँ भारत को दमचोक का एक छोटा इलाका खाली करना पड़ता, वहीं चीन को पूरा अक्साई चीन सहित सिकियांग तिब्बत राजमार्ग को खाली करना पड़ता। जो न सिर्फ चीन के लिए अति महत्त्वपूर्ण था बल्कि चीन को तिब्बत से जोड़ने वाला एक मात्र राजमार्ग था। चीन उस प्रस्ताव को कई बार अस्वीकृत कर चुका था। चीन के मुख्य पत्र पिपुल्स डेली ने लिखा कि "मैकमोहन रेखा के दक्षिण का क्षेत्र भारत के पास है। चीन अक्साई चीन का इलाका खाली कर देगा तो वार्ता किस बात पर होगी," किसी ने व्यंग्य करते हुए कहा कि **पंडित नेहरू चीन द्वारा किए जाने वाले आत्मसमर्पण के संबंध में बात करना चाहते हैं, यही वह बिन्दु है जहाँ सामान्य तर्क बुद्धि यह नहीं समझ पाती है कि "एक निर्जन प्रदेश जिसके** आगे–पीछे भारत का कोई सामरिक हित नहीं है जिसके भारत की भूमि होने का कोई ठोस प्रमाण नहीं है के लिए एक निर्बल सेना को युद्ध में क्यों भेज रहे थे, और यहीं पर अन्तर्राष्ट्रीय कारणों का संदेह होता है। तिब्बत में अमेरिका की विध्वंसकारी गतिविधियाँ पूर्ववत् जारी

थी। क्या यह सब अमेरकियों का षड़यंत्र था जो नेहरू को तिब्बत के प्रश्न पर चीन से उलझ रहे थे? क्योंकि नेहरू की यह माँग कि चीन **सिकियांग तिब्बत राजमार्ग को खाली कर दे उसी तरह था जैसे कोई कहें कि भारत पठानकोट श्रीनगर राजमार्ग या श्रीनगर लेह मार्ग को खाली कर दें। क्या पंडित नेहरू** तिब्बत को चीन से काटना चाहते थे?

सेना मुख्यालय के लगातार दबाव के बाद भारतीय सेना 1962 की गर्मियों तक पोंगांग, सो झील से लेकर स्पांगुर गैप, चिपचाप घाटी में करीब 40 पोस्ट स्थापित कर चुके थे। ये सभी अत्यन्त दयनीय स्थिति में थी। कहीं 8/10 कहीं 30/40 सैनिक भोजन एवं अन्य आवश्यकताओं के लिए पूरी तरह हवाई मार्ग पर निर्भर। प्रायः चौकियाँ घाटी में थी और पूरी तरह चीनी सैनिकों की नजरों में, कई बार भारतीय सेना की सामग्री चीन के पोस्ट में गिर जाती थी। वे कभी दे देते थे, कभी विरोध करते थे। कभी सामग्री ऐसे दरारों में गिर जाती थी जहाँ से निकालना संभव नहीं होता था। इन कठिनाईयों के बाद भी भारत माँ के लाडले वीर सैनिक मरने मारने को तैयार थे।

अगस्त, 1962 में पंडित नेहरू को यह लगने लगा था कि यदि युद्ध हुआ तो भारत को अपमानजनक हार का सामना करना पड़ेगा। 14.08.1962 भारतीय लोक सभा पंडित नेहरू, "ये सही है कि हमने लद्दाख में चौकियाँ स्थापित की हैं, हमारे चौकियाँ पर हमले का भय है लेकिन ये महत्त्व की बात नहीं है। महत्त्व की बात यह है कि हमने खतरा उठाया है। आगे बढ़े है और चीनियों के घुसपैठ को रोक दिया है। अगर चीनी सेना चाहे तो हमारे कुछ चौकियों पर कब्जा कर सकती है। इसका मतलब यह नहीं है कि हम हार जाएँगे। हम कठिनाईयों में भी लड़ेंगें और बहादुरी से लड़ेंगें। पता नहीं यह देश प्रेम था या युद्ध प्रेम **कवि वर रामधारी सिंह दिनकर कुरूक्षेत्र में** –

"प्रत्यय किसी बूढ़े कुटिल नीतिज्ञ का जो आप तो लड़ता नहीं कटवा किशोरों, को मगर आश्वस्त होकर सोचता शोणित बहा लेकिन गई बच लाज सारे देश की।"

लेकिन पश्चिमी कमान के कमांडर दौलत सिंह अपने जवानों को एक अविवेकपूर्ण युद्ध और प्रत्यक्ष हार में बलिदान करने को तैयार नहीं थे उन्होंने सेना मुख्यालय को लिखा, "पहाड़ियों के नीचे स्थापित हमारी चौकियाँ असहाय हैं। चीनी ऊँचाइयों पर कब्जा जमाए बैठे हैं, सैन्य शक्ति के आधार पर हमारे पास जो है हम उसकी रक्षा करने की स्थिति में नहीं हैं, चीनियों को हटाने की तो बात छोड़ ही दी जाए। अतः चीनियों को किसी तरह का

उकसावा देना उचित नहीं है। इसके बाद दौलत सिंह ने जो लिखा उस सच को आज तक छिपाया गया है। लेफ्टिनेन्ट जनरल दौलत सिंह ने लिखा हमारा तीन साल 1959 से अगस्त, 1962 का अनुभव है कि चीन हमसे युद्ध नहीं चाहता हैं यदि हम यथास्थिति बनाए रखते हैं तो लेकिन अक्साई चीन उनके लिए बहुत महत्त्वपूर्ण है। यह उनका रणनीतिक राजमार्ग है। उस राजमार्ग पर किसी तरह के खतरा को चीन बहुत गंभीरता से लेगा और कठोर प्रतिक्रिया देगा। जब तक हम चीन की बराबरी के लिए 4 ब्रिगेड की एक डीविजन की एक सेना नहीं जुटा लेते है। **आगे बढ़ो की नीति बंद कर देनी चाहिए और चीन से राजनैतिक वार्ता होनी चाहिए। हमें गलवान घाटी में घिरे अपने सैनिकों को पीछे करना चाहिए। चीन इसमें बाधा नहीं डालेगा गलवान में हमारे सैनिक पूरी तरह घिरे हुए हैं।**

जनरल दौलत सिंह पुरानी पीढ़ी के सेना नायक थे। उन्होंने राजनैतिक नेतृत्व को आईना दिखाते हुए लिखा **राजनैतिक दिशा सेना की ताकत पर निर्धारित होनी चाहिए अगर सैन्य ताकत और राजनीतिक दिशा में समन्वय नहीं रहेगा तो भय है कि हम एक ऐसी खतरनाक स्थिति में होंगे जहाँ भौतिक और नैतिक रूप से आज जिस स्थिति में है उससे भी ज्यादा निम्न स्तर पर होंगे। भारतीय भू–भाग पर चीनी दावे को चुनौती देने के लिए सैन्य क्षमता में बृद्धि एक दीर्घकालीन प्रक्रिया है।**

भारत चीन युद्ध रोकने का इससे सटीक और वास्तविक प्रयास नहीं हो सकता था। यह कथन उस प्रसिद्ध उक्ति की तरह था जो जर्मन जनरल ने हिटलर को कहा था, **"बाद में यह नहीं कहिएगा कि मैंने आपको कहा नहीं था।"** भारत अब निश्चित राष्ट्रीय संकट की ओर था। लगभग तीन सप्ताह बाद सेना मुख्यालय से सितम्बर, 1962 में दौलत सिंह को उत्तर आया परिस्थितियों ने हमारे आगे बढ़ो की नीति को सही ठहराया है। हमारे दावे की मजबूती के लिए इस नीति का जारी रहना आवश्यक है। अगर हम पर युद्ध थोप ही दिया गया तो इन्हीं परिस्थितियों में जो भी संभव होगा करेंगे। यह युद्ध का शंखनाद था, रणभेरी बज चुकी थी युद्ध अब चन्द हफ्तों की दूरी पर था।

युद्ध एवं युद्ध विराम

पश्चिम हिमालय में लद्दाख–तिब्बत सीमा 1962 की गर्मियों में सैन्य टकराव झेल रही थी। वहीं उत्तर पूर्वी सीमा जो लोंगझू की घटना के बाद से शांत था। वह भी गर्माने लगा था। दिसम्बर, 1961 में आगे बढ़ों की नीति लागू होने के पूर्व तक भारतीय सेना मैकमोहन रेखा के दो तीन मील पीछे ही गश्त करती थी, लेकिन आगे बढ़ो की नीति ने पूरे परिदृश्य को बदल दिया। सेना को आदेश गया कि जहाँ तक संभव हो मैक मोहन रेखा तक सैन्य चौकियाँ स्थापित की जाएँ और चौकियाँ के बीच सैन्य गश्त होता रहे वास्तविकता यह थी कि पश्चिमी हिमालय की तुलना में पूर्वी हिमालय में यातायात, आपूर्त्ति, संचार, समन्वय आदि की समस्या ज्यादा कठिन थी। लद्दाख की सीमा अपेक्षाकृत अधिक समतल है, जबकि पूर्वी हिमालय में पर्वत श्रृंखला मैकमो. हन रेखा के समानंतर नहीं बल्कि उस पर सीधी तिरछी है। परिणामस्वरूप जहाँ दूरी कम भी है वहाँ लगातार कई घाटियों को पार करना पड़ता था। कई सीमावर्त्ती स्थानों पर पहुँचने के लिए 5, 6 दिन की पद यात्रा करनी पड़ती थी। पूरा क्षेत्र घने जंगलों से आच्छादित था। मौसम इतना बेरहम एवं अनिश्चित था कि हवाई मार्ग जो एक मात्र साधन था प्रायः बाधित होता रहता था। गिराई गई सामग्री का बड़ा हिस्सा भटक कर नष्ट हो जाता था। कई सैन्य चौकियों पर भुखमरी की स्थिति हो जाती थी। पश्चिमी क्षेत्र के कमांडर दौलत सिंह की तरह जब 33वीं कोर के सेना नायक उमराव सिंह ने सेना की समस्या को उठाया तो फरवरी, 1962 में जनरल बृज मोहन कॉल स्वयं आसाम के दौरे पर आए और सैनिक कमांडरों को आदेश दिया कि अन्तर्राष्ट्रीय सीमा पर चौकियाँ स्थापित की जाएँ। बिना स्थानीय कमांडरों को विश्वास में लिए सैनिक मानचित्रों पर सेना मुख्यालय ने ही तय कर दिया कि सैन्य चौकियाँ कहाँ–कहाँ स्थापित की जानी हैं येन–केन–प्रकारेण जून, 1962 तक मैकमोहन रेखा पर कुल 24 चौकियाँ स्थापित की जा चुकी थीं जिनकी आपूर्त्ति, यातायात और संचार सब भगवान भरोसे था।

उत्तरी सीमा पर लद्दाख में जहाँ किसी तरह एक ब्रिगेड सेना जमा की गई थी वहीं उत्तर पूर्व में स्थिति निम्न प्रकार थी

पूर्वी कमान पूरी उत्तरी पूर्वी सीमा

↓

लेफ्टिनेन्ट जनरल एल.पी.सेन

↓

33वीं कोर शिलांग उत्तर पूर्वी सीमा नागालैंड सहित

↓

जनरल उमराव सिंह

↓

4वीं डिवीजन तेजपुर मेजर जनरल निरंजन प्रसाद

↓

तवांग दिरांग जोंग बोमडिला नवगाँव

1959 के अगस्त में जिस प्रकार का विवाद लोंगजू में मैकमोहन रेखा की वास्तविक स्थिति एवं व्यावहारिक स्थिति को लेकर हुआ था जब भारतीय सेना ने सुविधा की दृष्टि से चौकी सारी नदी के किनारे स्थापित किया जो वास्तव में भारत चीन सीमा मैकमोहन रेखा के उत्तर में था और इस कारण चीन का एक गाँव भारतीय चौकी के पीछे आ गया। दोनो पक्षों में तनाव बढ़ गया। गोलीबारी हो गई और दो भारतीय सैनिक वीर गति को प्राप्त हो गए उससे भी अधिक गंभीर विवाद उत्तर पूर्व में भारत, भूटान, चीन तीन मुहान सीमा पर हो गई। यों तो मैकमोहन एक उच्च कोटि के सर्वेक्षक थे और उनके द्वारा खींची रेखा को बिना किसी परिभाषा एवं विवरणी के पढ़ा एवं समझा जा सकता है, लेकिन कहीं–कहीं वास्तविक आँकड़ों की कमी या समयाभाव के कारण अशुद्धि भी रह गई है। इस त्रिमुहान पर भी यही हुआ। इस त्रिमुहान पर जल प्रवाह एवं शिखर की चोटी के अनुरूप सीमा थांगला पर्वत श्रृंखला शिखर पर होनी चाहिए, लेकिन 24 मार्च, 1914 को भारत एवं तिब्बत के बीच जिस मानचित्र की स्वीकृति हस्ताक्षर एवं आदान–प्रदान हुआ उसमें प्रारंभिक बिन्दु 27044'30" उत्तर दिखाया गया जो थांगला श्रृंखला शिखर के दक्षिण तांगधार पर्वत श्रृंखला पर थी। जून, 1962 में भारतीय सेना ने उसी तंगधार पर्वत श्रृंखला के उत्तरी दलान पर ढ़ोला चौकी की स्थापना की। चीनी सेना ने तुरंत आपत्ति की और कहा कि आप मैकमोहन रेखा पार कर हमारी सीमा में घुसपैठ कर रहे हैं। लेकिन भारतीय पक्ष (33वीं कोर के सेना नायक उमराव सिंह के मना करने के बाद भी) ढोला चौकी पर डटी रहीं और यह कहती रही कि हमारी सीमा थागला चोटी तक है, जब

कि ढोला चौकी कोई रणनीति चौकी भी नहीं था। यह नामकाचू घाटी मे थांगला चोटी के ठीक दक्षिण नीचे था। भरतीय पक्ष को यदि अपनी सीमा थांगला चोटी पर ही रखनी थी तो यह चौकी को भी थांगला चोटी पर ही स्थापित करनी चाहिए थी, लेकिन यह शायद इनके क्षमता के बाहर था। जहाँ चीन ने मैकमोहन रेखा तक कच्ची सड़क बना रखी थी वहाँ भारतीय चौकी पूरी तरह हवाई आपूर्त्ति पर निर्भर थी। भारतीय पक्ष इस बात पर विमर्श ही करता रह गया कि चौकी थांगला चोटी पर रखी जाए। तब तक 8 सितंबर को 200 चीनियों ने भारतीय चौकी पर गोलाबारी प्रारंभ कर दी। साथ ही थांगला श्रृंखला चोटी पर भी अपनी चौकी स्थापित कर ली। जब स्थानीय भारतीय कमांडरों ने कहा कि **यह चौकी चीनी क्षेत्र चे दोंग में है** और हमें पीछे हटना चाहिए तो ऊपर से आदेश गया यथास्थिति बनाए रखी जाए। भारत के प्रधानमंत्री एवं रक्षा मंत्री का यह दृढ़ मत था कि जिस भूमि पर भारतीय सेना अपने पाँव रख देगी, वह क्षेत्र भारत का हो जाएगा। निर्णय की घड़ी पास आ रही थी और भारतीय तंत्र बेखबर था 16 सितम्बर को चीनी विदेश मंत्रालय ने भारत सरकार को एक विरोध पत्र दिया जिसमें कहा गया कि पिछले तीन वर्षों से भारतीय सेना मैकमोहन रेखा के उत्तर पहले कि नमाझे में, फिर थांगला में और अब चे दोंग में लगातार चीन की सीमा का अतिक्रमण कर रही है। ऊपर वर्णित स्थान निश्चित रूप से मैकमोहन रेखा के उत्तर में है। इस घुसपैठ के विरूद्ध की गई चीनी का. र्रवाई की पूरी जिम्मेवारी भारत की होगी। विवाद की बजह यह भी थी कि भारतीय जिसे ढोला समझ रही थी वह चीनी क्षेत्र चे दोंग था। ढोला वहाँ से थोड़ा नीचे दक्षिण पूर्व में था। मार्च, 1914 में तिब्बती एवं भारतीय दल द्व ारा स्वीकृत मैकमोहन रेखा को थांगला पर्वत श्रृंखला के शिखर पर रखने या मानचित्र पर दिखाए गए बिंदु पर रखने के प्रश्न पर 1960 में दोनों देशों के अधिकारियों के कार्यदल में भी विमर्श हुआ था। लेकिन चीन ने थांगला चोटी पर सीमा रेखा को स्वीकार नहीं किया था, भारत का अब भी यही कहना था कि मैकमोहन जलग्रहण क्षेत्र के अनुसार सीमा सबसे ऊँची चोटी के शिखर पर रखे थे। अतः हमारी सीमा थांगला श्रृंखला ही है। 8 सितम्बर को ढोला चौकी पर हुई गोलाबारी के बाद 9 सितम्बर को प्रधानमंत्री लंदन में थे। दिल्ली में रक्षा मंत्री, वित्त मंत्री सैनिक एवं असैनिक अधिकारियों की बैठक हुई। आश्चर्यजनक रूप से बृज मोहन कॉल और उसकी चौकड़ी ने यह भ्रम फैला रखा कि लद्दाख का बदला नेफा में लेंगे। जबकि उत्तर पूर्व सीमा पर तुलनात्मक रूप से भारत की स्थिति ज्यादा खराब थी। जिस समय ढोला चौकी को घेर कर चीनी सैनिक गोलाबारी कर रहे थे। उस समय जनरल

कॉल कश्मीर में छुट्टियाँ मना रहे थे, इस प्रकार प्रधानमंत्री की अनुपस्थिति एवं बिना मंत्री परिषद की स्वीकृति एवं कई सैनिक कमांडरों की असहमति के बाद भी सेना मुख्यालय ने पूर्वी कमान को यह आदेश दे दिया जिसे "Operation leg horn" का नाम देकर चीनी सैनिकों के विरूद्ध बल प्रयोग की स्वीकृति दे दी गई। यह स्पष्ट रूप से युद्ध को प्रत्यक्ष निमंत्रण था। लखनऊ स्थित पूर्वी कमान ने भी यही आदेश शिलांग स्थित 33वीं कोर को अग्रसारित कर दिया।

12 सितम्बर को 33वीं कोर के सेना नायक जनरल उमराव सिंह पूरी स्थिति की समीक्षा कर लखनऊ कमांड मुख्यालय को लिखा **"तवांग सेक्टर में चीनी सैनिक काफी संख्या में मौजूद हैं। हम उनका मुकाबला नहीं कर सकते हैं। अतः ढोला चौकी को तीन मील पीछे मैकमोहन रेखा पर रखा जाए। हमारे सैनिकों के पास ना कपड़ा है, ना राशन। आपूर्त्ति का एक मात्र साधन वायुयान है। जो किसी भी तरह पर्याप्त नहीं है, यदि मुकाबला करना ही है तो कम से कम एक बटालियन सेना और भेजी जाए तथा ढोला चौकी से तीन मील पीछे मैकमोहन रेखा के दक्षिण मोर्चा बंदी की जाए, ताकि यदि चीनी सैनिक आगे बढ़ते हैं तो उन्हें रोका जा सके।"** यह स्थिति की एकदम सठीक व्याख्या थी तथा युद्ध रोकने का अन्तिम प्रयास भी। सेना की स्थिति इतनी हास्यास्पद थी कि 33वीं कोर के पास कोई रिजर्व सेना नहीं थी। अग्रिम मोर्चों पर तैनात सैनिकों के बाद भारतीय सेना की निकटतम उपस्थिति वहां से हजारों किलो मीटर दूर पंजाब में थी।

12 सितम्बर को जनरल उमराव सिंह के सैन्य विश्लेषण पर विमर्श एवं कार्रवाई तो नहीं ही हुई। 12 सितम्बर को ही पूर्वी कमान प्रमुख L.P. Sen तेजपुर पहुँच गए और 4वीं डीविजन के सेना नायकों को आदेश दिया कि **मैकमोहन रेखा को अपने दिमाग से निकाल दें। हमारी सीमा थांगला की चोटियों पर है और वही हमारी सीमा है और इस क्षेत्र से चीनी सैनिकों को बाहर करना है, जब जनरल उमराव सिंह ने कहा कि यह कार्य भारतीय सेना की क्षमता के बाहर है। इसे दर्ज कर लिया जाए तो जनरल सेन ने पुनः उसी आदेश को दुहरा दिया।**

14 सितम्बर, 1962 को सेना मुख्यालय ने 9/पंजाब को सीधे आदेश दिया कि 19 सितम्बर तक थांगला की चोटियों पर कब्जा कर लिया जाए। 15 सितम्बर को 9/पंजाब कुख्यात नामका चू नामके एक तीव्र बहाव वाले

नदी/नाले के किनारे वृक्षों द्वारा बनाए गए पुलों के किनारे अपनी चौकियाँ स्थापित करने लगे। इन सभी भारतीय सैनिकों के पास मात्र 30/50 राउण्ड गोलियों थी, उस समय 7वीं ब्रिगेड की एक बटालियन I सिक्ख सेला दर्रा पर एक बटालियन 1/9 गोरखा मिसमारी में थी और वे अपने रेजिमेन्ट में लौटने का इन्तजार कर रहे थे। वे पिछले तीन वर्षों से सीमा पर तैनात थे और गोरखा अपने मुख्य त्यौहार दुर्गा पूजा मनाने की तैयारी कर रहे थे।

15 सितम्बर को जब 9/पंजाब नामकां चू नदी के किनारे चौकियाँ स्थापित कर रहे थे। उस समय फील्ड कमांडरों ब्रिगेडियर दलवी, जनरल निरंजन प्रसाद एवं कोर कमांडर जनरल उमराव सिंह स्पष्ट रूप से जान रहे थे एवं कह रहे थे कि थांगला की चोटियों से चीनी सैनिकों को पीछे हटाना संभव नहीं है।

22 सितम्बर को सेना मुख्यालय में बैठक हुई। उस समय तक जनरल थापर को वास्तविकता का एहसास होने लगा था, वे यों तो नहीं मानते थे कि सेना थांगला रिज से चीनियों को नहीं हटा सकती है लेकिन उनको पक्का पता था कि यदि हम नेफा में कोई कार्रवाई करेंगे तो चीन सेना लद्दाख के मोर्चे पर गलवान सहित सभी भारतीय चौकियों को रौंद डालेगा। भारत के दुर्भाग्य से दिल्ली दरबार में रक्षा तथा विदेश मंत्रालय के अन्दर एक चौकड़ी सक्रिय थी और जिसका नेतृत्व संभवतः खुफिया प्रमुख बी.एन. मल्लिक कर रहे थे। उनके द्वारा यह भ्रम फैलाया गया था कि भारत की विश्व में शांति रक्षक की जो छवि है और हम संयुक्त राष्ट्र में जो चीन का पक्ष रख रहे हैं उसके कारण चीन भारत पर कभी प्रति आक्रमण नहीं करेगा। चीन के सभी प्रतिरोध को नजरअंदाज किया जा रहा था। चीन के सभी प्रतिरोधों, पत्रों, बयानों शांति प्रस्तावों को इस तरह नाकार देना एक राजनैतिक भूल थी या यह एक अन्तर्राष्ट्रीय षड़यंत्र था। जैसा आज ताइवान में हो रहा हैं। यह जाँच का विषय होना चाहिए इसके दो बड़े प्रत्यक्ष कारण हैं।

(1) खुफिया प्रमुख बी.एन. मल्लिक के भारत स्थित सी.आई.ए. प्रमुख से बड़े गहरे संबंध थे।

(2) जब 22 सितम्बर की बैठक के बाद सेना प्रमुख जनरल थापर ने कहा कि थांगला रिज से चीनी सेना को हटाने के लिखित आदेश चाहिए तो बिना प्रधानमंत्री या वित्त मंत्री या रक्षा मंत्री या मंत्रिपरिषद की सुरक्षा समिति या मंत्री परिषद की स्वीकृति के रक्षा मंत्रालय के एक कनीय अधिकारी एस.सी. सरीन के हस्ताक्षर में कुछ ही घंटों में आदेश जारी कर दिया गया। ''जैसा कि पूर्व के बैठकों में विमर्श होता रहा है कि जितनी जल्दी हो सके चीनियों को बाहर कर दिया जाए, अब सेना प्रमुख को निर्देश दिया जाता है

कि नेफा के केभेंग सीमा क्षेत्र से चीनी सैनिकों को बाहर कर दिया जाए" यह एक बहुत बड़ा निर्णय था। **यह युद्ध की कार्रवाई का आदेश था। यह लक्ष्मण रेखा को पार करने का निर्णय था और जाँच का विषय है कि सभी महत्त्वपूर्ण मंत्रियों की जानकारी के बिना इस आदेश को पारित करने के पीछे किसका हाथ था, क्योंकि इस तरह का आदेश भारतीय नौकरशाही में एक कनीय अधिकारी कभी भी नहीं पारित करेगा।**

जनरल थापर के समक्ष भी निर्णायक घड़ी आ चुकी थी। वे जानते थे और सेना प्रमुख होने के नाते उन्हें पता था कि थांगला रिज पर भारतीय सेना की कार्रवाई पर चीनी सेना जो प्रतिक्रिया देगी भारतीय सेना उसका सामना नहीं कर पाएगी। उनको चुनना था अपने सैनिकों की सुरक्षा या राजनैतिक मालिकों की चाटुकारिता, के बीच दुर्भाग्वश उन्होंने दूसरे विकल्प को चुना। रक्षा विभाग से पारित आदेश को उन्होंने सीधे अपने नीचे पूर्वी कमान को और पूर्वी कमान ने यही आदेश 33वीं कोर को भेज दिया तो जनरल उमराव सिंह IV डिवीजन को निम्नांकित आदेश दिए–

(1) नामका चू नदी के उत्तरी किनारे से चीनी सैनिकों को बाहर कर देना है।

(2) थांगला शिखर पर कब्जा रखना है।

(3) सांगले तक यानी भारत भूटान चीन तिनमुहान तक गश्ती करनी है।

जिस समय उत्तर पूर्वी सीमा पर यह सब घटनाक्रम चल रहा था उत्तरी सीमा लद्दाख में भी स्थिति खराब होती जा रही थी। भारतीय सैन्य चौकियों पर दवाब बढ़ाने के लिए चीनी सैनिक भारतीय चौकी की सुरक्षा दीवार के बाहर एयरड्रोप होने वाली आपूर्त्ति को जप्त कर ले रहे थे, भारतीय सैन्य चौकियों का अस्तित्व खतरे में था। 22 सितम्बर को सेना मुख्यालय ने यह भी आदेश दिया कि यदि चौकी के ड्रोपिंग जोन तक सैनिक आते हैं तो उसे गोली मार दी जाए और यदि चीनी हमला करते हैं तो मुकाबला किया जाए।

उत्तर पूर्वी सीमा पर 26 सितम्बर को जनरल उमराव सिंह लिम्पू पहुँचे। वहाँ ब्रिगेडियर दलवी एवं जनरल प्रसाद के साथ विमर्श में यह तय हुआ कि थांगला के दक्षिण में चीन की लगभग एक ब्रिगेड सेना तैनात है और चीनी सेना को थांगला रिज से बाहर करना सैनिक रूप से असंभव है। अतः जब तक तंगधार में पर्याप्त राशन आयुध आदि संग्रह नहीं कर लेते है, सेना आगे नहीं बढ़ेगी। 29 सितम्बर को जनरल उमराव सिंह ने कमांड मुख्यालय पहुँच कर जनरल सेन को सारी बातें स्पष्ट रूप से बता दी। जनरल सेन के

नहीं मानने पर उमराव सिंह ने 30 सितम्बर को लिखित रूप से अपना विरोध दर्ज करा दिया उनके अनुसार –

(1) ऑपरेशन लेग हार्न (जिसका उद्देश्य चीनियों को भारतीय दावा क्षेत्र से बाहर करना था) लागू करना संभव नहीं है।

(2) सैनिकों के लिए गर्म कपड़े, पर्याप्त राशन रहने को छावनी एवं आयुध भंडार चाहिए।

(3) युद्ध में जीत की संभावना एवं सैनिकों को जीवित बचने की आशा होनी चाहिए।

जनरल आउचन लेंक के प्रसिद्ध उक्ति "यदि तुम्हारे जीत की संभावना नहीं है तो आक्रमण मत करो यह सैनिकों की हत्या के समान है। **देश, सेना, सत्य और न्याय के पक्ष में खड़ा होना भविष्य में जनरल उमराव सिंह को बहुत मँहगा पड़ने वाला था।**

02 अक्टूबर को गाँधी जयंती के दिन प्रधानमंत्री लम्बे विदेश प्रवास के बाद स्वदेश लौट आए, रक्षा मंत्री भी स्वदेश वापस आ चुके थे जनरल कॉल भी कश्मीर से छुट्टियाँ मनाकर लौट आए थे। जनरल थापर एवं सेन उमराव सिंह को हटाने का मन बना चुके थे। उन्होंने रक्षा मंत्री से इसकी अनुमति माँगी रक्षा मंत्री ने अनुमति दे भी दी। कठिनाई यह थी कि यदि उमराव सिंह को तेरहवीं कोर से हटाया जाता तो सेना एवं देश में यह संदेश जाता कि कुछ गलत हो रहा है। अनेक विकल्पों पर विचार करने के बाद यह रास्ता निकाला गया कि नेफा में भारत चीन सीमा के सुरक्षा की जिम्मेबारी 33वीं कोर से लेकर एक नई IV कोर का गठन कर दिया जाए और उसका कोर कमांडर जनरल बृज मोहन कॉल को बना दिया जाए और ऑपरेशन लेग हार्न यानी थांगला रिज से चीनियों को बाहर करने की जिम्मेबारी उसी की होगी। अगले दिन देश के समाचार पत्रों में यह खबर प्रमुखता से छपी। **"चीनियों को बाहर करने के लिए विशेष बल गठित, जनरल कॉल नेफा का कमान संभालेंगे"** जबकि उस समय तक 4वीं कोर मात्र सरकार की फाईलों और चिट्ठियों में सीमित था। जमीन पर उसका कोई अस्तित्व ही नहीं था, चीन ने इन खबरों पर प्रतिक्रिया देते हुए कहा कि भारत युद्ध की तैयारी काफी समय पहले से कर रहा था। जबकि पिछले महीने ऑपरेशन लेंग हार्न लागू किए जाने के बाद भी नेफा में सेना की स्थिति पूर्ववत दयनीय बनी हुई थी– तवांग में – 7वीं बिग्रेड के लिम्पु चले जाने के बाद स्थिति–

(1) एक आर्टलरी ब्रिगेड।

(2) दो इन्फेनटरी बटालियन 1/सिक्ख, एवं 4/गढ़वाल ढोला नाम काचू,

9/पंजाब एवं 2/राजपूत की एक–एक कम्पनी।

(3) लिम्पू– 2/राजपूत की दो कम्पनी 9/गोरखा कुछ मोर्टार कुछ मशीनगन

4/ग्रनेडियर जो 9 अक्टूबर को लिम्पू पहुँची। नेफा के अन्य क्षेत्रों में 3वीं ब्रिगेड की 6 बटालियन जहाँ–तहाँ फैली हुई थी।

7वीं ब्रिगेड जो अग्रिम मोर्चे पर थी उसके ब्रिगेडियर जॉन दलवी अपनी पुस्तक हिमालयन वल्डंर्स में लिखते है। कि 2/राजपूत बटालियन एवं 9/गोरखा बटालियन के सैनिकों का इतना बुरा हाल था कि न उनके पास गर्म कपड़ा था, ना राशन और न ठंड बिताने के लिए कोई छाँव। खुले में रहने और सेला दर्रे की चढ़ाई पार करने के रास्ते में ही कई सैनिकों की मृत्यु फेफड़ा फेल हो जाने के कारण हो गई।

04 अक्टूबर को नए कोर कमांडर बृज मोहन कॉल तेजपुर पहुँचे और सैन्य प्रोटोकॉल के विपरीत वहाँ उनके तत्कालीन बॉस पूर्वी कमान के कमांडर सेन स्वागत में खड़े थे। सेना के इतिहास की शायद यह एकमात्र घटना है। जब वरीय कनीय के स्वागत में थे।

05 अक्टूबर को कॉल लिम्पू पहुँचे जहाँ ब्रिगेडियर दलवी की अनुपस्थिति में ब्रिगेड मेजर खरबंदा ने उनको जानकारी दी कि हमारे पास ना कपड़ा है, ना राशन, ना पर्याप्त हथियार और गोला बारूद। हवाई जहाज से जो सामग्री गिराई जाती है उसका 70% घने जंगलों में गुम होकर बर्बाद हो जाता है। जनरल कॉल ने स्पष्ट कहा सामग्री को ठीक से ढूंढिए या भूखों मरिए। दोनों बटालियन 2/राजपूत और 1/9 गोरखा को कारपोला दर्रा होते हुए तंगधार और वहाँ से ढोला क्षेत्र में पहुँचने का आदेश हुआ। 16000 फीट की ऊँचाई पर स्थित कारपोला दर्रा पार करना इतना कठिन था कि दर्रा पार कर तंगधार पहुँचते–पहुँचते ही कई सैनिकों की मृत्यु हो गई।

06 अक्टूबर को जनरल कॉल ने सीधे सेना मुख्यालय को संदेश भेजा (पूर्वी कमान को छोड़ते हुए) थांगला चोटी पर चीनी सैनिक संख्या बल में उपस्थित हैं और वे भारी तोप, मोर्टार रोक्वाईलोंस गन, स्वचालित राइफलों से लैस हैं तथा उनके पीछे चीनी सेना की एक पूरी रेजीमेन्ट है। इन कठिनाईयों के बावजूद मैं भारतीय सेना को इकट्ठा कर रहा हूँ और 10 अक्टूबर तक ऑपरेशन लेग हार्न प्रारंभ हो जाएगा। हम पूरी कोशिश कर रहे है कि चीनियों के विरूद्ध अपना लक्ष्य प्राप्त कर लें। लेकिन यह भी संभावना है कि चीनी भारतीय सेना को रौंद दे। अतः वायुसेना को सतर्क रहने को

कहा जाए ताकि स्थिति से निपटा जा सके। जनरल कॉल हाथुंगला पहाड़ की चढ़ाई पर नहीं चल पा रहे थे तो एक तिब्बती कुली की पीठ पर चढ़कर 7 अक्टूबर की दोपहर थांगला क्षेत्र में पहुँचे। नाम का चू एक अति तीव्र पहड़ी नदी है जिसके दक्षिणी किनारे पर भारतीय चौकी के पीछे हाथुंगला की पहाड़ियाँ है। यह पूरा इलाका घने वन से आच्छादित है और आवागमन अत्यन्त कठिन है। 7 अक्टूबर की संध्या जनरल कॉल ने पुनः सेनाध्यक्ष को सीधे संदेश भेजा जिसमें पूर्ववत कठिनाईयाँ गिनाते हुए कहा कि इन सभी कठिनाईयों के बाद भी हम आपके एवं सरकार के द्वारा दिए गए आदेश को पूरा करने के लिए कृत संकल्प हैं। संभावना है कि हम युद्ध में सफल हो जाते हैं तो चीनी सेना प्रति आक्रमण करेगी और उसका सामना करने में हम सक्षम नहीं होंगे। अतः इस क्षेत्र में और सेना भेजी जाए तथा हवाई संसाधन भी बढ़ाए जाएं जब तक ऑपरेशन लेग हार्न पूरा नहीं होता है। मैं 7वीं ब्रिगेड के साथ ही रहूँगा। पूर्व में भारतीय राजनीतिक नेतृत्व एवं जनरल कॉल को जो भ्रम था कि चीन प्रति आक्रमण नहीं करेगा यह भ्रम अब टूटने लगा था। चीनी सेना की भारी उपस्थिति उनके आयुध, आवागमन एवं आपूर्त्ति की स्थिति देखकर यह सहज अंदाज लगाया जा सकता था कि वे युद्ध के लिए तैयार हैं, चीनी सेना की मोर्चा बंदी भी हमसे बेहतर थी हम पहाड़ी के नीचे थे वे ऊपर से लगातार नजर रख रहे थे। हमारे सैनिकों के पास आयुध के नाम पर मात्र कमर पाउच में गोलियाँ थी, जनरल कॉल जब सेना मुख्यालय को यह कह रहे थे कि हम सेना इकट्ठा कर रहे हैं तो चीफ ऑफ जनरल स्टाफ होने के नाते (जिस पद पर वो अभी भी कार्यरत थे) उन्हें पता था कि नेफा से 1000 किलोमीटर की दूरी तक कोई सैन्य बल उपलब्ध नहीं था, ल्हासा के भारतीय वाणिज्य दूतावास द्वारा भारत सरकार को एक संदेश प्राप्त हुआ कि "डिविजनल स्तर का आर्टलरी एवं हेवी मोर्टार मैकमोहन रेखा के उत्तर थांगला में इकट्ठा हो रहे हैं और सैनिक आपस में बात कर रहें है कि तवांग पर आक्रमण करना हैं।" सरकार ने बिना किसी प्रतिक्रिया के सेना को और सेना ने उसे नीचे भेज दिया।

08 अक्टूबर को जनरल कॉल ने सभी सैन्य कमांडरों के विरोध के बावजूद ऑपरेशन लेंग हार्न की शुरूआत कर दी। 2/राजपूत एवं 1/9 गोरखा को तंगधार से आगे बढ़कर नामका चू नदी के (Log Bridge) संख्या III एवं V पर मोर्चा लगाने का आदेश दिया।

09 अक्टूबर को जनरल कॉल ने 2/राजपूत को नाम का चू नदी पार कर चीनी चौकी के पीछे अपनी चौकी स्थापित करने का आदेश दिया। यह आदेश सुनकर सभी अधिकारी स्तब्ध रह गए क्योंकि वहाँ जाने के लिए उन्हें

चीनी चौकियों के बीच से गुजरना पड़ता और चीनी उन्हें समाप्त कर सकते थे। साथ ही ब्रिगेडियर दलवी एवं निरंजन प्रसाद ने साफ कर दिया 16000 फीट की इस ऊँचाई पर गर्म कपड़ों के बिना सेना बिना युद्ध किए ठंड से ही यमतोला दर्रे पर मर जाएगी। लेकिन जनरल कॉल अपनी बात पर अड़े रहे। अंत में यह सहमति बनी की पूरी बटालियन को भेजने के पहले 9/पंजाब का एक गश्ती दल सेंग जोंग तक भेजा जाए, और रात्रि विश्राम के बाद 9 अक्टूबर की सुबह 2/राजपूत लट्ठ पुल (Log Bridge) IV पर नदी पार करें।

9/पंजाब का एक पलाटून लगभग 50 सैनिक दोपहर तक नदी पार कर संध्या सेंग जोंग तक पहुँचे। पलाटून कमांडर ने एक टुकड़ी को पहाड़ी के ऊपर मशीनगन के साथ सुरक्षा के लिए तैनात कर दिया। उसी दिन सेना प्रमुख थापर की ओर से जनरल कॉल को संदेश मिला कि सरकार को उनपर विश्वास एवं गर्व है, उन्होंने अन्य कमांडरों को गलत साबित कर दिया है। जनरल कॉल ने उस रात अपने संदेश में कहा कि किस तरह हमारी रणनीतिक चतुरता के आगे दुश्मन विफल हो गए और हम उनके पीछे की पहाड़ी पर पहुँच गए।

जनरल कॉल के इस समझ पर जनरल निरंजन प्रसाद ने एक सटीक टिप्पणी की और कहा, ''महार्मूख'' उस दिन चीनियों ने कोई प्रतिक्रिया नहीं दी। उत्तर पूर्व में सुबह जल्दी सूरज निकलता है, अगले दिन प्रातः 5 बजे 10 अक्टूबर को चीनी सेना ने सेंग जोंग की भारतीय चौकी पर भीषण गोलाबारी की। हमारे 6 सैनिक मारे गए। कॉल के सपनों का महल पल भर में धराशायी हो चुका था। कॉल के शब्द ''हम सचमुच में कठिनाईयों का आकलन नहीं कर पाए'' तथा यह कह कर कि पंडित नेहरू को इसकी जानकारी देनी होगी। हम चीनियों को नहीं हटा सकते हैं। ऑपरेशन लेग हार्न स्थगित करना होगा। युद्ध भूमि से निकल लिए, चीनी सेना भी पंजाबियों के मशीन की रेंज में आ गए थे और उन्हें भी भारी नुकसान उठाना पड़ा, ब्रिगेडियर दलवी ने यह देखकर कि यदि मुख्य दल की ओर से गोलाबारी की गई तो पूरी बटालियन समाप्त हो जाएगी। अतः 9/पंजाब को सेंग जोंग में लड़ाई बंद कर पीछे हटने का आदेश दिया। चीनी सेना ने भी पीछे हटते पंजाबियों पर फायरिंग नहीं की, 18000 फीट की ऊँचाई पर भारत चीन के बीच लड़ी गई यह पहली लड़ाई थी। इस लड़ाई ने जहाँ भारत के इस भ्रम को कि चीन किसी स्थिति में अतिक्रमण नहीं करेगा तोड़ दिया। वहीं चीन को भी समझ आ गया कि भारतीय सेना भले ही साधन हीन है लेकिन वीरता एवं युद्ध कौशल में प्रवीण है। जनरल कॉल पैदल नहीं चल पा रहे थे। उन्हें डोली के सहारे हाथुंगला दर्रे से नीचे उतारा गया। कॉल 11 अक्टूबर को

प्रधानमंत्री से मिले वहाँ सेना एवं नौकरशाही के उच्च अधिकारी भी थे। कॉल ने सेंग जोंग की लड़ाई का पूरा ब्यौरा दिया। पंडित नेहरू ने अभी भी रक्षा मामलों की मंत्रिमंडलीय उप समिति या मंत्रिपरिषद को सूचना देना आवश्यक नहीं समझा। उस बैठक में किसने क्या कहा इसका विवरण रखा ही नहीं गया या बाद में नष्ट कर दिया गया। लेकिन ऊपरी तौर पर यह बताया गया कि आगे क्या करना है यह सेना तय करेगी और अगले दिन वहीं हुआ जो नहीं होना चाहिए था। आदेश हुआ कि 7वीं ब्रिगेड नाम का चू क्षेत्र में बनी रहेगी जबकि यह सैन्य दृष्टि से आत्मघाती कदम था। 7वीं ब्रिगेड को दक्षिण में पीछे हटकर तंगधार या लिम्पू में मोर्चा लगाना चाहिए था। जब यह खबर 7वीं ब्रिगेड तक पहुँची तो सन्नाटा छा गया। सबको लगा कि अब आपदा आ पहुँची है। यह एक सैन्य नहीं राजनैतिक निर्णय था और शक है कि यह प्रधानमंत्री के इशारे पर लिया गया था। यह संदेश इसलिए भी पुष्ट होता है क्योंकि 13 अक्टूबर को प्रधानमंत्री ने दिल्ली हवाई अड्डे पर श्रीलंका की यात्रा पर रवाना होते समय कह दिया कि "सेना को आदेश है कि हमारी सीमाओं को खाली करें" "Throw the Chinese out" जब पत्रकार ने पूछा कब तक तो प्रधानमंत्री ने कहा कि हम कोई तिथि निर्धारित नहीं कर सकते हैं। यह पूरी तरह सेना पर निर्भर है। चीनी संख्या बल में अधिक हैं, ऊँचाई पर हैं और उनके सैन्य अड्डे भी नजदीक में हैं।" पंडित नेहरू का यह बयान भ्रमित करने वाला था। सच्चाई यह थी कि ऑपरेशन लेग हार्न समाप्त हो चुका था। थांगला की चोटी से चीनी चौकी को हटाना भारतीय सेना के सामर्थ्य के बाहर था। भारतीय सेना सेंग जोंग के मोर्चे से पीछे हट चुकी थी, अगली सुबह के देशी एवं विदेशी समाचार पत्रों में पंडित नेहरू के व्यक्तव्य का पूरा स्वागत हुआ। स्टेटमेन ने लिखा कि, "भारतीय सेना को आदेश दिया गया है कि चीनी सेना को भारत की सीमा के बाहर खदेड़ दें और जब तक चीनी इस क्षेत्र से बाहर नहीं जाते हैं उनके साथ कोई वार्ता नहीं होगी। एक अमरीकी अखबार ने लिखा कि भारतीय प्रधानमंत्री ने भारतीय सेना को चीन पर आक्रमण की स्वीकृति दे दी है। चीन में भी पंडित नेहरू के इस व्यक्तव्य पर नकारात्मक प्रतिक्रिया हुई। लेकिन 10 अक्टूबर को लगभग 30 चीनी सैनिकों के मारे जाने के बाद भी चीन की प्रतिक्रिया संतुलित थी। पीपुल्स डेली ने लिखा कि अभी भी वक्त है भारत इस खतरे से हटे और भारतीय सेना को अपने राजनैतिक जुआ का मोहरा नहीं बनाएं।

आसन्न टकराव को देखते हुए चीन में भी उच्च स्तर पर विचार विमर्श चल रहा था। यों तो जुलाई में जेनेवा में भारतीय रक्षा मंत्री एवं चीनी विदेश मंत्री

की बातचीत में भारत के अटल रवैये को देखते हुए स्पष्ट था कि पंडित नेहरू चीन के साथ टकराव चाहते हैं लेकिन माओं त्से तुंग किसी भी तरह भारत से टकराना नहीं चाहते थे। लेकिन 6 अगस्त के भारत के प्रतिरोध पत्र में बातचीत के सभी संभावनाओं को समाप्त कर दिया। भारत द्वारा लद्दाख क्षेत्र में अग्रिम मोर्चो पर लगातार स्थापित की जा रही चौकियों ने चीन को उकसाने का कार्य किया। वहीं 6 सितम्बर को चे दोंग (दोला) चौकी (थांगला पर्वत के दक्षिण) की स्थापना के बाद चीनियों के पास युद्ध का विकल्प ही बचा था। आखिर में हम देखें चीन के समक्ष इस युद्ध से बचने के क्या–क्या विकल्प थे?

(1) भारत के प्रस्ताव को मानकर पूरा अक्साई चीन खाली कर दे तथा तिब्बत की संधि करने की संप्रभुता शक्ति को मान्यता देकर मैकमोहन रेखा को स्वीकार कर ले एवं शांति कर ले।

(2) भारतीय दावे के अनुसार भारतीय सेना की आगे बढ़ो नीति को रोकने के लिए पूरे भारत–चीन की 3500 किलोमीटर लंबी सीमा पर प्रतिकूल जलवायु में वर्षभर सतत् चौकसी एवं सैनिक जमावड़ा रखने का अत्यधिक खर्च वहन करें।

(3) भारत पर एक निर्णायक हमला कर उसे स्पष्ट कर दे कि विवाद का हल वार्ता ही है।

चीन सिंकियांग तिब्बत राजमार्ग को खाली कर देगा यह कभी संभव नहीं था।

दूसरा विकल्प 3500 किलोमीटर सीमा पर सेना को 365 दिन युद्ध के लिए तैयार रखना अत्यधिक खर्चीला एवं दुरूह था। अतः चीन के समक्ष युद्ध ही एकमात्र विकल्प था।

17 अक्टूबर को आत्म रक्षा हेतु प्रति आक्रमण करने की शक्ति लाल सेना को दे दी गई। 18 अक्टूबर को चीनी सैन्य आयोग ने इसको स्वीकृत कर दिया।

18 अक्टूबर को ही फेफड़े के दर्द एवं साँस लेने की कठिनाई को देखते हुए नेफा के कोर कमांडर जनरल कॉल को तेजपुर से दिल्ली लाना पड़ा। उनके घर पर ही उनकी चिकित्सा होने लगी और वे अपने शयन कक्ष में लगे बड़े–बड़े मानचित्रों के सहारे सैन्य संचालन करने लगे।

19 अक्टूबर को थांगला रिज के दक्षिणी ढलानों पर चीनी सैन्य गतिविधियाँ अत्याधिक बढ़ गई थी। संध्या तक चीनी सेना आक्रमण के लिए तैयार थी। नाम का चू नदी के दक्षिण किनारे फँसी हुई 7वीं ब्रिगेड पर फंदा पूरी तरह कसा जा चुका था।

पूर्व में उजाला जल्दी फैलता है। लेकिन 20 अक्टूबर की सुबह भारत माता के सपूत रण बांकुरों के लिए यह एक काली सुबह थी। प्रातः 5 बजे दो तेज रोशनी वाले पटाखे छोड़े गए यह आक्रमण का संकेत था और इसके साथ ही लगभग 150 मशीन गनों और मोर्टारों से भारतीय चौकियों पर गोलाबारी की जाने लगी। उस दिन नाम का चू नदी का जलस्तर भी कम हो गया था भारतीय सेना भीषण गोलाबारी झेल रही थी। भारतीय चौकियों पर आग बरस रही थी, लगभग 1 घंटे बाद पैदल सेना ने आक्रमण शुरू किया मुकाबले पर 2/राजपूत की तीन कम्पनी और 1/9 गोरखा की दो कम्पनी वह भी आधे अधूरे लगभग 600 जवान। इससे भी बड़ी त्रासदी इनके पास लड़ने के साधन ही नहीं थे। चीन की ओर से आक्रमण पर कम से कम दो हजार सैनिक थे हमला चौतरफा था। चीनी सेना की एक ब्रिगेड तंगधार की ओर बढ़ रही थी। एक टुकड़ी रिवनमाझे की ओर बढ़ रही थी। एक टुकड़ी हाथुंगला दर्रे की ओर बढ़ रही थी। एक टुकड़ी 2/राजपूत और 1/9 गोरखा के पीछे जाकर दोनों बटालियन को अलग थलग कर दिया। युद्ध में न भारत के पास कोई रणनीति थी ना नेतृत्व। भारत के वीर सपूत छोटे–छोटे टुकड़ों में बँटकर अपने अधिकारियों के साथ दुश्मनों से भिड़ गए। चारों ओर लाशें बिछने लगीं लेफ्टिनेंट कर्नल रीध् के नेतृत्व में भारतीय सैनिकों ने दो चीनी हमलों को विफल कर दिया। जमादार विश्वास के नेतृत्व में जवानों ने चीन के तीसरे आक्रमण को भी विफल कर दिया। लेकिन रण बांकुरों की संख्या घटती जा रही थी। जब रणभूमि वीरों के रक्त से लाल हो गई तो मेजर गुरबक्स सिंह बचे खुचे सैनिकों को लेकर चीनियों पर टूट पड़े। लेफ्टिनेंट कर्नल रीध अंत तक लड़े और अचेता अवस्था में चीनी सेना ने उन्हें गिरफ्तार कर लिया। कैप्टन भाटिया वीर गति को प्राप्त हुए। बंकर पर अन्तिम हमले में भूप सिंह अचेतावस्था में पकड़े गए। अस्थाई पुल पर नायक रोहन सिंह चीनियों का सामना तब तक करते रहे जब तक एक भी जवान जीवित था।

सुबेदार दशरथ सिंह ने अपने पलाटून के साथ तीन बार चीनी आक्रमण को विफल कर दिया। जब सभी गोलियाँ खत्म हो गई तो बचे हुए छः जवानों के साथ दुश्मन पर बायनेट लेकर टूट पड़े। 4 और जवान वीर गति को प्राप्त हुए। तीन पकड़े गए।

तीन चीनी आक्रमणों को विफल करने के बाद जमादार बोस के पलटन में जब 10 सैनिक बचे तो सभी सैनिकों ने चीनियों पर शारीरिक रूप से हमला कर दिया और दुश्मन को मारते हुए अपना सर्वोच्च बलिदान दिया।

मेजर आर.के. पंत ने अद्भुत साहस एवं वीरता का परिचय दिया। जैसे ही चीनियों ने गोलाबारी शुरू की मेजर पंत ने अपने सैनिकों से कहा आज अवसर आ गया है कि हम वीरता का नया अध्यय लिखेंगे और चीनियों को बता देंगे कि राजपूतों को वीर क्यों कहा जाता है। तीन बार चीनियों के आक्रमण को विफल करने के बाद जब दुश्मन की ओर से भीषण गोलाबारी होने लगी मेजर पंत घायल हो गए। उनके अन्तिम शब्द थे, "राजपूत जवानों तुम अपनी मृतभूमि पर न्योछावर होने के लिए पैदा हुए थे। ईश्वर ने इस छोटी सी नदी को तुम्हारे वीर गति के लिए चुना है। उठो और सच्चे राजपूत की तरह लड़ों।" मेजर पंत के दल के 112 में 82 जवान वीर गति को प्राप्त हुए एक पुत्र अपनी मातृभूमि के लिए उससे अधिक क्या कर सकता है? गुरखा भी उतनी ही बहादुरी से लड़े और वीर गति को प्राप्त हुए। 9/पंजाब और 4/ग्रेनेडियर जब हाथुंगला की ओर पीछे हट रहे थे चीनियों ने उन्हें भारी क्षति पहुँचाई। उन्हें दुःख इस बात का था, उन्हें लड़ने का मौका ही नहीं मिला वे सब उच्च कोटि के लड़ाके थे। कुछ वीर गति को प्राप्त हुए। कुछ भूटान की सीमा में चले गए। सांगले चौकी जो जनरल कॉल और रक्षा मंत्री के आदेश पर चीनियों को घेरने के लिए स्थापित की गई थी इस पर हमला ही नहीं हुआ संभवतः चीनी मानचित्र के अनुसार वह भूटान की सीमा में था, फलस्वरूप बचे सैनिक पीछे हटते हुए भूटान के रास्ते वापस आ गए। प्रातः 8 बजे तक तीन घंटों में ही भारत की सभी चौकियों ध्वस्त हो चुकी थी, **2/राजपूत की संख्या 513 थी 282 वीर गति को प्राप्त हुए। 81 घायलों को लेकर कुल 171 गिरफ्तार हुए। 60 जवान बचे, 9/गोरखा के 80 जवान वीर गति को प्राप्त हुए। 44 घायल कुल 171 गिरफ्तार हुए प्रातः 8 बजे 7वीं ब्रिगेड का अस्तित्व समाप्त हो चुका था उनके 493 जवान वीर गति को प्राप्त हुए थे।**

चीनियों का अगला निशाना तंगधार था वहाँ भी वे प्रातः 5 बजे से ही गोलाबारी कर रहे थे। नाम का चू के बाद 9 बजे तंगधार पर जमीनी हमला शुरू हुआ चीनियों ने एक भारतीय हेलिकोप्टर को मार गिराया जिसमें मेजर राम सिंह वीर गति को प्राप्त हुए। तंगधार में भारतीय जवानों ने दो बार चीनी हमले को विफल कर दिया। चीनी सेना ने दुबारा संगठित होकर भारतीय सेना के मोर्टार पोजीशन पर हमला किया। चौकी का गोला बारूद खत्म हो रहा था। चीनियों ने चौथी बार हमला किया यहाँ के युद्ध में पाराशूट ब्रिगेड

के लड़ाकों ने अद्भुत वीरता एवं अदम्य साहस का परिचय दिया संध्या 4 बजे तक भारतीय प्रतिरोध समाप्त हो गया। **7वीं ब्रिगेड एवं थांगला रिज की लड़ाई का अंत हो चुका था।**

जब 7वीं ब्रिगेड के सर्वनाश की खबरें देशवासियों को मिली तो दुःख और आक्रोश की लहर फैल गई। पूरा देश शोक मग्न था लेकिन भारतीय रक्षा मंत्री निश्चिंत थे। रक्षा मंत्री ने पत्रकार सम्मेलन में कहा कि जिस तरह चीनी सेना आगे बढ़ रही है। पता नहीं कहाँ तक जाएगी। पंडित नेहरू का सारा बड़बोलापन हवा हो चुका था। लेकिन उन्होंने स्वयं उनके चाटुकारों और राष्ट्रीय मीडिया ने चीन विरोधी एक ऐसा उन्माद फैला रखा था कि पंडित नेहरू से यह पूछने वाला कोई नहीं था कि हमारे जवानों को बिना कपड़े, बिना खाना, बिना आयुध एक ऐसे युद्ध में क्यूं भेजा गया जिसमें उन्हें अपने प्राण उत्सर्ग करने के पूर्व अपना शौर्य दिखाने की मौका ही नहीं मिला। इसके विपरीत यह हवा फैलाई गई की चीन ने दोस्ती की आड़ में हमारे पीठ में छूरा भोका है। पंडित नेहरू को इन बातों से कोई सरोकार नहीं था। वे अपने एजेण्डे पर कार्य करते हुए चीन के विरूद्ध राष्ट्रीय एवं अन्तर्राष्ट्रीय जनमंत तैयार करने में लगे हुए थे। अब देश के सामने यक्ष प्रश्न था कि पीछे हटती हुई भारतीय सेना रक्षा मोर्चा कहां पर लगाए इसमें काफी परिपक्वता की आवश्यकता थी। लेकिन थापर और सेन जैसे चापलूस जनरल कृष्णा मेनन को खुश करने के लिए तवांग पर मोर्चा लेने का प्रस्ताव कर रहे थे जिसका निरंजन प्रसाद ने डटकर विरोध किया। हालाँकि बाद में जनरल प्रसाद को भी भुगतना पड़ा।

23 अक्टूबर को पुनः चीनी सेना ने पूरे मोर्चे पर बढ़ना शुरू कर दिया। तवांग के सैनिकों को पीछे हटकर बोम डिला आने का आदेश दिया जा चुका था। 20 अक्टूबर को जो चीनी सैन्य टुकड़ी नामका चू नदी पार कर तंगधार तक आ गई थी, वहीं टुकड़ी 23 अक्टूबर को तवांग से 10 किलोमीटर दूर बूमला तक आ गई। एक दूसरी टुकड़ी रिवनमाझे की ओर से बढ़ती हुई इस दल से मिल गई एवं अन्य टुकड़ी बूमला के नीचे आ गई। तवांग दोनों तरफ से घिर गया और तवांग का पतन हो गया। जनरल कॉल चीन हमले के सुबह ही अपना पद त्याग चुके थे। 4वीं डिवीजन के अधिकारी का मत था हम चीनी सेना को बोमडिला में चुनौती देंगे जो मैदानी इलाकों के करीब है। लेकिन कृष्णा मेनन ने फिर हस्तक्षेप किया और कहा कि मोर्चा सेला दर्रे पर लगाया जाए। 4वीं कोर के ब्रिगेडियर जनरल के.के. सिंह ने स्पष्ट कहा

कि हम सेला दर्रे पर मोर्चा नहीं लगा सकते हैं, लेकिन सेना मुख्यालय ने उसके सभी आपत्तियों को अस्वीकार कर दिया। सेला दर्रे पर रक्षात्मक मोर्चा लगाना एक आत्मघाती कदम था। यह दर्रा 14000 फीट की ऊँचाई पर था और वहाँ आपूर्त्ति एवं आवागमन अत्यन्त मुश्किल था। वहाँ पर मात्र वायुयान से ही सामग्री की आपूर्त्ति की जा सकती थी। यानी पुनः एक अपमानजनक हार की पटकथा लिखी जा चुकी थी। जब कि बोमडिला सड़क मार्ग से जुड़ा था पर अभी नियति और खेल–खेल रही थी।

24–25 अक्टूबर को तवांग पर कब्जा के बाद नेफा क्षेत्र में चीनी सेना की बढ़त रुक गई थी और लद्दाख सीमा पर हमले में तेजी आ गई थी और भारतीय चौकियाँ पर हमला हो रहा था। 20 अक्टूबर को गलवान चौकी को समाप्त करने के बाद 21 अक्टूबर को पेंगांग सो लेक के उत्तर में भारतीय चौकी को नष्ट कर दिया।

इधर राजनैतिक एवं कूटनीतिक स्तर पर 20 अक्टूबर को चीनी रक्षा मंत्रालय ने एक बयान जारी कर भारत पर नामका चू, गलवान एवं चिपचाप घाटी में चीन पर आक्रमण करने का आरोप लगाया तथा कहा कि प्रति उत्तर में चीनी सेना ने रक्षात्मक प्रतिकार करते हुए चीनी भू–भाग में स्थित भारतीय सैन्य चौकियों का नष्ट कर दिया।

बीजिंग से उनके विदेश मंत्रालय ने पुनः 24 अक्टूबर को बयान जारी कर भारत के साथ सीमा विवाद की व्याख्या करते हुए कहा कि पिछले तीन महीनों में भारत ने तीन बार बिना शर्त्त बातचीत के प्रस्ताव को ठुकरा दिया एवं भारतीय प्रधानमंत्री ने सार्वजनिक रूप से भारतीय सेना को भारतीय सीमा क्षेत्र मुक्त करने का आदेश दिया। हम स्पष्ट करना चाहते है कि सीमा समस्या का बलपूर्वक समाधान नहीं हो सकता है। हम शांतिपूर्ण समाधान के लिए प्रस्ताव करते हैं कि –

(1) दोनों पक्षों को स्वीकार करना होगा कि सीमा समस्या का शांतिपूर्ण समाधान ही एक मात्र विकल्प है। दोनों पक्ष नवंबर 1959 के वास्तविक नियंत्रण रेखा का सम्मान करते हुए अपनी सेना को 20–20 किलोमीटर पीछे कर लें।

(2) यदि भारत इसे स्वीकार करता है तो चीनी सेना मैकमोहन रेखा के उत्तर चली जाएगी।

(3) मैत्रीपूर्ण समाधान के लिए दोनों पक्ष दिल्ली या बीजिंग में मिल सकते हैं।

चीनी प्रधानमंत्री चाऊ एन लाई ने उसी दिन पंडित नेहरू को पत्र लिखकर इन प्रस्तावों को दुहराते हुए कहा, हमें विवाद नहीं करते हुए युद्ध रोकना चाहिए।

इसमें नया कुछ नहीं था। चीनी प्रधानमंत्री के 7 नवंबर, 1959 के पत्र में भी यही बातें थी। नया सिर्फ यह था कि चीनी सेना अब भारतीय सेना के अनुसार मैकमोहन रेखा को पार कर हाथुंगला दर्रा पर आ चुकी थी जबकि चीन के अनुसार मैकमोहन रेखा हाथूंगला दर्रा तक ही है और चीन उसे ही सीमा एवं मैकमोहन रेखा मानता है।

प्रस्ताव स्पष्ट था कि चीनी सेना थांगला रिज के 20 किलोमीटर पीछे चली जाएगी और भारतीय सेना ढोला चौकी रिवनमाझे खाली कर दे लद्दाख सीमा पर भारतीय सेना 1961 के अग्रिम मोर्चे की नीति के पहले की चौकियों पर चली जाएं यानी गलवान एवं चिपचाप घाटी की चौकियों को खाली कर दें, भारतीय विदेश मंत्रालय ने चीनी प्रधान मंत्री के पत्र पहुँचने के पहले ही इसे अस्वीकार कर दिया। कह दिया कि सितम्बर, 1962 के बाद चीनी सेना 50–60 किलोमीटर भारतीय सीमा में आ गई है और अब 20 किलोमीटर पीछे हटने की बात कर रहा है। जबकि चीन के प्रस्ताव में नवंबर 1959 की बात की गई थी और स्पष्ट था कि 7 नवबंर, 1959 की जो स्थिति थी उसे ही नियंत्रण रेखा मानी जाए, भारत का प्रति उत्तर था कि यदि आप शांति प्रस्ताव के प्रति गंभीर है तो 8 सितंबर, 1962 की स्थिति बहाल करें। यानी चीनी सेना थांगला रिज के पीछे उत्तर की ओर चली जाएं और भारतीय सेना ढोला, नामका चू, रिवनमाझे आदि का नियंत्रण ले लेगी तथा लद्दाख में गलवान एवं चिपचाप घाटी की अपनी चौकियों पर वापस आ जाएगी। भारत अपने पूर्व के 6 अक्टूबर के प्रस्ताव पर ही अड़ा था। 22 अक्टूबर पंडित नेहरू रूसी राष्ट्रपति खुश्चेब को लिखे पत्र में अपने रुख को काफी कड़ा कर चुके थे और कहा कि हमने चीन के लिए बहुत कुछ किया है इसके अलावा भी विश्व शांति आदि की अनेक बातें की और स्पष्ट कर दिया कि 8 सितंबर, 1962 के पूर्व की स्थिति बहाल किए बिना शांति स्थापना की दिशा में प्रगति नहीं हो सकती है। खुश्चेब ने पंडित नेहरू का काफी मान मनोबल करते हुए सलाह दिया कि पीछे की नहीं आगे की सोचिए और चाऊ एन लाई के प्रस्ताव को स्वीकार कर शांति वार्ता शुरू कीजिए। आप हमारे पड़ोसी हैं और चीन भी हमारा पड़ोसी है और भाई हैं। खुश्चेब ने इसी 31 अक्टूबर वाले पत्र में प्रसिद्ध पड़ोसी एवं भाई वाली बात कही।

22 अक्टूबर को पंडित नेहरू ने राष्ट्र को संबोधित किया। सदा की तरह इसमें भी उन्होंने कई सैद्धान्तिक बातें की और एक बात ऐसी कह दी जो

सर्वथा अवांछनीय थी उन्होंने कहा कि "आज मेरा दिल आसाम के लोगों के साथ हैं।" उसको एक तरह से उत्तर पूर्व को विदा कहना था उसका बड़ा ही गलत प्रभाव पड़ा। पूरे उत्तर पूर्व में दहशत का माहौल हो गया। असमाजिक तत्व सक्रिय हो गए। कहीं भगदड़, पलायन, कहीं लूटपाट होने लगा। बाद में इसे राष्ट्रीय सम्बोधन के प्रारूप से हटा दिया गया और कहा गया कि प्रधानमंत्री ने ऐसा नहीं कहा था। लेकिन कई ऐसे लोग है। जैसे ए.एस. भसीन उनके अनुसार पंडित नेहरू ने राष्ट्र को संबोधित करते हुए यह कहा था कि मेरा दिल आसाम के साथ है।

04 नवबंर को चाऊ एन लाई ने पुनः स्पष्ट करते हुए पत्र लिखा, " यथा स्थिति से हमारा मतलब जो नवबंर 1959 के हमारे प्रस्ताव में है, लेकिन यह कि हम थांगला रिज के पीछे चले जाएँ और आप पुनः नामका चू एवं लद्दाख में आक्रमक सेना की तैनाती कर दें यह संभव नहीं है।

"विनाश काले विपरीत बुद्धि" सामान्य रूप से युद्ध की स्थिति में पहले युद्ध विराम और फिर वार्ता होती है लेकिन पंडित नेहरू ने चीनी प्रधानमंत्री के पत्र का जो उत्तर दिया वह बिलकूल उदण्डतापूर्ण था। उन्होंने कहा कि चीन ने यह हमला सोच–विचार कर किया है और चीन प्रस्ताव को स्वीकार करना एक आक्रमणकारी एवं विस्तारवादी चीन के समक्ष आत्मसमर्पण करना होगा, **मतलब नेहरू जी की 1961 की आगे बढ़ो की नीति अपरिवर्तित थी एवं वे भारत–चीन सीमा विवाद को एक रिसता हुआ नासूर बनाने के लिए कृत संकल्पित थे।**

तवांग पर अपनी पकड़ मजबूत करने के बाद पूर्वी मोर्चे पर चीनी सेना रूक गई थी, लेकिन उत्तरी सीमा (लद्दाख) में चीनी सेना भारतीय चौकियों को नष्ट कर रही थी।

अक्टूबर के अंत में देश में चीन विरोधी भावना चरम पर थी, राष्ट्र शोकाकुल था। देश भर के स्कूली बच्चे गाँव में प्रभात फेरी निकाल कर चीन की गद्दारी के नारे लगा रहे थे (जिनमें मैं भी शामिल रहता था)। जगह–जगह जन सभाएँ हो रही थीं स्त्रियां युद्ध कोष के लिए अपने र्स्वणाभूषण दान कर रही थीं लोग अपने गर्म कपड़े स्वेटर आदि इकट्ठा कर मोर्चे पर भेज रहे थे सेना भर्त्ती केन्द्रों पर भारी भीड़ उमड़ रही थी। लोग अपनी मातृभूमि की रक्षा के लिए अपने प्राण उत्सर्ग करने को तैयार थे।

दूसरी ओर पंडित नेहरू अपने झूठ तंत्र को हवा देने में लगे थे। 8 नवंबर को वे संसद में कह रहे थे कि, "हमारी हार इसलिए हुई क्योंकि कमजोर सैन्य स्थिति में रहने के बाद भी 7वीं ब्रिगेड को

पीछे नहीं हटाया और इसका कारण यह था कि हमारे वीर सैनिक पीछे हटने को तैयार ही नहीं थे।" यह सरासर झूठ था। यह एक आपराधिक कृत्य था। सत्य यह था ब्रिगेडियर दलवी, जनरल प्रसाद, जनरल उमराव सिंह सहित 7वीं ब्रिगेड का एक–एक जवान नामका चू की उस मृत्यु की घाटी से निकलना और तंगधार के दक्षिणी ढलानों पर रक्षात्मक मोर्चा लगाना चाहता था। लेकिन पंडित नेहरू और बृज मोहन कॉल ने उन्हें जबरदस्ती मृत्यु के मुँह में धकेल दिया कटु सत्य यही था। यह राष्ट्रद्रोह था। युद्ध अपराध था। लेकिन पंडित नेहरू सदन को बता रहे थे जनरल कॉल के जोड़ का अधिकारी मिलना अत्यंत दुर्लभ है।

20 अक्टूबर को नेफा सीमा पर युद्ध की शुरुआत होते ही जनरल बी.एम. कॉल अवकाश पर चले गए थे। उनके स्थान पर जनरल हर बक्स सिंह को IV वीं कोर का प्रभार दिया गया। यह एक अच्छा निर्णय था। लेकिन इसके साथ ही निरंजन प्रसाद को तवांग में मोर्चा लगाने का विरोध करने के कारण हटाकर कॉल के विश्वस्त पठानिया को IVवीं डिवीजन का प्रभार दिया जा चुका था। नेफा के मोर्चे पर जनरल हर बक्स सिंह के आने के बाद पराजय झेल रही सेना में एक नई आशा एवं मनोबल का संचार हुआ। जनरल सिंह सेना के लिए मरने जीने वाले एक उच्च कोटि के सेना नायक थे।

शुरूआती पराजय के बाद अक्टूबर के अंत में चीनी सेना अपने आपूर्त्ति आवागमन को मजबूत करने में लगी थी। युद्ध में एक शिथिलता थीं भारत में पुनः गंदी राजनीति शुरू हो गई और राष्ट्रीय हित की अनदेखी करके चार दिनों के अन्दर ही 26 अक्टूबर को हर बक्स सिंह को तेरहवीं कोर का प्रभार दे दिया गया। बी.एम. कॉल पुनः नेफा कोर के सर्वेसर्वा बन गए। जब फील्ड कमांडरों ने यह सुना कि पुनः कॉल आ रहे हैं तो उन्होंने माथा पीट लिया। भारतीय तंत्र ने एक तीर से दो शिकार करते हुए तेरहवीं कोर से जनरल उमराव सिंह को दिल्ली बुला लिया और कुछ दिनों के बाद एक संक्षिप्त कार्यवाही करते हुए उन्हें सेवा से बर्खास्त कर दिया गया। उन्हें देश, सत्य, न्याय का साथ देने एवं जनरल बृज मोहन कॉल का लिखित एवं मौखिक विरोध करने का दंड मिल गया था। बर्दाश्त की भी हद होती है। जब ईस्टर्न कमांड प्रमुख जनरल एल.पी. सेन ने कॉल को पुनः मोर्चो पर भेजे जाने का विरोध किया तो जनरल थापर ने कहा कि आदेश ऊपर से आया है **स्पष्ट है कि उस पूरे गंदे खेल के पीछे पंडित नेहरू का हाथ था।**

भारतीय प्रधानमंत्री एवं सेना के सर्वेसर्वा जनरल बृज मोहन कॉल का यह भ्रम का बुरा दौर बीत चुका था जल्द ही समाप्त होने वाला था।

लद्दाख सीमा पर चीन का उद्देश्य स्पष्ट था कि 1960 के भारत चीन सीमा वार्ता में चीन ने जिन क्षेत्रों पर दावा किया है, या भारत ने 1961 के आगे बढ़ों की नीति द्वारा जिन क्षेत्रों पर चौकियाँ बनाई है उन्हें अपने नियंत्रण में ले लिया जाए, यानी चिपचाप घाटी गलवान घाटी देसपांग की पहाड़ियों आदि चीनी नियंत्रण में हों ताकि भारतीय सेना पर नजर रखी जा सके। आज भी यही क्षेत्र भारत–चीन के बीच स्थाई तनाव का कारण बना हुआ है और भारत चीन सीमा विवाद का समग्र हल ही इसका समाधान कर सकता है।

नेफा के मोर्चे पर जनरल थिम्मैया ने एक त्रिस्तीय रक्षा पंक्ति की रणनीति बनाई थी–

(1) सबसे आगे छोटी–छोटी चौकियाँ से चीनी सेना पर नजर रखें और अगर चीनी आगे बढ़ते हैं तो पीछे हटकर (2) थोड़ी मजबूत चौकी से आकर मिल जाए और चीनी सेना को उलझाया जाए।

(3) तीसरी रक्षापंक्ति पीछे हो और जब चीनियों की अपने छावनी और आपूर्त्ति से दूरी हो जाए तो उन पर घेर कर हमला किया जाए।

लेकिन जब युद्ध नीति पर राजनीति हावी हो जाती है तो सैन्य बुद्धि का कोई महत्त्व नहीं रह जाता है पहले हुलियांग और तेजू जो आसाम के मैदानी इलाकों के पास था वहाँ मोर्चा लगाने का निर्णय लिया गया था। उसे बदलकर सेला दर्रा एवं वालोंग में मोर्चा लेने का निर्णय लिया गया, वालोंग में मोर्चा चौकी काफी पहले से थी और अपेक्षाकृत काफी मजबूत भी थी। 21 अक्टूबर के हमले में भी चीनी इस चौकी को नहीं रौंद पाए और उन्हें पीछे हटना पड़ा। लेकिन सेना मुख्यालय पर कब्जा जमाए चाटुकारों ने अपने स्वार्थपरता में एक नया पद सृजित करते हुए वालोंग सीमा का प्रभार IV डिवीजन से अलग कर एक नया II Division बना दिया और निरंजन प्रसाद को हटाकर IV डिवीजन में लाए गए एस.एस. पठानिया के चचेरे भाई एम.एस. पठानिया को इसका प्रभार दे दिया। इसी तरह का जोड़–तोड़ हर जगह चल रहा था। जबतक कनीय अधिकारी यह समझ पाते एवं समझा पाते कि क्या करना है तब तक कमांड ही बदल जाता था। धीरे–धीरे ही सही, नवंबर के मध्य तक 2वीं डिजीवन के पास 3 बटालियन सेना और आसाम राइफल्स की कुछ यूनिट थी वहीं 4वीं डिजीवन के पास 10 बटालियन सेना थी। ये सेना यदि रणनीति रूप से रक्षात्मक मोर्चा लेकर लड़ती तो एक बड़ी ताकत थी। लेकिन

जहाँ एक ब्रिगेड वालोंग क्षेत्र में थी, वहीं 4वीं डिवीजन 60 मील, लम्बे क्षेत्र में आपूर्ति एवं गोला बारूद की समस्या से जूझ रही थी, मशहूर 62वीं बिग्रेड जो (रूसी 62वीं ब्रिगेड जिसने हिटलर को पीटर्सबर्ग की लड़ाई में हटाया था) का हम नाम था और अपनी बहादुरी के लिए जानी जाती थी। सेला दर्रे पर, 5 बटालियन ब्रिगेडियर होशियार सिंह के साथ तैनात थी। डिविजनल मुख्यालय दिरांग जोंग में 63वीं ब्रिगेड की दो बटालियन और 48वीं ब्रिगेड की दो बटालियन बोम डिला में बिखरी हुई थी।

इन्हीं परिस्थितियों के बीच जैसा कि नेफा के फील्ड कमांडरों को शक था कोर कमांडर कॉल और मेजर जनरल पठानिया ने एक अति महत्त्वाकांक्षी विध्वंसक योजना बनाई कि यदि एक बटालियन सेना और मिल जाए तो चीनियों को मैकमोहन रेखा के उत्तर खदेड़ा जा सकता है। तुरंत कार्रवाई शुरू हुई वालोंग के छोटे से हवाई पट्टी पर कनेडियाई परिवहन विभाग लगातार उड़ान भर कर एक बटालियन सेना पहुँचाई गई। 14 नवंबर, 1962 पंडित नेहरू का 73वां जन्मदिन था। जनरल कॉल ने उसी दिन ही आक्रमण का निर्णय लिया। यदि चीनी पीछे खदेड़ दिए जाएं तो पंडित जी के जन्म दिन पर उससे बड़ा उपहार क्या हो सकता था?

चौथी कोर के मुख्यालय तेजपुर में स्टाफ आफिसर्स ने जनरल कॉल की इस योजना का पुरजोर विरोध किया। उनके पास विश्वस्त सूचना थी कि मैकमोहन रेखा के उत्तर वालोंग के सामने एक डिवीजन चीनी सेना तैनात है और इस तरह के किसी दुस्साहस का कड़ा प्रतिरोध होगा। कॉल नहीं माने, 14 नवंबर के प्रातः 6/कुमायूँ की दो कम्पनी ने चीनी चौकी पर हमला किया। चीनी सेना की ओर से की जा रही भारी गोलाबारी के बीच भारतीय रणबाँकुरे 6 घंटे लड़ते रहे। लेकिन चीनी चौकी के पास तक पहुँचते–पहुँचते चुक गए। चीनियों ने प्रतिआक्रमण किया और कुमायूँ कम्पनी का सफाया कर दिया। लगभग 100 जवान वीरगति को प्राप्त हुए। शेष पीछे लौट आए, लेकिन भारतीय मीडिया ने झूठा प्रचार करना शुरू किया। भारतीय सेना बड़ी कार्रवाई कर रही है।

चीनियों ने 6/कुमायूँ का पीछा करते हुए मुख्य भारतीय रक्षा पंक्ति को तोड़ दिया। भारतीय सेना का आयुध भंडार चुकता जा रहा था। 16 नवंबर की प्रातः घोर संग्राम छिड़ गया। भारतीय सेना वीरता से लड़ रही थी, लेकिन कमजोर पड़ती जा रही थी। 10 बजे दिन में सेना को पीछे हटने का आदेश दिया गया। तब तक देरी हो चुकी थी। संचार व्यवस्था के भंग हो जाने के कारण पीछे की चौकियों तक आदेश नहीं पहुँच पाया। वे वीरता से लड़े

और लगभग सभी वीरगति को प्राप्त हुए। भारतीय सेना चीनियों से मुठभेड़ करती हुई पीछे हटकर लोहित नदी पारकर उसके पश्चिमी किनारे पर आना चाह रही थी। उनके पास एक मात्र रस्सी का पुल था। जबकि चीनी रबर की नौका पर सवार थे। बचे खुचे सैनिक भी भारी क्षति उठा रहे थे। संध्या होते–होते लोहित नदी के किनारे 11वीं ब्रिगेड का अस्तित्व समाप्त हो चुका था। 17 नवबंर को इसका वही हश्र हुआ, जो 20 अक्टूबर को नामका चू नदी घाटी में 7वीं ब्रिगेड का हुआ था।

भारतीय सेना को अभी और बुरे दिन देखने थे, "तेजू पहुँचकर जनरल कॉल ने दिल्ली को संदेश भेजा कि चीनी हमला इतना तीव्र एवं चीनी सेना इतनी शक्तिशाली है कि बिना विदेशी सेना के आए इसका आगे बढ़ना नहीं रोका जा सकता है। राजनैतिक नेतृत्व को यह स्पष्ट कर दिया जाए कि यह भय नहीं सत्य है।" **"जनरल कॉल केवल यह छुपा गए कि यह सब उनके ही उकसावे का दुष्परिणाम है।"**

पश्चिमी हिमालय लद्दाख :

जहाँ पूर्वी कमान नेफा के मोर्चे पर हर तरह के संदेह, षड़यंत्र एवं अनिर्णय का शिकार थी उत्तरी कमान लद्दाख के मोर्चे पर ज्यादा स्पष्ट रणनीति पर काम कर रही थी और लेफ्टिनेन्ट जनरल दौलत सिंह अपने सैनिकों को आत्मघाती संघर्षो में बलिदान करने को तैयार नहीं थे। लद्दाख में काराकोरम पर्वत श्रृंखला चाँग चेनयों नदी घाटी के आगे उत्तर पश्चिम से दक्षिण पूर्व की ओर पगांगसो झील तक आती है, इस झील के दक्षिण ऊँचे पहाड़ों की ढलानों पर स्पांगुर झील है और इसके पश्चिम स्पांगुर गैप यह लगभग दो मील चौड़ा है और चुसुल के पठार को तिब्बती पठार से जोड़ता है। इसी स्पांगुर गैप के पश्चिम में है चुसुल युद्ध शुरू होने के पूर्व चुसुल में एक हवाई पट्टी और चुसुल लेह के बीच टसका ला को पार करते हुए लेह तक एक सड़क बन गई थी, सामान्यतः लद्दाख पर्वत श्रृंखला की ऊँचाई 6000 मीटर है और वहाँ जीवन अत्यंत कठिन है।

अक्टूबर के मध्य तक भारत की आगे बढ़ों की नीति के अनुरूप सिरजाप एंव यूला में भारतीय सेना की तीन चौकियाँ स्थापित थीं। सपांगुर गैप की रक्षा में दो कंपनी सेना तैनात थी। जो गुरंग पहाड़ियों एवं मगर पहाड़ियों पर मोर्चा लगाए हुए थी। ये सभी स्थान काफी ऊँचाई पर हैं और सर्दियों के पूर्व से ही जमने लगती है। पेगांग सो लेक के उत्तर सरजाप एवं यूला की चौकियों को चीनी सेना ने सितम्बर के प्रारंभ से ही घेर रखा था। इन चौकियों को आपूर्त्ति पैंगोग लेक के उत्तरी किनारे से नावों द्वारा होती थी। जबकि

चीनी सेना ने अपने पीछे खुरनाक फोर्ट के अड्डे तक सड़क बना रखी थी। अनुमान है कि मात्र चुसुल क्षेत्र में चीन की एक रेजिमेन्ट सेना तैनात थी।

21 अक्टूबर को प्रातः छः बजे सिरजाप चौकियों पर चीनी हमला शुरू हुआ। दो घंटे की लगातार गोलाबारी के बाद पैदल सेना ने हमला किया। भारत के सभी सैनिक मेजर धन सिंह थापा, परमवीरचक्र विजेता के नेतृत्व में अंत तक लड़े। संध्या तक प्रायः कुछ को छोड़कर सभी जवान वीर गति को प्राप्त हुए और भारतीय चौकी समाप्त हो गई। 22 अक्टूबर की संध्या तक पंगांग सो लेक के उत्तरी किनारे पर चीनी सेना का कब्जा हो चुका था, बचे हुए भारतीय सैनिकों ने यूला चौकियों से पीछे हटते हुए गुरंग हिल के पीछे मोर्चा लगाकर चुसुल घाटी की रक्षा में जुट गए। इधर चीनी सेना ने दमचोक घाटी के सभी निकास मार्गों एवं कैलास पर्वत पर कब्जा कर लिया। 21 अक्टूबर से शुरू हुआ चीनी हमला 29 अक्टूबर तक थोड़ा शिथिल हो गया था। चीनी अपनी स्थिति को मजबूत करने में लगे थे।

चीनियों का दूसरा हमला 18 नवंबर को शुरू हुआ। प्रातः 6 बजे सपांगुर मगरहिल, गुरंग हिल रंजांग ला की चौकियों पर भीषण गोला बारी होने लगी इसके अलावे चुसुल की हवाई पट्टी भी चीनियों के निशाने पर थी। हमला इतना तीव्र था कि 9 बजते –बजते रंजांग ला एवं गुरंग हिल के एक हिस्से का पतन हो गया। लेकिन यहीं पर **भारतीय सेना ने वीरता का इतिहास लिख दिया। 13/कुमायूँ की सी कम्पनी ने परमवीर चक्र विजेता मेजर शैतान सिंह भाटी के नेतृत्व में चीनी सेना के दाँत खट्टे कर दिए। लगभग 300 चीनी सैनिक मारे गए। सी कम्पनी के 117 जवानों में इक्का–दुक्का ही बचे। लेकिन चीनी सेना का चुसुल घाटी में प्रवेश रोक दिया। पहले तो रेजांग ला की इस लड़ाई का किसी ने विश्वास ही नहीं किया और शक था यूनिट मैदान छोड़कर पीछे हट गई। जब तीन महीने बाद फरवरी में एक चरवाहे ने आकर सूचना दी कि ऊपर पहाड़ियों पर भारतीय सैनिकों के शव हैं तब जनरल रैना के साथ सेना ने जाकर देखा कि वे वीर अन्तिम गोली और अन्तिम साँस तक लड़े थे। भारतीय वीर हाथों में राइफल लिए अपने बंकरों में इसी तरह डटे हुए थे, उसी दिन जनरल रैना ने अपने हाथों भारत माँ के वीर सपूतों का अन्तिम संस्कार किया।**

19 नवंबर की संध्या बर्फीले आँधी के बीच चीनियों ने पुनः गुरंग हिल पर हमला शुरू किया। चौकी ध्वस्त हो गई। लेकिन सैनिक अग्रिम चौकियों से

पीछे हटते हुए योजना बद्ध तरीके से पीछे की पहाड़ियां पर मोर्चा लगा लिए परिणामतः चीनी सेना के 20 नवम्बर के हमले को टैंको के सहायता से विफल कर दिया गया। 21 नवंबर को चीन ने युद्ध विराम की घोषणा कर दी।

जैसा देखे इधर उत्तर पूर्व में भारतीय सेना ने वांलोंग में मोर्चा लगाया था यह भारतीय सीमा का पूर्वी छोड़ था। इसके आगे किबिथू (Kobithu) में जहाँ लोहित नदी भारतीय सीमा में प्रवेश करती है सेना की एक प्रहरी चौकी थी। जब 21 अक्टूबर को चीनियों ने आक्रमण किया तो किबिथू चौकी भी वालोंग से आ मिली। चीनियों ने पीछा किया लेकिन वालोंग पर हमले में उन्हें काफी क्षति उठाकर पीछे हटना पड़ा था, लेकिन 15 नवंबर के चीनी प्रति आक्रमण के सामने 11वीं ब्रिगेड पूरी तरह टूट कर बिखर चुकी थी। अब पूरे नेफा क्षेत्र में भारतीय प्रतिरोध सेला दर्रा, 4वीं डिवीजन के मुख्यालय दिरांग जोंग और बोम डिला तक सीमित था। हम देख चुके हैं कि सैन्य विशेषज्ञ सेला पर मोर्चा नहीं लेना चाहते थे। क्योंकि वहां ऊँचाई पर अत्यधिक ठंड, दुरूह आवागमन, आपूर्त्ति की समस्या के अतिरिक्त एक रणनीतिक समस्या तवांग सेला अक्ष पर यह थी कि यह तवांग से सेला पहुँचने का एक और रास्ता था जो कठिन तो था पर असंभव नहीं था बेली सड़क जो कैप्टन बेली के नाम पर था। जब बेली 1913 में मैकमोहन के कहने पर इस क्षेत्र का सर्वे कर रहे थे तो पोशिंग ला तामबेन के रास्ते सेला घाटी आए थे, लेकिन गुप्तचर विभाग की सूचना थी कि बरसात में इस सड़क का प्रयोग असंभव है। अब इसका उपयोग अगली गर्मियों में ही हो सकता है।

4वीं डिजिवन के मेजर जनरल ए.एस. पठानिया को जिम्मेवारी थी कि सेला दर्रे पर चीनी आक्रमण को रोककर उन्हें ब्रह्मपुत्र घाटी में प्रवेश नहीं करने देंगे। साथ ही चीनियों की सैन्य शक्ति को देखते हुए यह छूट भी दी गई थी कि यदि सेला पर दुश्मन को नहीं रोक पाएँगे तो सेना पीछे हटकर बोमडिला की सेना के साथ हो जाएगी। ऐसी स्थिति में दिरांग जोंग जो सेला और बामदिला के बीच में है। वहाँ 4वीं डिवीजन का मुख्यालय बनाकर 2 बटालियन सेना क्यों रखी गई? शायद उनको अंदेशा था कि यदि दुश्मन नीचे से सेला दर्रे को घेरने का प्रयास करेगा तो उसे विफल कर सकेगा। दुर्भाग्य से हुआ भी वही, 4वीं डिवीजन ने इस संभावना को देखते हुए एक पलाटून फूनराग में और एक पलाटून पोशिंग ला में लगी हुई थी। 12 तारीख को फिर एक पलाटून बोम दिला से पोशिंग ला के लिए भेजी गई। 13 को फिर दो पलाटून भेजी गई। 15 की शाम को संवाद मिला कि पोशिंग ला,

तामबेन के रास्ते एक बटालियन चीनी सेना आगे बढ़ रही है। तथा एक बटालियन चीनी सेना सेला दर्रे के नीचे से हमले के लिए आगे बढ़ रही है और भारतीय सेना का अग्रिम दस्ता जो उस सड़क से आगे बढ़ रहा था चीनी सेना के साथ मुठभेड़ में नष्ट होकर वीर गति को प्राप्त हो चुका है। जनरल पठानिया ने इस पर अविश्वास करते हुए इसे नजरअंदाज कर दिया। उनको पक्का विश्वास था कि इस रास्ते एक बटालियन सेना आ ही नहीं सकती है। उन्होंने पुनः एक कम्पनी सेना को उस रास्ते को क्लीयर करने के लिए भेजा। अगले दिन पुनः एक कम्पनी बोम डिला से और एक कम्पनी दिरांग जोंग से उनकी सहायता के लिए भेजा गया। इस तरह 16 नवंबर की रात तक बोमडिला छावनी में पूर्व की 12 कम्पनी सेना की जगह अब मात्र 6 कंपनी सेना बची थी। जो इसके सुरक्षा के लिए अर्याप्त थी।

5/गार्ड्स की कम्पनी रातों–रात चलकर 17 की सुबह तामबेन पहुँच कर मोर्चा लगा ही रही थी कि दोपहर करीब 1500 चीनी सैनिकों ने उनपर हमला कर दिया। भारतीय रण बाँकुरे तीन घंटे तक चीनी सेना को भारी क्षति पहुँचाते रहे। लेकिन घिरते अँधेरे और गोला बारूद खत्म हो जाने के कारण 48वीं बिग्रेड का उनको पीछे लौटाने का प्रयास विफल हो गया। पूरी इकाई बिखर कर भटक गई। अधिकांश लड़ते हुए वीर गति को प्राप्त हुए जो बचे वे हफ्तों बाद भूले भटकते मैदानों में वापस आए, अब चीनियों ने बोम दिला और दिरांग जोंग के बीच के सड़क को काट दिया। जिस समय गार्डस तामबेन में चीनियों से लोहा ले रहा थे उसी समय चीनी सेना ने सेला दर्रे के उत्तरी सुरक्षा पर भी हमला शुरू कर दिया। वहाँ 4/गढ़वाल राइफल्स ने पाँच बार चीनी हमले को विफल कर दिया। अब ब्रिगेडियर होशियार सिंह ने इस बटालियन के पीछे हटकर सेला दर्रे की मुख्य सुरक्षा पंक्ति में मिलने का आदेश दिया। सेला मोर्चा पर सब कुछ योजना बद्ध तरीके से हो रहा था उनके पास अभी सात दिनों का राशन था। लेकिन लड़ाई जिस तरह आगे बढ़ रही थी उससे जनरल पठानिया को यह भय हुआ कि दिरांग जोंग मुख्यालय की सैन्य टुकड़ी को पीछे करना जरूरी है। उन्होंने 4वीं कोर से इसकी अनुमति माँगी लेकिन कॉल की अनुपस्थिति में किसी ने यह स्वीकृति नहीं दी। 17 नवंबर की दोपहर तक पठानिया को लगने लगा कि चीनी काफी संख्या में तामबेन तक पहुँच चुके हैं, वे दिरांग जोंग बोमडिला के बीच सड़क पर कब्जा कर लेंगे और 62वीं ब्रिगेड मात्र वायुमार्ग से आपूर्ति पर निर्भर हो कर फँस जाएगी। 17 नवंबर की शाम को पठानिया

4वीं डिवीजन से 62वीं बिग्रेड को सेला दर्रे से नीचे बोम डिला पर लाने की अनुमति माँगने लगे। पठानिया की योजना थी सेला दर्रे से पीछे हट कर दिरांग जोंग तक आ जाए। और फिर वहाँ से दोनों बिग्रेड नीचे बोमडिला में मिलकर मोर्चा संभालेंगें। वक्त–वक्त की बात है। 4वीं कोर के स्टाफ आफिर्स के इसी सलाह को जनरल पठानिया और कॉल ने नजरअंदाज कर दिया था यह भारतीय सैन्य नेतृत्व के पतन की पराकाष्ठा थी कि सेनाध्यक्ष जनरल थापर, पूर्व कमान प्रमुख जनरल सेन, सैन्य संचालन महानिर्देशक जनरल पालित सबों की मौजूदगी के बाद भी इस तरह के गंभीर सैन्य संचालन पर जनरल कॉल की अनुपस्थिति के कारण कोई निर्णय लेने को तैयार नहीं थे। भारतीय सेना की हार अरूणाचल की पहाड़ियों पर नही, सैन्य मुख्यालय में हुई थी। संध्या 7:30 बजे जब जनरल कॉल लौट कर आए जनरल पठानिया ने उन्हें बताया कि चीनी सेना दिरांग जोंग बोम डिला सड़क को काटने के साथ ही सेला दिरांग जोंग सड़क को भी काटना चाह रही है, जनरल कॉल ने 62वीं ब्रिगेड को पीछे करने की अनुमति दी। उस समय तक तेजपुर एवं दिरांग जोंग के बीच टेलिफोन संचार भंग हो चुका था और संवाद को बोमडिला के रास्ते दिरांग जोंग भेजा गया। लेकिन तबतक निर्णय फिर बदला गया। जनरल पाकित का कहना था कि यदि 10,000 सेना बिना लड़े पीछे हट जाएगी, तो हम देश को क्या जबाव देंगे। सैन्य नीति पर राजनीति हावी हो रही थी। अंततः जो संवाद भेजा गया उसके शब्द जो भी हो अर्थ यह था कि जो करना हो कीजिए अगर टिक कर नहीं लड़ सकिए तो पीछे हट जाइए। वैसे भी इन संदेशों का अब कोई अर्थ नहीं रह गया था। 62वीं ब्रिगेड का सेला दर्रे पर विनाश निश्चित हो चुका था।

जनरल पठानिया एवं ब्रिगेडियर होशियार सिंह के बीच भी बातें हो रही थी। होशियार सिंह पीछे नहीं हटाना चाह रहे थे वे लड़ने को तैयार थे। साथ ही उन्होंने यह भी कहा कि अभी अग्रिम मोर्चा पर तैनात सैनिक पीछे लौट रहे हैं और उनके आए बिना पीछे हटना ठीक नहीं होगा। होशियार सिंह ने अपने कमांडरों को भी कह दिया था कि 17 की रात में विथड्रावल नहीं होगा, यहाँ युद्ध था स्थिति क्षण–क्षण बदल रही थी। ब्रिगेडियर पठानिया एवं होशियार सिंह के बीच क्या बात हुई यह तो स्पष्ट नहीं है, क्योंकि होशियार सिंह इसके कुछ ही दिनों बाद लड़ते हुए वीर गति को प्राप्त हुए। लेकिन पठानिया ने 17 की रात को सेना के मुख्य रक्षा पंक्ति को हटाकर दर्रे के पीछे लगाने का आदेश दिया। आधी रात को सेना को आगे से

पीछे करने का सैनिकों के मनोबल जो लगातार हार से एवं कुछ दिनों पहले 200 जवानों के एक चीनी हमलें में मारे जाने के बाद से टूट रही थी हिम्मत एकदम टूट गई। चीनी सैनिक 17 की रात में भी बढ़ते रहे। टार्च जलने एवं कुत्तों के भौंकने की आवाज आ रही थी। चीनी पीछे हट रहे भारतीय सैनिकों के पीछे–पीछे बिलकुल भारतीय रक्षा पंक्ति पर पहुँच गए। अभी तक चीनी सैनिक गोली नहीं चला रहे थे।

चीनियों ने अब भारतीय सेना की खाली हुए पोजीशन को लेकर गोली चलानी शुरू कर दिया। यह सब इतना अप्रत्याशित, और सुनियोजित था कि भारतीय सेना के पांव उखड़ गए। चारों और अव्यवस्था एवं भगदड़ हो गई। सेना अपने सारे हाथियार मोर्टार तोप इत्यादि को छोड़कर दिरांग जोंग की और वापसी कर रही थी। 62वीं ब्रिगेड बिखर चुकी थी। 18 नवंबर की सुबह तक सेला का मोर्चा खाली हो चुका था। सेला दुश्मन के कब्जे में था।

18 की सुबह 7:00 बजे दिरांग जोंग पर दो तरफा हमला हुआ। जनरल पठानिया मैदान छोड़कर भाग गए, 8:00 बजे तक पूरा दिरांगजोंग सैन्य छावनी पर चीनी ने कब्जा कर लिया। नई आटोमैटिक अमरीकी राइफलें टैंक सब पर ज्यों के त्यों चीनी सेना ने अधिकार कर लिया। 65वीं बिग्रेड खत्म हो चुका था एवं नेतृत्व विहीन हो चुका था। सैनिक टुकड़ों–टुकड़ों में मैदानों की ओर लौट रहे थे। जितने सैनिक इस युद्ध में वीर गति को प्राप्त हुए उससे ज्यादा भूख एवं ठंड की भेंट चढ़ गए। अब पूरे नेफा क्षेत्र में 18 नवंबर की सुबह सिर्फ एक बटालियन (6 कम्पनी) सेना से भी कम की ताकत थी लेकिन टैंक, कुछ फील्ड गन, और कुछ हेवी मोर्टार के सहारे ब्रिगेडियर गुरू बक्स सिंह चीनियों से दो–दो हाथ करने को तैयार थे कि तभी 11 बजे जनरल कॉल का आदेश आया कि एक सैन्य **टुकड़ी दिरांग जोंग की ओर भेजी जाए। उस समय तक जनरल कॉल को यह पता नहीं था कि दिरांगजोंग का पतन प्रातः 8:00 बजे ही हो चुका है। 65वीं बिग्रेड समाप्त हो चुकी है। जनरल पठानिया इस कदर भयग्रस्त हो गए थे कि उन्होंने टेलिफोन लाईन के बावजूद तेजपुर स्थित 4वीं कोर को सूचना नहीं भेजी थी।** 48वीं बिग्रेड को भी दिरांगजोंग के पतन की सूचना नहीं थी लेकिन ब्रिगेडियर गुरू बक्स यह कहते रह गए कि बोम डिला पर कभी भी चीनी हमला हो सकता है और हम अपनी रक्षा पंक्ति को तोड़ने का आत्मघाती कदम नहीं उठा सकते है, सेना को आगे भेजने से इन्कार कर दिया। लेकिन कॉल नहीं माने, उन्होंने आधे घंटे के अन्दर सैन्य टुकड़ी

को रवाना करने का आदेश दिया। हुआ भी वही सैन्य टुकड़ी अपने क्षेत्र से बाहर निकली ही थी कि 10 मिनट के अन्दर अन्दर चीनी हमला हो गया। दोनों कम्पनी भारतीय सेना बीच में फँस गई। 18 की संध्या तक बोमडिला का भी पतन हो गया, गुरू बक्स सिंह अपनी ब्रिगेड को 8 मील पीछे रूपा की ओर ले जाने लगे। सेला दर्रे से पीछे हट रही एक बटालियन को गुरू बक्स सिंह रात्रि में निकाल लाए थे और दोनों मिलकर रूपा में प्रतिरक्षा मोर्चा लगाने लगी। तभी जनरल कॉल का आदेश आया कि मोर्चा पहाड़ियों के नीचे एक गांव था वहीं पर लगावें। बिग्रेड वहाँ मोर्चा लगाने की तैयारी कर ही रही थी कि पुनः आदेश आया कि रूपा की पहाड़ियों पर ही मोर्चा लगावें और जब सेना रूपा की ओर लौटी तो सड़क किनारे की ऊँची पहा. ड़ियों पर चीनी सेना कब्जा कर चुकी थी और फायर करने लगी। रूपा पर कब्जा करना अब संभव नहीं था। बिग्रेड को नीचे बढ़ते हुए चाकू में मोर्चा लगाने का ओदश हुआ। 48वीं बिग्रेड अब अपनी छाया मात्र रह गई थी। 19 को दिन भर पैदल चलकर सेना देर संध्या चाकू पहुँची और अपने को स्थिर करने तथा मोर्चा लगाने का प्रयत्न कर ही रही थी कि रात्रि 12 बजे चीनी सेना ने तीन तरफ से आक्रमण किया। प्रातः 3 बजे तक 48वीं ब्रिगेड पूरी तरह बिखर चुकी थी। जवान छोटे–छोटे टुकड़ों में मैदानों की ओर लौट रहे थे। पूरे भारत चीन सीमा क्षेत्र उत्तर पूर्व में वालोंग से उत्तर पश्चिम में गलवान घाटी तक पूर्ण पराजय हो चुकी थी। भारतीय सेना के क्रामिक रूप से नष्ट होने की खबर प्रधानमंत्री तक पहुँच रही थी। उन्होंने 19 नवबंर को अमरीकी राष्ट्रपति को पत्र लिख कर सैन्य सहायता एवं अमरीकी बम बर्षको (Bombers) की माँग की। पंडित नेहरू इतना घबराए एवं निरीह हो चुके थे कि उस दिन 20 नवंबर को केनेडी को पुनः पत्र लिखकर अमरीका से सहायता माँगी, राजदूत बी.के. नेहरू जो पंडित नेहरू के चचरे भाई थे अपने संस्मरण में लिखते हैं कि पत्र इतना दयनीय था कि उन्हें पढ़कर उन की आँखों में आँसू आ गए। 19 नवबंर को उन्होंने राष्ट्र के नाम अपना संदेश दिया जो आज भी स्वार्थपूर्ण एवं शर्मनाक माना जाता है। इस सम्बोधन में उन्होंने एक तरह से आसाम को अलविदा कह दिया। पूरे ब्रह्मपुत्र घाटी में अफरा–तफरी का माहौल था। लोग भारी संख्या में ब्रह्मपुत्र नदी पार कर रहे थे तेजपुर में सरकारी फाइलें और भारतीय मुद्रा जलाई जा रही थी। 19 तारीख को नए जिलाधिकारी ने अपने बुद्धिमता पूर्ण व्यवहार से तेजपुर को लूट और दंगे से बचा लिया।

देश को भारतीय सेना के लगातार पराजय की सूचना मिल रही थी। वालोंग में भारतीय सेना के पराजय की खबर 18 नवंबर को दिल्ली पहुँची।

संध्या होते–होते यह खबर भी फैल गई थी कि चीनी सेना सेला दर्रे पर आक्रमण कर रही है। 19 की सुबह सेला के पतन की सूचना पहुँची। संध्या तक बोमडिला के पतन की खबर आ गई।

20 के प्रातः लद्दाख मोर्चे पर चीनियों के दावा क्षेत्र एवं नेफा मोर्चे पर ब्रह्मपुत्र नदी के उत्तर भारतीय सेना का अस्तित्व समाप्त हो चुका था। तेजपुर के कोर कमांड में कुछ को छोड़कर शेष सभी गोहाटी के लिए प्रस्थान कर चुके थे। जनरल कॉल व कुछ स्टाफ अधिकारी एवं अस्पताल आदि ही तेजपुर में रह गए। भारतीय सेना के पूर्ण पराजय की कहानी लिखी जा चुकी थी।

19 नवंबर की देर शाम जब प्रधानमंत्री राष्ट्र के नाम संदेश दे रहे थे तब चीनी प्रधानमंत्री चाऊ एन लाई भारत के बीजिंग स्थित उप राजदूत पी.के. बनर्जी को यह बता रहे थे कि–

(1) 20/21 की मध्य रात्रि से यानी 21 नवंबर को 00:00 बजे से चीनी सेना पूरे भारत चीन सीमा पर युद्ध विराम करेगी।

(2) 01 दिसम्बर से चीनी सेना पीछे हटना शुरू करेगी और 7 नवंबर 1959 की वास्तविक नियंत्रण रेखा के पीछे चली जाएगी।

(3) पुनः स्पष्ट किया जाता है कि चीन की सेना अपने परंपरागत सीमा के उत्तर में यानी अपनी भूमि में ही युद्धरत थी। लेकिन हम गैर कानूनी मैकमोहन रेखा के 20 किलोमीटर पीछे चले जाएँगें।

(4) मध्य पूर्व पश्चिम क्षेत्र में हम वास्तविक नियंत्रण रेखा के 20 किलोमीटर पीछे चले जाएँगे।

(5) भारत से अपेक्षा की जाती है कि वे भी अपनी सेना को 20 किलोमीटर पीछे हटवाएँगे। दोनों पक्ष अपने–अपने क्षेत्र में असैनिक प्रशासनिक व्यवस्था स्थानीय अधिकारियों से आपसी विमर्श से कर सकेंगे।

(6) सेना पीछे हटने की कार्रवाई के बाद युद्ध बंदियों की वापसी होगी।

(7) तत्पश्चात दोनों देश के प्रधानमंत्री सीमा विवाद के शांतिपूर्ण समाधान हेतु वार्ता कर सकते हैं, प्रधानमंत्री पंडित नेहरू का बीजिंग में स्वागत है **यदि प्रधानमंत्री नेहरू को चीन आने में कोई असुविधा हो तो चाऊ एन लाई पुनः भारत जा सकते हैं।**

(8) हम आशा करते हैं कि भारत हमारे प्रस्ताव पर सकारात्मक प्रतिक्रिया देगा यदि भारत प्रतिक्रिया नहीं भी देता है तो भी हम अपना वादा पूरा करेंगे।

यह बिल्कुल वही प्रस्ताव था जो युद्ध के तीन वर्ष पूर्व 7 नवंबर, 1959 को चीनी प्रधानमंत्री ने पंडित नेहरू को लिखे अपने पत्र में दिया था। एवं **संभवतः विश्व इतिहास की एक मात्र घटना थी जब कोई देश सैन्य**

बल से प्राप्त विवादित भू–भाग को छोड़ते हुए युद्ध विराम का प्रस्ताव दे रहा था, भारत के पास स्वीकार करने के अतिरिक्त कोई विकल्प भी नहीं था।

पंडित नेहरू की प्रतिक्रिया पूर्ववत थी कि 8 सितम्बर, 1962 की स्थिति के आधार पर वार्ता हो, लेकिन परिस्थितियां बदल चुकी थी। जनरल थापर ने त्याग पत्र दिया। पंडित नेहरू ने बी.एम. कॉल को सेनाध्यक्ष बनाना चाहा लेकिन राष्ट्रपति ने मना कर दिया। जनरल जयंत नाथ चौधरी नए सेनाध्यक्ष बने। उन्होंने आते ही आदेश दिया IV कोर तेजपुर में बनी रहेंगी। उत्तर पूर्व में भारतीय सेना पीछे हटकर मोर्चा लगाए एवं इस स्थान से पीछे नहीं हटना है। चीनी सेना को कोई उकसावा नहीं दिया जाए और जब तक उनकी ओर से गोली नहीं चले गोली नहीं चलानी है। 20/21 नवंबर की मध्यरात्रि से युद्ध विराम लागू हो गया, लेकिन एक सप्ताह बाद तक भी दोनों सेनाओं के बीच जाने–अनजाने कहीं कहीं झड़प होती रही। ऐसे ही एक हमले में भारतीय वीर ब्रेडियर होशियार सिंह राठी वीर गति को प्राप्त हुए। युद्ध विराम के कई सप्ताह बाद तक भूले भटके सैनिक बेदम स्थिति में वापस आते रहे। हमारे तीन हजार रण बांकुरे वीर गति को प्राप्त हुए। एवं लगभग 4000 सैनिक बन्दी बना लिए गए, भारतीय जवान जहाँ भी लड़े चीनी सेना को भारी क्षति पहुँचाई। यह भारतीय सेना की नहीं बल्कि एक अहंकारी, राजनेता और चापलूस जनरलों की हार थी। वालोंग के मोर्चे पर लगभग 2000 चीनी सैनिक मारे गए। इसी प्रकार वालोंग से आगे जब चीनी सेना सेला दर्रे की ओर बढ़ रहे थे तब तामबेन में 5/गार्डस ने 400 चीनी सैनिकों को मार गिराया। लेकिन साधन, योजना एवं नेतृत्व के अभाव में यह एक इक तरफा युद्ध था। भारतीय सेना एक भी जगह ना चीनी सेना को हरा पाई। न एक भी चीनी सैनिक को युद्ध बंदी बना पाई। इस युद्ध में भारत माँ के सपूतों ने वीरता का नया इतिहास रच डाला। लेफटिनेन्ट कर्नल रीद्द, मेजर गुरू बक्स सिंह, मेजर पंत, नायक रोहन सिंह, सूबेदार दशरथ सिंह, बिग्रेडियर होशियार सिंह राठी, ब्रिगेडियर, गुरू बक्स सिंह, मेजर घन सिंह थापा, मेजर शैतान सिंह भाटी एवं अन्य हजारों भारतीय रण बांकुरों ने वीरता का नया इतिहास रच दिया।

नेहरू समर्थक देश में एवं साम्राज्यवादी विदेशों में यह विमर्श बना रहे थे कि चीन धोखेबाज है। वह 01 दिसम्बर से सैन्य वापसी नहीं करेगा और अपना वादा पूरा नहीं करेगा, लेकिन चीनी सेना घोषणा के अनुरूप 01 दिसम्बर से पीछे हटने लगी और पीछे हटने के क्रम में भी चीनी सेना ने

एक नया इतिहास बना दिया। भारतीय सेना द्वारा छोड़े गए एक एक समान वर्दियों, राइफलें, तोप, टैंक, ट्रक, गोला बारूद सहेजकर उनकी साफ–सफाई कर एवं सूची बद्ध कर भारतीय प्रशासनिक अधिकारियों को सौंप दिया। चीनी जन संचार माध्यमों में इसकी कोई चर्चा नहीं की गई। उनका दृष्टिकोण स्पष्ट था भारत हमारा मित्र एवं पड़ोसी है। हम शांतिपूर्ण तरीके से सीमा विवाद का अंत चाहते है न कि भारत का अपमान। पंडित नेहरू सीमा वार्ता शुरू करने के लिए अपनी इस शर्त्त पर अडिग थे कि 08 सितम्बर की स्थिति बहाल की जाए। यानी चीनी सेना भारतीय विचार के अनुसार थागला रिज के पीछे चली जाए। भारत ने कभी भी चीन के युद्ध विराम के प्रस्ताव को स्वीकार नहीं किया, लेकिन व्यावहारिक रूप से भारतीय सेना अब अग्रिम क्षेत्रों में गश्त नहीं करती थी। चीन की सेना भी अपने वादे के अनुसार मैकमोहन रेखा एवं लद्दाख में वास्तविक नियंत्रण रेखा के पीछे ही रहती थी।

स्थिति अब धीरे–धीरे सामान्य हो रही थी। 23 जनवरी को भारतीय प्रशासन तवांग पहुँचकर गणतंत्र दिवस की तैयारी करने लगा, आसाम राइफल की कुछ चौकियाँ स्थापित की जा रही थीं लेकिन वे थागला रिज क्षेत्र से दूर ही रहते थे। चीन के शांति प्रस्तावों पर भारत कोई न कोई संशोधन, स्पष्टीकरण माँगता ही रहता था, उन्हीं परिस्थिति में 10 दिसम्बर को गुट निरपेक्ष देशों के कई प्रतिनिधि श्रीलंका, मिश्र, कम्बोडिया, इंडोनेशिया, बर्मा आदि कोलंबों में मिले और भारत के दृष्टिकोण को देखते हुए एक शांति प्रस्ताव कोलम्बों प्रस्ताव तैयार हुआ। इसमें भारत की मैकमोहन रेखा से 20 किलोमीटर पीछे जाने की शर्त को हटा दिया गया, लेकिन पंडित नेहरू इस पर अड़े रहे कि लद्दाख क्षेत्र में भारतीय सेना द्वारा खाली किए गए क्षेत्र को पुनः चीन एवं भारत के संयुक्त प्रशासनिक नियंत्रण में सौंप दिया जाए और इसी जिद्द पर आकर कोलोम्बों शांति योजना का अंत हो गया। जबकि चीन ने इस प्रस्ताव पर सैद्धांत्तिक सहमति दे दी थी और वार्ता प्रारंभ करना चाह रहा था। उनका कहना था कि कोलोम्बों प्रस्ताव कोई एवार्ड नहीं है कि किसी के अधिकार को प्रभावित करेगा। लेकिन पंडित नेहरू की जब तक चीन कोलम्बों को प्रस्ताव के "Intoto" नहीं स्वीकृत करेगा वार्ताएँ नहीं होगी। चीनी प्रधानमंत्री ने कहा कि हम धैर्यपूर्वक प्रतीक्षा करेंगे। इस समय कौन जानता था कि ये प्रतीक्षा अंतहीन हो जाएगी।

ब्रिटेन और अमेरिका से भारत को सैन्य सहायता प्राप्त हो रही थी लेकिन वे चाहते थे कि भारत कश्मीर घाटी का एक हिस्सा पाकिस्तान को देकर

शांति समझौता कर ले तथा चीन के विरूद्ध एक संयुक्त मोर्चा बने। पंडित नहेरु इसका अंजाम जानते थे। अतः मना कर दिए।

हम पूरे घटना क्रम की ऐतिहासिक राजनैतिक एवं सैन्य परिस्थितियों का निष्पक्ष विश्लेषण करने पर उन निष्कर्षों पर पहुँचते है,

(1) चीन के लिए सिकियांग तिब्बत राजमार्ग का रणनीतिक हित था और वह उस राजमार्ग एवं इसकी सुरक्षा पर कोई छूट नहीं दे सकता था।

(2) चीन के लिए भारत के साथ मैत्रीपूर्ण संबंध विश्व रंगमंच पर उसकी कठिनाईयों के समाधान के लिए अत्यधिक आवश्यक था और वह उत्तर पूर्व में मैकमोहन रेखा को स्वीकार करने को तैयार था।

(3) भारतीय प्रधानमंत्री चीन को तिब्बत के प्रश्न पर हर हाल में नीचा दिखाना चाहते थे।

(4) सीमा समस्या का समाधान वार्ता द्वारा संभव था एवं हैं।

अक्साई चीन पर भारत का न कोई ऐतिहासिक दखल या दावा का आधार था न इसका कोई कानूनी आधार था। यह सादियों से चीन के प्रान्त सिंकियांग (पूर्वी तुर्कमेनिस्तान) का हिस्सा था। अक्साई चिन शब्द ही तुर्की शब्द है। जिसका अर्थ है बर्फ की मरूभूमि। अक्साई चीन क्षेत्र में भारत का कोई रणनीतिक स्वार्थ भी नहीं था न वहाँ कोई भारतीय नागरिक था। ना राजमार्ग 1962 के सर्दियों में लड़ा गया यह युद्ध एक ऐतिहासिक त्रासदी थी जिसके पीछे मुख्य रूप से पंडित नेहरू का अपने को महान समझने का भ्रम एवं उनका अहंकार था। यह उनके साम्राज्य वादियों के कूटनीतिक चालों की ना समझी थी एवं भारतीय लोकतंत्र की विफलता का परिणाम थी, पंडित नेहरू से ना किसी ने इस्तीफा माँगा, ना उन्होंने इस्तीफा दिया, ना उनको इस राष्ट्रीय संकट का दुःख था। उन्होंने भारत को एक ऐसे राजनैतिक, आर्थिक, सैनिक एवं कूटनीतिक संकट में फँसा दिया, जिसने दासता एवं पराधीनता से निकले इस देश के भविष्य की संभावनाओं पर ग्रहण लगा दिया।

उपसंहार
आगे की राह

युद्ध ने भारत की राजनीति, अर्थनीति एवं अन्तर्राष्ट्रीय नीति सब पर व्यापक प्रभाव डाला। जब युद्ध का कोलाहल शांत हुआ तो भारत के लिए दुनिया बदल चुकी थी। दोस्त और समर्थकों ने युद्ध को समाप्त कराने का प्रयास तो किया लेकिन भारत के समर्थन में खुलकर कोई नहीं आया। पंडित नेहरू का यह भ्रम कि यदि भारतीय सेना पर हमला हुआ तो विश्व युद्ध छिड़ जाएगा। पूरी तरह टूट चुका था, गुट निरपेक्ष आन्दोलन जिसकी नींव बांडुंग सम्मेलन में रखी गई थी, मात्र कागजी शेर बनकर रह गया। पाकिस्तान के विरोध के बावजूद ब्रिटेन, अमेरिका भारत को सैन्य सहायता देते रहा, जिसका फायदा भारत को पाकिस्तान के विरूद्ध 1965 के युद्ध में मिला। 1959–60 में रूस और चीन के बीच जो मतभेद पैदा हुए थे वह बढ़ता गया तथा भारत एवं रूस की नजदीकियां भी बढ़ती गई, जो 1965 के भारत–पाकिस्तान युद्ध के बाद और भी मजबूत होता गया। क्यूबा की मिसाइल घटना के बाद अब रूस अमेरिका के संबंधों में शीतयुद्ध की जगह तनाव शैथिल्य (Detente) प्रारंभ हो गया था, 1964 में चीन परमाणु बम का विस्फोट कर बड़े पाँच के समूह में उपस्थिति दर्ज करा चुका था। चीन एवं अमेरिका के बीच संबंध स्थापित करने के लिए गुप्त वार्ताएँ प्रारंभ हो गई थीं। भारत चीन युद्ध के बाद विश्व मंच पर भारत की भूमिका सीमित हो चुकी थी। अब पंडित नेहरू तृतीय विश्व के नायक नहीं रह गए थे। अमरीकी मदद एवं समर्थन के कारण पाकिस्तान उतावला हो रहा था। पूर्वी पाकिस्तान में उसके अराजक नीतियों के कारण जो नरसंहार हुआ उसके कारण एक नए देश बंगला देश का जन्म हुआ तथा अमेरिका के भारत विरोधी रवैये को देखते हुए भारत रूस के बीच सहयोग शांति एवं सुरक्षा का समझौता हुआ।

राष्ट्रीय राजनीति पर भी इसका व्यापक असर पड़ा। पंडित नेहरू के सर्व व्यापकता में कमी आई उनके पुरजोर समर्थन के बाद भी कृष्णा मेनन को काँग्रेस छोड़ना पड़ा। 1964 में उनकी मृत्यु के बाद काँग्रेस कमजोर पड़ती गई। 1967 के विधान सभा चुनावों में कई राज्यों में काँग्रेस अपनी सरकार नहीं बना पाई।

1962 के भारत चीन युद्ध का सबसे बुरा असर भारत की अर्थ व्यवस्था पर पड़ा। तृत्तीय पंचवर्षीय योजना अपने लक्ष्य से भटक गई और स्वाधीन भारत की सबसे बड़ी समस्या गरीबी एवं भुखमरी दूर करने के प्रयास में आर्थिक संसाधनों की कमी हो गई। वर्ष 1966 में बिहार एवं उत्तर प्रदेश में भारी सूखा पड़ा। अमेरिका से P.L 480 के अन्तर्गत खाद्यान्न की सहायता तो मिली लेकिन देश के राजनीति में उनका हस्तक्षेप बढ़ने लगा। जहाँ P.L. 480 की शर्त्तो के अनुसार भारत के कृषि क्षेत्र को विदेशी पूँजी के लिए खोलना पड़ा। दो–दो युद्धों 1962 एवं 1965 के चलते भारतीय अर्थ व्यवस्था पूरी तरह टूट चुकी थी। 06.06. 1966 को एक ही दिन विश्व बैंक के दबाव पर भारतीय मुद्रा का 57% अवमूल्यन करना पड़ा। आयात मँहगा एवं निर्यात सस्ता हो गया मँहगाई चरम पर थी। मुद्रा स्फीति 8% से ऊपर थी 1960 का 38 करोड़ का रक्षा बजट 1963 में बढ़कर 481 करोड़ हो गया। भारत चीन के बीच संवाद हीनता बनी हुई थी। 1963 में चीनी प्रधानमंत्री परमाणु निःशस्त्रीकरण पर एक अन्तर्राष्ट्रीय सम्मेलन आयोजित करना चाहते थे। लेकिन पंडित नेहरू ने मना कर दिया। मई 1964 में पंडित नेहरू की मृत्यु हो गई। पंडित नेहरू के मृत्यु के बाद भी देश एवं कॉंग्रेस का नेतृत्व उनके नीतियों से बाहर नहीं निकल पाया एवं राष्ट्रीय तथा अन्तर्राष्ट्रीय कार्यक्रमों में उनके दिखाए मार्ग पर चलता रहा। वर्ष 1964 में ही चीन ने अपना पहला परमाणु परीक्षण किया। चीनी प्रधानमंत्री सभी देशों को पत्र लिखकर स्पष्ट कर दिया कि अमेरिका द्वारा परमाणु हमले के खतरे को देखते हुए हमने यह कदम उठाया है। चाऊ एन लाई ने पत्र में यह भी सुझाव दिया कि परमाणु क्षमता सम्पन्न राष्ट्र एवं वैसे राष्ट्रों का जो परमाणु क्षमता प्राप्त करने वाले हैं का एक सम्मेलन बुलाया जाए। जिसमें परमाणु शक्ति के प्रयोग पर पूर्ण प्रतिबंध लगा दिया जाए, चीन मानता था कि भारत परमाणु परीक्षण के करीब है। भारत सरकार ने चीन के परमाणु परीक्षण की निंदा करते हुए कहा, ''चीन के इस कदम से परमाणु प्रसार एवं दौड़ को बढ़ावा मिलेगा''

भारत चीन युद्ध की समाप्ति के कुछ अंतराल पर ही कश्मीर के प्रश्न पर पुनः अगस्त, 1965 में भारत पाकिस्तान युद्ध भड़क गया। पाकिस्तान को लग रहा था कि एक पराजित भारत को धूल चटाने का यही मौका है और शुरूकर दिया ''ऑपरेशन जिब्रालटर।'', उद्देश्य था कश्मीर पर बलपूर्वक कब्जा, लेकिन चीन युद्ध में चोट खाई भारतीय सेना ने ऐसा पराक्रम दिखाया कि पाकिस्तान के पैर उखड़ गए। पाकिस्तान के अनुसार उसको दोनों चीन एवं अमेरिका ने धोखा दिया। ना अमेरिका ने खुलकर पाकिस्तान का साथ दिया और चीन ने भी सिर्फ कुछ वक्तव्य पाकिस्तान के पक्ष में दिए। सिक्किम में जेलपा ला के

पास कुछ चीनी अतिक्रमण को छोड़कर पूरे भारत चीन सीमा पर शांति थी फलतः भारतीय सेना ने पूरे भारत पाक सीमा पर पाकिस्तान को बुरी तरह शिकस्त दी। हमारे लगभग 3000 सपूतों ने प्राण गँवाए। यह संख्या फिर भी चीन के साथ हुए युद्ध से कम थी।

1966 आते–आते चीन एवं रूस की कम्यूनिस्ट पार्टी के बीच मतभेद अत्यधिक तीव्र हो गए। चीन ने रूस पर संशोधनवादी होने का आरोप लगाते हुए कहा कि वह मार्क्सवाद लेनिनवाद के मूल रास्ते वर्ग संघर्ष से भटक गई हैं। पूरे चीन में सांस्कृति क्रांति का दौर शुरू हो गया, माओं विरोधी हटाए जाने लगे। बुद्धिजीवियों को भी खेतों में काम कर श्रम के महत्त्व को समझाया जा रहा था, सभी चीनियों के हाथ में एक लाल किताब रहती थी। स्पष्ट घोषणा कर दी गई कि "सत्ता का जन्म बंदूक की नली से होता है" इसका प्रभाव भारत के आंतरिक एवं बाह्य नीतियों पर भी पड़ा इंदिरा गाँधी भारत की प्रधानमंत्री बनी तथा ताशकन्द समझौते के बाद भारत रूस की मैत्री बढ़ती गई। ताशकन्द से स्व. लाल बहादुर शास्त्री का शव लेकर स्वयं रूसी प्रधानमंत्री दिल्ली आए।

देश के अन्दर भारतीय कम्यूनिस्ट पार्टी भी दो खंडों में विभक्त हो गई, चीन ने भारतीय तंत्र को सामंतवाद, पूँजीवाद एवं साम्राज्यवादी समर्थक मानकर इसके विरूद्ध सशस्त्र वर्ग संघर्ष का समर्थन कर दिया था, देश के कई भागों में किसानों का वामपंथी आन्दोलन उग्र हो रहा था। माओं त्से तुंग, अपने 7 जुलाई, 1967 के भाषण में चीनी कम्यूनिस्ट पार्टी के अन्तर्राष्ट्रीय उद्देश्यों की रूप रेखा प्रस्तुत करते हुए कहा कि चीन को विश्वक्रांति का शास्त्रागार बनाना हैं। चीन न केवल विश्व क्रांति का अगुवा है बल्कि यह विश्व क्रांति के हथियार एवं तकनीक का भी केन्द्र है। हम जो भी हथियार देंगे वह चीनी हथियार होगा और यह उस पर चीनी भाषा में लिखा रहेगा। माओं ने आगे कहा कि वर्तमान स्थिति बहुत सही है। नागालैण्ड में काँग्रेस पार्टी के खिलाफ सशस्त्र संघर्ष चल रहा है, मई, 1967 तक उत्तरी बंगाल के नक्सलवादी आदि क्षेत्रों में किसानों का आन्दोलन हिंसक एवं सशस्त्र संघर्ष का रूप ले चुका था। इसका नेतृत्व कर रहे थे चारू मजुमदार, कानू सान्बाल, जंगल संथाल आदि। चीन के पीपुल्स डेली ने 05 जुलाई के अपने अंक में लिखा कि दार्जलिंग से शुरू हुई यह सशस्त्र क्रांति पूरे भारत में फैलेगी। यह क्रांति 1969 आते–आते बिहार, बंगाल, आँध्र, पंजाब आदि कई क्षेत्रों में फैल चुकी थी। कानू, सांथाल अपने कुछ साथियों के साथ चीन भी गए। यह बामपंथी सशस्त्र संघर्ष आज भी देश के कई भाग, महाराष्ट्र, उड़ीसा, आंध्र, छत्तीसगढ़, झारखण्ड, बिहार आदि में जीवित है।

भारत एवं चीन के बीच उस अशांत संबंध का सीधा फायदा पाकिस्तान को मिल रहा था। वह चीन की सहायता से उत्तर कोरिया के माध्यम से लगातार अपने परमाणु संबर्धन एवं मिसाइल तकनीक को उन्नत एवं परिकृत कर रहा था। इसमें अनेक मुस्लिम राष्ट्र भी उसे गुप्त आर्थिक मदद कर रहे थे, पाकिस्तानी परमाणु वैज्ञानिक अब्दुल कादिर न सिर्फ पाकिस्तानी परमाणु का जनक था बल्कि वह कई इस्लामी देशों को परमाणु तकनीक बेच रहा था। बाद में इस अपराध के लिए उस पर पाकिस्तान सरकार ने मुकदमा चलाकर उसे कैद कर लिया, संदेह है कि उसे ईरान से काफी धन मिला था।

यह छद्म युद्ध भारत की ओर से भी चल रहा था। नेपाल तिब्बत सीमा पर मुस्तांग में तिब्बती विद्रोहियों के शिविर को सी.आई.ए. संचालित कर रहा था और भारत अप्रत्यक्ष रूप में सहायता दे रहा था। 1974 में चीन काठमांडू व्यापारिक संधि के बाद गोरखों ने तिब्बतियों के इस शिविर को बंद कर दिया।

यों तो युद्ध विराम के बाद से भारत चीन सीमा पर शांति थी लेकिन 1967 के सितम्बर में नाथू ला दर्रे के पास एक छोटी सी तारबंदी की घटना ने हिंसक रूप ले लिया, दोनों ओर से भारी गोलाबारी हुई जिसमें दोनों पक्षों के लगभग 400 जवान मारे गए लेकिन दोनों पक्षों के द्वारा संयम बरतने के कारण यह हिंसा तीन दिनों के अन्दर शांत हो गई।

1965 के भारत पाक युद्ध ने दोनों देशों की अर्थ व्यवस्था पर नकारात्मक प्रभाव डाला था। मँहगाई अत्यधिक बढ़ गई थी। लगातार पड़ने वाले सूखे एवं प्राकृतिक आपदा आदि के कारण मुद्रा का अवमूल्यन हुआ। मँहगाई अत्यधिक थी। पूरे देश में काँग्रेस के विरूद्ध लहर चल गई। वहीं पाकिस्तान के दोनों हिस्सों में भी लोग गुस्से में थे। पूर्वी पाकिस्तान में यह भाषाई आन्दोलन का रूप लेकर अलगाव की राह पर चल पड़ा। पाकिस्तान सेना के दमन ने आग में घी का काम किया और पूरे बंगाल में विद्रोह फैल गया। पाकिस्तान ने दिसम्बर, 1971 में भारत के विरूद्ध ऑपरेशन चँगेज खाँ शुरू कर, युद्ध छेड़ दिया लेकिन उसे बुरी तरह मुँह की खानी पड़ी और एक नये देश 'बंगला देश' का जन्म हुआ। इस पूरे घटनाक्रम में चीन लगभग तटस्थ ही रहा। अमेरिका पाकिस्तान के पक्ष में खुलकर आ गया लेकिन रूस के विरोध के कारण उसे पीछे हटना पड़ा। एक अन्तर्राष्ट्रीय घटनाक्रम में 1971 में भारत की अन्दर से इच्छा नहीं रहने के बावजूद भूटान संयुक्त राष्ट्र संघ का सदस्य बन गया। शायद इसके पीछे चीन का प्रोत्साहन था, कारण जो भी रहा हो लेकिन न 1962 के युद्ध में अन्य किसी भारतीय संकट के समय चीन ने सिक्किम या भूटान के ऊपर कोई सैन्य गतिविधि की जबकि

चीन भूटान की मामूली सेना को रौंदते हुए एवं सिलीगुड़ी गलियारे पर कब्जा करते हुए पूर्व पाकिस्तान या बंगला देश की सीमा पर पहुँच सकता था और पूरे उत्तर पूर्व को अलग कर सकता था।

1971 में भूटान द्वारा संयुक्त राष्ट्र की सदस्यता ग्रहण करने के बाद भारत में सिक्किम को लेकर चिंता बढ़ गई और भारत सरकार ने सिक्किम के आंतरिक मामलों में दिलचस्पी लेनी शुरू कर दी। वहाँ की ऐसेम्बली ने चोग्याल (राजा) के संस्था को समाप्त कर दिया और अंततः एक जनमत संग्रह के आधार पर 23 मई, 1975 को सिक्किम भारत का 22वां राज्य बन गया। जैसी कि उम्मीद की जा रही थी चीन ने इसका कड़ा प्रतिवाद करते हुए कहा कि हम सिक्किम के भारत में विलय को स्वीकार नहीं करते हैं और सिक्किम के लोगों के स्वतंत्र राष्ट्रीय स्वाधीनता एवं उनके राज्य की संप्रभुता का सर्मथन करते हैं। अंततः अनेक उतार–चढ़ाव के बाद चीन ने 2005 में सिक्किम को भारत का भाग स्वीकार किया।

वर्ष 1976 चीन के लिए बड़े परिवर्तनों का वर्ष था। जनवरी में प्रधानमंत्री चाऊ एन लाई एवं सितम्बर में अध्यक्ष माओं त्से तुंग की मृत्यु हो गई। सत्ता के शीर्ष पर थे देंग जिमाओं पिंग जिन्हें सांस्कृति क्रांति के दौरान 'केपटलिस्ट रोडर' कहा गया और जिन्हें आज आधुनिक चीन का निर्माता कहा जाता है। वस्तुतः डेंग एक यथार्थ परक नेता थे जो आम चीनी जनता के जीवन में वास्तविक परिवर्तन चाहते थे। डेंग के नेतृत्व में चीन के राजनैतिक, आर्थिक एवं विदेशी नीति में व्यापक परिवर्तन हुए। उनकी एक प्रसिद्ध उक्ति थी 'यदि बिल्ली चूहे पकड़ सकती है तो उसका रंग कुछ भी हो। चीन अब तृत्तीय विश्व का क्रांतिकारी नेता नहीं आर्थिक और राजनैतिक महाशक्ति बनना चाहता था। वह सभी पड़ोसियों के साथ मधुर संबंध चाहते थे। इसी वर्ष भारत चीन के बीच पूर्ण राजनयिक संबंध स्थापित हुआ, इन्हीं परिस्थितियों के बीच भारत चीन संबंध में एक महत्त्वपूर्ण घटना हुई। 1979 में 27 वर्षो के बाद भा. रतीय विदेश मंत्री अटल बिहारी बाजपायी चीन की यात्रा पर गए और पिछले 27 वर्षो से आपसी रिश्तों पर जमी बर्फ पिघलने लगी। डेंग जिमाओंपिंग ने ग्रेट पिपुल्स हाल में उनका स्वागत किया। बाजपेयी डेंग के जन्म शताब्दी समारोह पर 2004 में कहते हैं कि वे काफी गर्म जोशी से मिले और कहा कि हमारे आपके बीच समस्याएँ हैं और उस पर हमारे ओर आपके विचारों में काफी अन्तर हैं, लेकिन इसका असर आपसी रिश्तों को बढ़ने से नहीं रोकना चाहिए। हम और आप विश्व के सर्वाधिक जनसंख्या वाले देश हैं। हम कैसे नहीं दोस्त हो सकते है। संक्षेप में डेंग की नीति थी कि संबंधों को सामान्य होने में सीमा विवाद को नहीं आने दें। संबंधों को

विविधतापूर्वक आगे बढ़ने दें। सीमा विवाद का संवाद से समाधान करेंगे और हम दोनों वास्तविक नियंत्रण रेखा को बल पूर्वक नहीं बदलेंगे। 1982 में एक भारतीय प्रतिनिधि मंडल के समक्ष स्थिति को और स्पष्ट करते हुए उन्होंने कहा कि, "मैं जब आपके विदेश मंत्री से 1979 में मिला तो मैंने सीमा समस्या के एक मुश्त समाधान का प्रस्ताव दिया अगर दोनों देश कुछ छूट दे दें तो समस्या सुलझ जाएगी, हमारे आपके बीच कोई गंभीर मतभेद नहीं है। सिर्फ सीमा को लेकर है। दोनों देशों को प्रयास करना चाहिए कि हमारे बीच वही दोस्ती हो जो 50 के दशक में थी। अगर हम विवेकपूर्ण ढंग से चलें तो सीमा समस्या का समाधान हो सकता है। लेकिन समस्या काफी पुरानी है तथा आपको अपने लोगों की भावना का ध्यान रखना है, लेकिन हम दोनों यदि आपसी लेन–देन (Package) पर सहमत हो जाते हैं तो आम जन को भी समझाया जा सकता है।"

यह एक अत्यन्त ही व्यावहारिक एवं विवेकपूर्ण सुझाव था तथा आगे भारत चीन संबंधों की नींव बनने वाला था।

रिश्तों पर जमी बर्फ के पिघलने की प्रक्रिया जो बाजपेयी जी के बीजिंग यात्रा से शुरू हुई उसका असर आपसी व्यापार पर भी पड़ा और चीन के बीच वर्षो से बंद व्यापार ई. 1978 में भारत चीन के बीच व्यापार प्रारंभ हो गया। 1984 में दोनों देशों के M.F.N. (Most Favouravel Nation) का समझौता हुआ और व्यापार गति पकड़ने लगा।

बीच में 1986–87 में अरूणाचल की सीमा पर सांगदरोंगचू घाटी में काफी तनातनी की स्थिति पैदा हो गई। दोनों पक्ष सैन्य जमाबड़ा कर लिए लेकिन भारत एवं चीन दोनों ओर से उच्चतम स्तर पर किए गए पहल से संघर्ष टल गया।

ई. 1988 में भारतीय प्रधानमंत्री राजीव गाँधी चीन की यात्रा पर गए। इस अवसर पर भारत एवं चीन के बीच सभी क्षेत्रों में सहयोग के विस्तार का निर्णय लिया गया। सीमा समस्या के प्रश्न पर एक संयुक्त कार्यकारी समूह बनाने का निर्णय लिया गया, जिसे दोनों पक्षों को स्वीकार्य, एक निष्पक्ष एवं तार्किक समाधान निकालना था। व्यापार के क्षेत्र में एक संयुक्त आर्थिक मंच की स्थापना का भी निर्णय लिया गया, यह एक सकारात्मक प्रगति थी। भारत ने पहली बार स्वीकार किया कि भारत चीन के बीच सीमा विवाद है और इसके निष्पक्ष समाधान की आवश्यकता है।

लेकिन संबंधों ने ठोस आधार प्रधानमंत्री नरसिम्हा राव के ई. 1993 चीन यात्रा के बाद प्राप्त करना प्रारंभ किया। "वास्तविक नियंत्रण रेखा पर

शांति एवं सद्भाव बनाए रखने का समझौता हुआ। दोनों पक्ष यथा स्थिति का सम्मान करेंगे और सीमा पर जहाँ संदेह है उसे दूर कर स्पष्ट करेंगे। विश्वास बहाली के कदम उठाए जाएंगे, दोस्ती के वातावरण के अनुरूप दोनों पक्ष सीमा पर न्यूतनम सैन्य उपस्थिति रखेंगे।

ई. 1992 मई में भारतीय राष्ट्रपति आर. बेंकट रमन चीन के दौरे पर गए। यह किसी भारतीय राष्ट्रपति की प्रथम चीन यात्रा थी। 1996 में चीन के राष्ट्रपति भारत के दौरे पर आए। दोनों देशों के बीच उच्चतम स्तर पर संबंध सामान्य हो रहे थे। जिआंग जेमिन का भारतीय प्रवास काफी सफल रहा और 1988 एवं 1993 में हुए समझौते को आगे बढ़ाते हुए 1996 में भारत चीन सीमा समस्या एवं वास्तविक नियंत्रण रेखा पर विश्वास बहाली के उपायों पर विस्तृत समझौता हुआ। भारतीय चीन राजनैतिक एवं व्यापारिक संबंध लगातार सकारात्मक दिशा में आगे बढ़ रहे थे।

इसी बीच मई, 1998 में भारत ने एक साथ तीन परमाणु बमों का विस्फोट कर दिया। यह एक तरह से भारत के परमाणु सम्पन्न राष्ट्र होने की घोषणा थी। इस समय विश्व में C.T.B.T. "Comprehensive Test Ban Treaty" का दौर था। अमरीकी राष्ट्रपति क्लिंटन और अमरीकी संसद 1996 में इस के संयुक्त राष्ट्र संघ द्वारा स्वीकृत किए जाने के बाद जोश खरोश के साथ इसकी संपुष्टि और क्रियान्वयन में लगे हुए थे और जिन 8 राष्ट्रों द्वारा इस संधि को संपुष्ट किया जाना था उसमें बड़े 05 के अतिरिक्त भारत, पाकिस्तान और उत्तर कोरिया का नाम था। भारत द्वारा परमाणु बम का विस्फोट अमरीकी परमाणु अनुसार संधि के प्रयासों के लिए एक बड़ा झटका था। अमरीकी प्रतिबंध तो लगना ही लगना था। प्रथम भारतीय परमाणु विस्फोट पर चीन की प्रारंभिक प्रतिक्रिया संयमित ही थी लेकिन इसी बीच भारतीय विदेश विभाग द्वारा एक गंभीर कूटनीतिक चूक हो गई। भारतीय प्रधानमंत्री बाजपयी जी ने अमरीकी राष्ट्रपति को पत्र लिखकर कहा कि भारत को चीन से परमाणु हमले का खतरा है, इसलिए हम ने परमाणु बम का विस्फोट किया है और अमरीकियों से इस पत्र की जानकारी चीन को दे दी। स्वाभाविक रूप से चीन ने दूसरे विस्फोट पर गंभीर नकारात्मक प्रतिक्रिया देते हुए कहा कि यह निंदनीय एवं दुष्टतापूर्ण कार्रवाई हैं। चीन की समझ यह थी कि भारत चीन और अमेरिका के बीच के मतभेदों का फायदा उठाना चाहता है। इस परमाणु विस्फोट ने चीन को भारत विरोध का मौका दे दिया। C.T.B.T. राष्ट्रपति क्लिंटन के विदेश नीति की बड़ी उप. लब्धि थी लेकिन अब C.T.B.T. को अमरीकी संसद से पारित करना मुश्किल

हो गया। अमेरिका ने भारत के ऊपर अनेक आर्थिक एवं तकनीकी प्रतिबंध लगा दिए। क्लिंटन इस विस्फोट से इतना बौखला गए कि उन्होंने पहली बार Hot Line का प्रयोग करते हुए राष्ट्रपति जिआंग जेमिन से वार्ता की, जहाँ भारत का विमर्श था कि भारत पाकिस्तान के बीच तनाव का कारण पाकिस्तान प्रायोजित आतंकवाद है, वहीं 08 जून, 1998 के सुरक्षा परिषद प्रस्ताव संख्या 1172 में कहा गया कि भारत–पाकिस्तान के बीच तनाव का मुख्य कारण (Root Cause) कश्मीर समस्या है। यह भारत के निंदा के समान था। संयोगवश उस समय भारत के विदेश मंत्री जसवंत सिंह थे जो एक बड़े परिपक्व राजनेता थे। फलस्वरूप 1999 के प्रारंभ से चीन और अमेरिका दोनों के रूख में नर्मी आने लगी। जून, 1999 में जसवंत सिंह चीन के दौरे पर गए। दोनों पक्षों ने यह स्वीकार किया कि भारत और चीन एक दूसरे के लिए खतरा नहीं है। यह मई, 1998 में भारत के इस कदम को वापस खींचता था जिसमें कहा गया था कि हमें चीन से खतरा है।

जून, 2000 में भारतीय राष्ट्रपति आर.के. नारायण चीन की यात्रा पर गए। आर.के. नारायण चीन में भारतीय राजदूत रह चुके थे। उनको चीन के राजनैतिक तंत्र की अच्छी समझ थी और चीन का विदेश विभाग भी उनकी बातों को गंभीरता से लेता था। उनके दौरे के बाद भारत चीन राजनैतिक संबंध पुनः मई, 1998 के पूर्व स्तर पर आ गए। उच्चस्तरीय नेताओं का आना–जाना प्रारंभ हो गया। चीनी प्रधानमंत्री यू रोंगयी जनवरी, 2002 में भारत की यात्रा पर आए, इस पूरे घटनाक्रम में भारत चीन व्यापार एवं एक दूसरे की अर्थव्यवस्था में हिस्सेदारी लगातार बढ़ती रही। आर्थिक प्रतिबंधों का असर जो भी हो लेकिन वाणिज्य एवं व्यापार लगभग अद्यतन ही रहा।

1890 के कलकत्ता समझौते के द्वारा चीन ने जहाँ तिब्बत सिक्किम सीमा के प्रश्न को हल किया वहीं यह स्वीकार किया कि सिक्किम ब्रिटिश प्रभाव क्षेत्र में है, लेकिन तिब्बती इसे स्वीकार नहीं करते थे। फलस्वरूप 1947 में भारत की आजादी के बाद 1948 में दलाई लामा की सरकार ने भारत सरकार को पत्र लिखा कि अंग्रेजों द्वारा हड़पे गए हमारे सारे प्रदेश सिक्किम सहित हमें वापस कर दिये जाएँ। फलतः भारत सरकार को 1950 में सिक्किम के साथ एक नई संधि करनी पड़ी। सिक्किम भारत का Protectorate बना। उनके विदेश, रक्षा एवं संचार व्यवस्था भारत सरकार के अधीन हो गई। लेकिन वहाँ प्रशासन चोग्याल का ही बना रहा। 1973 में जब एक त्रिपक्षीय समझौता (1) भारत सरकार (2) चोग्याल (3) सिक्किम के राजनैतिक दल, द्वारा सिक्किम में विधान सभा का गठन कर सिक्किम को भारत का सहायक राज्य बना दिया गया तो चीन ने कड़ी प्रतिक्रिया दी और उसे भारत का

आक्रमक विस्तारवाद बताया और कहा कि यह एक स्वतंत्र देश पर कब्जा है। 1975 में भारत संसद ने कानून बनाकर सिक्किम को भारत का 22वां राज्य बना दिया। लेकिन चीन ने इसे स्वीकार नहीं किया।

सिक्किम के प्रश्न पर राजीव गाँधी के 1988 चीन दौरे के बाद चीन के रूख में नरमी आने लगी, लेकिन उस समय तक भारत भी तिब्बत को 'स्वतंत्र क्षेत्र' ही स्वीकारता था। दलाई लामा भारत में थे और ल्हासा में विरोध प्रदर्शन आदि होता ही रहता था। अतः चीन सिक्किम को भारतीय प्रदेश स्वीकार करने के बदले लाभ लेना चाहता था और यह हुआ भी। जब 2005 में चीनी प्रधानमंत्री वेन जिआबओं भारत की यात्रा पर आए और संयुक्त घोषणा में तिब्बत को चीन का प्रदेश स्वीकार किया गया तब चीन ने भी सिक्किम को भारतीय राज्य माना।

2003 का प्रधानमंत्री बाजपायी का चीन यात्रा इसलिए महत्त्वपूर्ण है कि इसमें आपसी संबंधों और समग्र सहयोग की घोषणा पर हस्ताक्षर किए गए। सिक्किम तिब्बत सीमा पर नाथू ला दर्रे को व्यापार के लिए खोल दिया गया। साथ ही सीमा समस्या समाधान के लिए दोनों प्रधानमंत्रियों ने विशेष प्रतिनिधि नियुक्त कर दिए।

लेकिन संबंधों में पूरी स्थिरता ई. 2005 में चीनी प्रधानमंत्री वेन जिआबाओ के भारत यात्रा होने के बाद आई। **दोनों देशों के बीच एक समझौते में सीमा समस्या के समाधान के लिए राजनैतिक मापदंड एवं निर्देशक सिद्धांत तय किए गए। पूर्व के सभी समझौते को आगे बढ़ाते हुए यह एक पूर्ण व्यापक समझौता है।**

(1) सीमा समझौता व्यापक हो जिसमें सभी क्षेत्र शामिल हों।

(2) दोनों पक्ष एक दूसरे की सुरक्षा एवं अन्य रणनीतिक हितों का ध्यान रखेंगे।

(3) ऐतिहासिक साक्ष्य, राष्ट्रीय भावना, व्यावहारिक कठिनाईयों एवं सीमावर्त्ती क्षेत्र के लोगों की भावना का ध्यान रखेंगे।

(4) सीमा स्पष्ट परिभाषित और पहुंचने योग्य भौगोलिक बनावट के अनुसार हो।

(5) बसी हुई आबाद क्षेत्रों में जनता के हितों की रक्षा की जाएगी।

(6) सीमांकन वैज्ञानिक तरीके से हो, यानी संयुक्त सर्वेक्षण आधुनिक सर्वेक्षण तकनीक से हो।

(7) सीमा समस्या के समाधान तक नियंत्रण रेखा का पूर्ण सम्मान हो।

यह समझौता इतना स्पष्ट एवं व्यापक है कि इस पर आगे बढ़ने के बाद सीमा पर कोई समस्या ही नहीं बचेगी। चीनी प्रधानमंत्री चाऊ

एन लाई 1956 से लेकर अंत तक यही समाधान प्रस्तुत करते रहे जिसे स्वीकार करने में भारत को 50 वर्ष लग गए। "The agreement on political and guiding princeples for settelement of Indo Chines Boundry Question 2005" में वही बातें हैं, जो चाऊ एन लाई 1959 में कह रहे थे। 2004 में दिल्ली में U.P.A. की सरकार बनने के बाद सरकार में बाम पंथियों का प्रभाव बढ़ गया था। कॉंग्रेस पार्टी और चीन की कम्युनिस्ट पार्टी के बीच दोस्ताना संबंध कायम हो रहा था। चीन द्वारा राजीव गाँधी फाउंडेशन आदि को काफी राशि दी जा रही थी। फलस्वरूप चीन को सरकार की अन्दरूणी सूचनाएँ ज्यादा मिलने लगी थीं। चीन को यह लगने लगा था कि भारत अब Noclear Suppliers Group dk Member बनना चाहेगा। Bush का चीन के प्रति अधिक नकारात्मक रवैया भी उसका कारण था। चीन को शंका थी कि अमेरिका किसी भी हाल में एशिया का नेतृत्व चीन के हाथ में जाने नहीं देगा और वह भारत का ही साथ देगा। 03 मार्च 2006 को भारत के प्रधानमंत्री एवं अमेरिका के राष्ट्रपति ने न्यूक्लियर सहयोग का संदेश दिया तो चीन को झटका लगा। चीन को लगता था कि असैनिक एवं सैनिक न्यूक्लियर सयंत्रों तथा अपशिष्ट न्यूक्लियर इंधन के प्रश्न पर मतभेद के कारण अमेरिका का समझौता नहीं हो पाएगा। लेकिन भारत में न्यूक्लियर ऊर्जा की प्रचुर संभावना अमेरिका के न्यूक्लियर उद्योग के लिए एक बड़ा आकर्षण था साथ ही भारत ने International Atomice Energy Agency की सभी शर्त्तों को मानने के लिए अपने सभी असैनिक न्यूक्लियर संयंत्रों को I.A.E.A. के निरीक्षण के अधीन कर दिया। फलतः अगस्त, 2007 में अमेरिका भारत के बीच परमाणु ऊर्जा के शांतिपूर्ण उपयोग का समझौता 1,2,3 हो गया। लेकिन असली समस्या N.S.G. से छूट प्राप्त करने की थी क्योंकि इसमें सभी निर्णय आम सहमति से लिए जाते हैं। N.S.G. में सदस्यता के लिए Non-Proliforaion treaty एवं Comprehensive Test Ban Treaty पर हस्ताक्षर होना जरूरी है और बिना N.S.G. में शामिल हुए अन्तर्राष्ट्रीय न्यूक्लियर तकनीक परिकृत इंधन भट्टी आदि प्राप्त करना संभव नहीं था। भारत सदस्य तो बन नहीं सकता था एक ही विकल्प था कि भारत को विशेष छूट प्रदान कर दी जाए। Suppliers Group में इसका काफी विरोध था। जापान, नार्वे जैसे देश इसे एक दम पसंद नहीं कर रहे थे। अंततः 07 सितम्बर, 2008 को अमरीकी प्रस्ताव चीन के मौन समर्थन से पारित हो गया। 09 सिंतबर, 2008 को चीनी विदेश मंत्री भारत की यात्रा पर

थे उन्होंने स्पष्ट कहा कि हम भारत के स्वच्छ ऊर्जा की जरूरतों को समझते हैं और भारत के साथ सहयोग को तैयार हैं। आज चीन भारतीय नाभकीय ऊर्जा के क्षेत्र में बड़ा भागीदार है। N.S.G. **द्वारा भारत को दी गई छूट कोई नियम आधारित निर्णय नहीं था साथ ही पाकिस्तान जो धीरे–धीरे पिछले 50 वर्षों में चीन का रणनीतिक साझीदार बन चुका है के साथ भेदभाव था। फिर भी चीन ने भारत संबंधों को महत्त्व देते हुए निर्णय भारत के पक्ष में होने दिया यह एक बड़ा कूटनीतिक संकेत था। भारत की भी यह एक भारी कूटनीतिक जीत थी। क्योंकि** N.S.G. **का गठन ही ई. 1974 के भारतीय परमाणु विस्फोट के बाद न्यूक्लियर तकनीक एवं न्यूक्लियर इंधन आदि का भारत को निर्यात रोकने के लिए किया गया था।** भारत को N.S.G. से छूट मिलते ही फ्रांस के साथ इसका परमाणु ऊर्जा का समझौता हो गया परमाणु ऊर्जा के क्षेत्र में फ्रांस का एक विशिष्ठ स्थान है।

बहावलपुर पाकिस्तान का मसूद अजहर एक आंतकवादी संगठन 'हरकत उल अंसार' के जरिए कश्मीर में हत्या एवं हिंसक गतिविधियाँ संचालित कर रहा था। भारतीय सुरक्षा बलों ने उसे 1990 में गिरफ्तार कर मुकदमा चलाया। तभी वर्ष 1999 में एक अति दुर्भाग्यपूर्ण घटनाक्रम में तालिबानियों के सहयोग से एक नागरिक विमान का काठमांडू से अपहरण कर काबुल ले जाया गया। उसमें 170 यात्री सवार थे और भारत सरकार को यात्रियों के जान की परवाह करते हुए मसूद अजहर को रिहा करना पड़ा। इन सब गतिविधियों के पीछे (I.S.I.) पाकिस्तानी खुफिया एजेन्सी का हाथ था, कांधार हवाई पट्टी पर जब भारतीय दल पहुँचा तो पाकिस्तानी सेना के अधिकारी सारे अभियान का संचालन कर रहे थे। मसूद अजहर मुक्त होने के बाद अधिक हिंसक हो गया। उसने 'जैशे मोहम्मद' नाम का एक आतंकवादी संगठन बना कर भारत पर हमले तेज कर दिए, भारत ने सुरक्षा परिषद के अल कायदा प्रतिबंध समिति को तीन पाकिस्तानी आतंकवादियों (1) मसूद अजहर (2) आजम चीमा और (3) अब्दुल रहमान मल्की के नाम वैश्विक आतंकवादी की सूची में शामिल करने के लिए भेजा। ई. 1998 के मुम्बई आतंकी हमला और ई. 1999 के कांधार विमान अपहरण ने आतंकवाद और पाकिस्तान का गठजोड़ पूरी दुनिया के सामने ला दिया। पाकिस्तान को भय था कि यदि इनके नाम वैश्विक आतंकवादी की सूची में आ जाते है तो पाकिस्तान भी प्रतिबंधों के दायरे में आ सकता है। अतः पाकिस्तान ने इन

आतंकवादियों के विरूद्ध दिखावे की कार्रवाई करते हुए इनके आतंकवादी घोषित किए जाने के विरूद्ध कूटनीतिक अभियान भी चलाया। फलतः रूस, ब्रिटेन और चीन ने अप्रैल 2009 में ये नाम प्रतीक्षा सूची में रख दिया। चीन द्वारा मसूद अजहर के प्रश्न पर भारत का साथ नहीं देने के कारण यह प्रचार किया जाने लगा कि चीन का हाथ आतंकवादियों के साथ। जबकि आतंकवादियों को मिल रहे पाकिस्तानी संरक्षण के कारण कश्मीर समस्या पर चीन ने अपने रूख में काफी परिवर्तन किया। पहले जहाँ वह इसे कश्मीरियों के स्वाधीनता की लड़ाई मानता था वहीं अब उसका पक्ष लगभग तटस्थ था। चीन और भारत का संयुक्त कार्य दल भी आतंकवाद के विरूद्ध सम्मिलित का. रंवाई कर रहा था। फलस्वरूप, पूर्व उत्तर पूर्व में उग्रवादियों और अलगाववादियों को चीनी सहायता मिलनी बंद हो गई थी। यह भी उल्लेखनीय है कि अफगानिस्तान में पाक समर्थित तालिबानियों के सत्ता संभालने के बाद पाकिस्तान का भू–राजनैतिक महत्त्व काफी बढ़ गया था और 21वीं शताब्दी के पहले दशक में पाकिस्तान चीन का सहयोगी नहीं बल्कि रणनीतिक साझेदार बन चुका था। चीन को अरब सागर और हिन्द महासागर में अपनी पहुँच के लिए पाकिस्तान का साथ आवश्यक था। 'CHINA PAKISTAN ECONOMIC CORRIDOR' एक बड़ा रणनीतिक कदम था। जिसका आधारभूत संरचना, सड़क, बिजली घर, आदि के विकास पर अरबों डॉलर खर्च किए जाएँगे। 2013 में प्रारंभ होकर इसमें 47 बिलियन डॉलर खर्च होने थे जो अभी 62 बिलियन डॉलर पर पहुँच चुका है। इसमें पूरे पाकिस्तान के परिवहन व्यवस्था को शामिल किया गया। कराँची पेशावर रेल लाईन एवं ग्वादार पोर्ट का आधुनिकीकरण भी इसमें शामिल है। 2016 में पहलीबार चीन ने सड़क मार्ग से ग्वादार बंदरगाह के रास्ते अफ्रीका तक सामग्री भेजनी शुरू की। हालाँकि C.P.E.C. में भारी भ्रष्टाचार एवं कर्ज की लागत लगातार बढ़ते जाने के कारण पाकिस्तान में इसका विरोध भी बढ़ रहा है। आलोच. कों का तो यहाँ तक कहना है कि पाकिस्तान चीन का उपनिवेश बन चुका हैं। पाकिस्तानी बड़ें गर्व से कहते हैं कि चीन के साथ हमारे संबंध ''शहद से भी मीठा पर्वत से भी ऊँचा और सागर से भी गहरा है'' **चीन बार–बार यह कहता है कि पाकिस्तान से हमारी दोस्ती किसी अन्य देश से रिश्तों की कीमत पर नहीं है लेकिन भविष्य के किसी भी भारत चीन संबंधों में पाकिस्तान एक आयाम रहेगा ही। 1950 के दशक में यह स्थिति नहीं थी यह सब केवल भारत के अदूरदर्शी एवं अहंकार पूर्ण विदेश नीति का परिणाम थी।**

पाकिस्तान ने अपने आतंकवादी कार्यक्रम को आगे बढ़ाते हुए ई. 2016 में पठानकोट में भारतीय वायुसेना अड्डा पर हमला करवा दिया। 10 भारतीय जवान मारे गए। यह कृत्य इसलिए भी निंदनीय था कि एक माह पूर्व ही भारतीय प्रधानमंत्री मोदी ने लाहौर में पाकिस्तानी प्रधान मंत्री से शिष्टाचार मुलाकात की थी। इस हमले में जैश ए मोहम्मद एवं पाकिस्तानी सेना के संलिप्त होने के स्पष्ट सबूत थे। 2001 के भारतीय संसद पर हमले में भी लश्करे ताइबा एवं जैश मोहम्मद का ही हाथ माना जा रहा था। 2016 के पठान कोट हमले के बाद मसूद अजहर के वैश्विक आतंकी घोषित करने का मामला पुनः सुरक्षा परिषद के समक्ष आया और अंततः कई प्रक्रियात्मक दौर से गुजरते हुए मई, 2019 में चीन की सहमति से मसूद अजहर को वैश्विक आतंकवादी, घोषित कर दिया गया। आतंकवाद के विरूद्ध भारत की यह एक बड़ी जीत थी एवं पाकिस्तान के लिए बड़ी कूटनीतिक पराजय। पाकिस्तान की यह बड़ी कूटनीतिक पराजय इसलिए भी थी क्योंकि शायद पहली बार उसे सोवियत रूस का अप्रत्यक्ष समर्थन मिल रहा था।

विश्व के दो सर्वाधिक जनसंख्या वाले देशों के बीच विश्व का एक छोटा सा देश हिमालय की गोद में बसा भगवान बुद्ध की यह धरती है, भूटान, प्राकृति सौंदर्य विविध सांस्कृतिक विरासत से भरपूर यह देश कभी तिब्बती प्रभा मंडल के अधीन था। 7वीं शताब्दी में तिब्बती राजा Sangtsen Gampo के समय में बौद्ध धर्म सिक्किम एवं भूटान पहुँचा। लेकिन भूटान का बौद्ध धर्म तिब्बती महायान मठ के बज्रयान पंथ का अनुगामी है। 19वीं शताब्दी में ब्रिटिशर्स के साथ युद्ध के बाद इसे अपना बड़ा क्षेत्र जिसमें बंगाल का दुआर आदि था उनको सौंप देना पड़ा। अनेक उतार–चढ़ाव एवं संघर्षो के बाद ई. 1910 में ब्रिटिशर्स एवं भूटान के बीच में एक संधि हुई। जिसमें भूटान ने स्वीकार किया कि अन्तर्राष्ट्रीय संबंधों में वह ब्रिटिश सरकार के सलाह पर चलेगी। वहीं ब्रिटिशर्स ने स्वीकार किया कि वह भूटान के आंतरिक मामलों में कोई हस्तक्षेप नहीं करेगा। भारत के स्वाधीनता के पश्चात् 08 अगस्त 1949 को भारत एवं भूटान के बीच भी लगभग इसी तरह संधि हुई कि भूटान अन्तर्राष्ट्रीय मामलों में भारत की सलाह लेगा। अपने प्रदेश का प्रयोग भारत के विरोध में नहीं करने देगा। भूटान के प्रतिरक्षा बलों का प्रशिक्षण भारत के पास है लेकिन आंतरिक मामलों में भूटान पूरी तरह स्वतंत्र है। भूटान में भारतीय सेना की एक इकाई सीमा सड़क संगठन ही सड़क पुल इत्यादि का निर्माण करती है। भूटान 85% निर्यात एवं 75% आयात के लिए भारत पर ही निर्भर

है, इन तथ्यों के बावजूद भारत को भूटान के साथ रिश्तों में काफी सावधानी बरतनी पड़ती है। 2014 में भारत के प्रधानमंत्री का पहला दौरा भूटान ही था। भूटान ने भी भारत एवं चीन के साथ अपने संबंधों में संतुलन बनाए रखा है। भूटान का चीन के साथ कूटनीतिक संबंध नहीं है। वहीं चीन के दलाई लामा विरोधी रुख के कारण इसने दलाई लामा को बौद्ध देश होते हुए भी भूटान आने की अनुमति नहीं दी है। यह भी सत्य है कि भूटान कम्यूनिस्ट चीन से पहले संयुक्त राष्ट्र का सदस्य बना और उसी साल 1971 में महा सभा में ताईवान को हटाकर चीन को संयुक्त राष्ट्र का सदस्य बनाए जाने के प्रस्ताव पर भारत के साथ चीन के पक्ष में मतदान किया। अब चीन और भूटान संयुक्त राष्ट्र के मंचों पर बराबर के प्रतिनिधि थे। 1972 के भूटान नरेश राज्यारोहरण समारोह में भारत स्थित चीनी राजदूत भी आमंत्रित थे। भारत को यह पसंद तो नहीं आया लेकिन वह मौन ही रहा। चीन भी अवसर देखकर भूटान के राष्ट्रीय स्वाधीनता की प्रशंसा करता ही रहता था। इन सबके बीच जिस तरह भारत चीन की सीमा अनिर्धारित है इसी तरह भूटान चीन सीमा भी अनिर्धारित है। चीन उत्तरी भूटान में चुम्बी घाट के कुछ भू–भाग पर अपना दावा करता है लेकिन यह व्यावहारिक रूप से भूटान के दखल में हैं। ई. 1983 में न्यूयार्क में चीन एवं भूटान के विदेश मंत्रियों की बातचीत के बाद दोनों पक्षों ने सीमा समस्या पर बैठकों का आयोजन शुरू किया लेकिन कम से कम 24 बैठकों के बाद भी कोई समाधान नहीं निकला है। ई. 1996 में भारत–चीन के बीच सीमा पर शांति एवं स्थिरता का समझौते के बाद ई. 1998 में चीन एवं भूटान के बीच सीमा पर शांति एवं स्थिरता बनाए रखने का एक समझौता हुआ है जिसमें चीन ने भूटान के क्षेत्रीय अखंडता के प्रति प्रतिबद्धता दुहराई है। भूटान सीमा पर वास्तविक नियंत्रण रेखा की स्वीकृति **चीन द्वारा मैकमोहन रेखा की अप्रत्यक्ष स्वीकृति भी थी क्योंकि भूटान की सीमा हिमालय पर्वत शृंखला की चोटियों पर है और चीन ने पहली बार किसी समझौते में हिमालय के दक्षिण भाग पर अपना दावा छोड़ दिया।**

भूटान के आग्रह पर ई. 1949 की भारत भूटान संधि के स्थान पर एक नई संधि की गई, इस संधि में भूटान को अधिक स्वायत्तता प्राप्त हो गई। भारत की भूमिका सिर्फ भारतीय हितों तक सीमित रह गई। जून, 2017 में एक ऐसी ही स्थिति पैदा हो गई। चीनी सेना भारत भूटान सीमा पर Doklam पठार में एक सड़क का निर्माण करने लगा। यह Doklam का क्षेत्र चीनी भू–भाग है, 18 जून को भारत और चीन की सेना आमने–सामने हो गई। 20 जून को भूटान ने चीन को विरोध पत्र दिया एवं पुनः 29 जून को ही चीन

ने भी इस क्षेत्र का मानचित्र जारी कर कहा कि इस क्षेत्र की सीमा ई. 1890 के कलकत्ता समझौते द्वारा स्वीकृत एवं निर्धारित है। जिसे स्वाधीन भारत की सरकार ने भी मान्यता दी है, विवाद के मूल में है। ई. 1890 की संधि में कही गई विरोधाभाषी व्याख्या संधि की धारा–1 के अनुसार सिक्किम चीन की सीमा का प्रारंभ बिन्दु पर्वत शिखर से शुरू है। जहाँ से तिस्ता नदी का जल ग्रहण विभाजन प्रारंभ होता है। जबकि धारा–2 कहता है कि जल ग्रहण विभाजन रेखा गोपी मीचू पर्वत श्रृंखला से शुरू होती है, अब सीमा पर जो वास्तविक स्थिति है उसके अनुसार गोपी मीचू पर्वत शृंखला से निकली जल धारा गोपी मीचू नदी में जाती है। तिस्ता नदी की धारा बादुंग ला के पास से शुरू होती है, अब यदि सिक्किम चीन सीमा गोपी मीचू पर्वत से शुरू माने डोकलाम पठार चीन में है। और यदि सिक्किम चीन सीमा की शुरुआत बादुंग ला दर्रे पर रखी जाए तो डोकलाम पठार भूटान में है। भारत के पक्ष में एक तथ्य यह भी है कि यह क्षेत्र भारत भूटान चीन सीमा का त्रिमुहान है। अन्तर्राष्ट्रीय नियमों के अनुसार तीन सीमान पर तीनों देशों की स्वीकृति आवश्यक है और 1890 के कलकत्ता संधि पर भूटान की स्वीकृति नहीं है। वस्तुतः भूटान उस समय तिब्बत के प्रभाव में था और तिब्बत 1890 की संधि के विरोध में था। सीमा पर स्थिति अत्यन्त तनावपूर्ण एवं विस्फोटक था, लेकिन भूटान के प्रयास एवं चीन द्वारा दिखाए गए संयम के कारण अगस्त में चीनी सेना पीछे हट गई और सड़क निर्माण का काम रोक दिया। लेकिन इसके बाद चीन के विदेश मंत्रालय ने बयान जारी कर स्पष्ट कहा कि यह हमारा क्षेत्र है और हमारी संप्रभुता के अधीन है।

चीन विश्व के सर्वाधिक जनसंख्या वाला देश है। साम्यवादी क्रांति के बाद इसके खाद्यान, पानी, ऊर्जा, खाद, रसायन, उद्योग आदि की जरूरतों में बेतहाशा वृद्धि हुई है, इसके आयात एवं निर्यात की आपूर्त्ति श्रृंखला पूरे विश्व में फैली हुई है, सितम्बर, 2013 में चीनी राष्ट्रपति ने 'रेशम मार्ग आर्थिक रास्ता (Belt) संक्षेप में **BELT** की घोषणा की गई। 2018 में इसे चीन के संविधान में शामिल कर लिया गया। इसका उद्देश्य मध्य एशिया के रास्ते यूरोप तक सड़क एवं रेल मार्ग का निर्माण करना। दूसरा '21वीं शताब्दी का 'समुद्री रेशम मार्ग' इसका संक्षिप्त नाम '**ROAD**' इसके अन्दर हिन्द प्रशांत महासागर समुद्री क्षेत्र के दक्षिण पूर्व एशिया से दक्षिण एशिया मध्य पूर्व और अफ्रीका तक समुद्री मार्ग का विकास उसे योजना के अन्तर्गत बंदरगाहों, सड़क, रेल, पुल, हवाई अड्डा, बड़े बाँध, बड़े ताप, बिजली घर, रेल, सड़क, मार्ग की सुरंग, इमारतों आदि का निर्माण किया जाना है। इसके पीछे तर्क

यह है कि यह प्रयास विश्व व्यापार के रास्ते में आ रही बाधाओं को दूर करेगा। साथ ही जहाँ विश्व व्यापार को बढ़ाएगा वहीं व्यापार पर होने वाले व्यय में भी कमी आएगी। साथ ही प्रशान्त एवं एशिया क्षेत्र के विकासशील देशों के अर्थव्यवस्था में 2 से 3 प्रतिशत की वृद्धि होगी।

वहीं चीन के इस प्रयास के आलोचकों का कहना है कि यह पर्यावरण को नुकसान पहुँचाने के अलावा मानव अधिकारों को भी नकारात्मक रूप से प्रभावित करेगा वहीं विकासशील देशों को कर्ज के जाल में फँसा देगा। यद्यपि चीन के द्वारा दिए जाने वाले कर्ज की शर्त्ते बहुत खराब नहीं भी हो तो भी विकासशील देशों की राजनीतिक एवं प्रशासनिक व्यवस्था इतनी कुशल नहीं है कि वे इन कर्जो से पूरा लाभ उठाकर इनका पुनर्भुगतान कर सकें। चूँकि B.R.I. के अन्दर सभी कर्ज किसी न किसी संपत्ति को बंधक रखकर दिए जाते है, परिणामस्वरूप इन सभी संपत्तियों पर चीन का मालिकाना हक हो जाएगा। हमने लंका के हम बन टोटा बंदरगाह परियोजना में देखा भी। कर्ज बढ़ जाने के कारण श्रीलंका को यह बंदरगाह चीन को 99 साल के लीज पर देना पड़ा। फिर भी अभी तक यूरोप के इटली, ग्रीस, रूस, आदि सहित लगभग 50 देश उसमे शामिल हो चुके हैं, और खरबों डॉलर की बड़ी–बड़ी परियोजनाएँ पूरी की जा रही है।

चीनी राष्ट्रपति श्री जिनपिंग का यह बहु प्रचारित निजी प्रयास होने तथा चीन के अनुरोध के बाद भी भारत इस प्रयास में शामिल नहीं हुआ है। इसके कई कारण है। पहला तो यह चीन पाकिस्तान आर्थिक गलियारा पाक अधिकृत कश्मीर से होकर गुजरता है, जिसे भारत अपना भू–भाग मानता है। दूसरा भारत का मानना है कि इससे विश्व व्यापार में चीन का पक्ष भारी हो जाएगा। तीसरा इसमें शामिल होने वाले देशों के संप्रभु अधिकारों में चीन का हस्तक्षेप बढ़ेगा। चौथा चीन पूरे हिन्द प्रशान्त क्षेत्र में एवं दक्षिण चीन सागर क्षेत्र में अपना वर्चस्व स्थापित करना चाहता है। हिन्द महासागर क्षेत्र में बर्मा, लंका, पाकिस्तान, दिजीवितू आदि बंदरगाहों पर चीन का नियंत्रण है और वह मलक्का अंडमान सागर से लेकर अफ्रीका तक समुद्री मार्ग को अपने प्रभुत्व में लेना चाहता है। नवंबर, 2020 में आयोजित सांघाई सहयोग संगठन की बैठक में जहाँ अन्य देशों ने **BELT AND ROAD** प्रयास की सराहना की है, भारत ने अपने को उससे अलग रखा। अभी तक हिन्द महासागर जो लगभग भारतीय एकाधिकार में था वहाँ अब चीन से प्रतियोगिता बढ़ती जा रही है।

पिछले कुछ वर्षो से भारत चीन के संबंध सामान्य रहे हैं। दोनों देशों के बीच व्यापार में काफी वृद्धि हुई। लेकिन इस क्षेत्र में भी चीन का ही पलड़ा

भारी है, और व्यापार घाटा 7200 करोड़ डॉलर तक पहुँच गया है। इसके अतिरिक्त सीमा पर भी तनाव हमेशा बना ही रहता है। भारतीय सेना प्रमुख ने भी स्पष्ट रूप से स्वीकार किया। जब तक भारत चीन सीमा संधि नहीं हो जाती है सीमा पर तनाव बना ही रहेगा।

भारत चीन सीमा के मध्यक्षेत्र में हिमाचल प्रदेश एवं उत्तराखंड में बाराहोती के पास चरवाहों के अधिकार के अतिरिक्त कोई गंभीर विवाद नहीं है। हिमालय पर्वत माला के शिखर ही दोनों देशों की सीमा हैं। भारत सिक्किम सीमा भी निर्धारित है। उत्तर पूर्व में कम से कम एक रेखा (मैकमोहन रेखा) है, जो व्यावहारिक सीमा का रूप ले चुकी है। वहाँ मैकमोहन रेखा की जमीन पर वास्तविक स्थिति या वास्तविक नियंत्रण रेखा को लेकर विवाद होता है लेकिन गंभीर रूप नहीं लेता है। सर्वाधिक विवाद एवं तनाव लद्दाख चीन सीमा पर बना रहता है। जम्मू कश्मीर राज्य का पुनर्गठन कर लद्दाख एक नया राज्य गठित किए जाने का प्रभाव भी इस क्षेत्र पर पड़ा। 06 अगस्त, 2019 को लोक सभा द्वारा विधेयक पारित किए जाने के बाद चीन की तीव्र प्रतिक्रिया थी, उन्होंने कहा कि हम जम्मू कश्मीर में भारत की एक तरफा कार्रवाई का समर्थन नहीं करते है, तथा लद्दाख क्षेत्र का केन्द्र शासित प्रदेश के रूप में पुनर्गठन हमें स्वीकार्य नहीं है। यह चीन की क्षेत्रीय अखंडता एवं संप्रभुता की अवमानना है। हम भारत को सावधान करते हैं कि सीमा विवाद पर जो भी समझौते हुए हैं उसका शब्द एवं कार्य दोनों रूप से सम्मान करें, यह सीमा पर तनाव को बढ़ाने वाली कार्रवाई है। भारतीय विदेश विभाग ने तुरंत प्रतिक्रिया देते हुए कहा कि यह हमारा आंतरिक मामला है। शब्दों के अर्थ अनर्थ जो भी हो लेकिन संबंधों में आई कड़वाहट का असर लद्दाख सीमा पर पड़ा। 2020 की गर्मियों में भारतीय क्षेत्र में चीनी सेना की घुसपैठ पेगांग सो झील, हाट स्प्रिंग, गोंगरा, देसपांग कई जगहों पर बढ़ गई। लेकिन सर्वाधिक दुःखद घटना 15 जून को गलवान घाटी में घटी। गलवान नदी चीन अधिकृत अक्साई चीन से निकलकर पश्चिम की ओर बहती हुई श्योक नदी से आकर मिलती है। यह नदी भारत एवं चीन दोनों के लिए अतिसंवेदनशील है। जहाँ भारत का रणनीतिक मार्ग, दौलत बेग ओल्डी दुरबुक को जोड़ता है वहीं चीन का तिब्बत सिकियांग मार्ग G129 भी वहाँ से एकदम नजदीक है। मई में भारतीय सेना गलवान घाटी में एक सड़क का निर्माण कर रही थी। चीनी सेना द्वारा रोके जाने पर दोनों पक्षों में झड़प हो गई। चीनी सेना वास्तविक नियंत्रण रेखा को पार कर भारतीय क्षेत्र में

आ गई और कुछ अस्थाई निर्माण करने लगे। दोनों ओर के कमांडरों के हस्तक्षेप के बाद स्थिति में स्थिरता आ रही थी। इसी बीच 20 जून की संध्या गलवान नदी के किनारे भारतीय और चीनी सैनिकों की भिड़ंत हो गई। दुःखद परिस्थितियों में एक कर्नल समेत 20 भारतीय जवान वीर गति को प्राप्त हुए। लग. भग 50 भारतीय जवान घायल हुए। 10 सैनिक गिरफ्तार हो गए। चीन इस तरह के आँकड़े जारी नहीं करता है लेकिन अनुमान है कि उनके भी कई सैनिक मारे गए। जिन परिस्थतियों में ये घटना घटी। वह अत्यन्त दुःखद एवं निंदनीय थी, दोनों ओर से पूरे पूर्वी लद्दाख में सैनिक मोर्चे पर आ गए। 07 सितम्बर को पहली बार पिछले 45 वर्षो में गोली चल गई, लेकिन दोनों देशों के नेतृत्व द्वारा संयम बरतने जाने के कारण स्थिति धीरे–धीरे शांत होती गई। अभी भी सीमा पर सैन्य कमांडरों की बैठकें होती रहती हैं तथा सेनाओं को पीछे करने की प्रक्रिया जारी है।

इस परिस्थितियों को मुख्य कारण है कि वास्तविक नियंत्रण रेखा का पूरी तरह अस्पष्ट होना। इस तथ्य के बाद भी कि ई. 1993 के सीमा पर शांति समझौते के बाद गठित संयुक्त कार्यकारी दल की कम से कम 50 बैठकों के बाद भी आज तक जमीन पर चिन्ह लगाना तो दूर, दोनों पक्षों को स्वीकार्य वास्तविक नियंत्रण रेखा का मानचित्र भी नहीं बन पाया है। इसका कारण है कि वास्तविक नियंत्रण रेखा की कोई दोनों पक्षों को मान्य परिभाषा ही नहीं है। भारत इसको उस रूप में देखता जो 08 सितंबर, 1962 को चीनी सेना द्वारा थांगला रिज पार करने के दिन स्थिति थी चीन उसको इस रूप में देखता है जो अक्टूबर, 1959 को कोंगका दर्रा गोलाबारी के घटना के दिन थी। दोनों देशों के सोच में व्यापक अन्तर है। गलवान घाटी की दुःखद घटना के बाद सीमा पर समझौतों का पालन किया जा रहा है, शांति है।

वर्ष 2019 के अंत में चीन के बुहान शहर में एक महामारी का प्रकोप हुआ जिसने चीन सहित पूरे विश्व को हिला कर रख दिया। कोविड–19 में लाखों लोगों की जाने गईं। हजारों के रोजगार छिन गए। विश्व अर्थ व्यवस्था एक दम से चरमरा गई। इस विकट परिस्थिति में चीन भारत ने मिलकर काम करते हुए हर चुनौती को पार किया।

विश्व अभी कोविड–19 के दुष्प्रभाव से उभर भी नहीं पाया था कि यूरोप फिर अपने पुराने 20वीं शताब्दी के ढेरें पर लौट आया। अमेरिका और जर्मनी की राह पर नाटो का आक्रामक रवैया पूर्व की बढ़ते हुए रूस की सीमा पर पहुँच गया और लगातार रूस के हितों पर आक्रामक व्यवहार करते हुए यूक्रेन को नाटों का सदस्य बनाने की जिद पर अड़ा हुआ था। फलतः रूस, यूक्रेन

में युद्ध छिड़ गया। जिसे भारत और चीन ने एक साथ मिलकर रूस को एक बड़े युद्ध में खींचने के अमरीकी प्रयास को विफल कर दिया। विश्व शांति को बनाए रखने में भारत के संयम एवं सहयोग की चीन भी प्रशंसा करता है। अन्तर्राष्ट्रीय संबंधों में आए परिवर्तन एवं नए शक्ति संतुलन में शायद पहली बार भारत–चीन और रूस की सेना एक साथ युद्धाभ्यास करने जा रही है।

VOT SOV 2022

इतना स्पष्ट है कि चीन भारत की उत्तर पूर्वी सीमा मैकमोहन रेखा को व्यावहारिक रूप से स्वीकार कर चुका है, जहाँ कुछ छोटे–मोटे मतभेद ढोला, रिवनमांझे, तामदेंन है। चीन भी इसे स्वीकारता है, एवं इसे आसानी से सुलझाया जा सकता है।

भूटान, सिक्किम तिब्बत तीन सीमा पर डोकलाम का विवाद भूटान को आगे रखकर सुलझाया जा सकता है।

नेपाल भारत तिब्बत तीन सीमा पर लिपूलेख एवं लिम्पूधारा का विवाद वाटर सेड सिद्धान्त एवं अन्तर्राष्ट्रीय मानकों के अनुसार सुलझाया जा सकता है।

भारत के उत्तरी सीमा लद्दाख पर चीनी प्रधानमंत्री और संयुक्त कार्यकारी दल ने 1960 में स्पष्टीकरण किया है कि काराकोरम दर्रे से कटालिक कांगरी (6598 मी.) चोटी से पर्वत शिखरों पर होते हुए गलवान घाटी 78013' पू. एवं 34046' उ. चोटी (6556 मी.) लगभग 78026' पू. 34032' उ. वहाँ से कुरेंग घाटी एवं चांगलुंग नदी 78053' पू0 34022' उ. को पारकर कोमंका दर्रा वहाँ से दक्षिण चांग चेमयो घाटी के पश्चिम पैंगोग झील और सिंधु नदी घाटी तक लद्दाख की सीमा है। ऐतिहासिक साक्ष्य एवं विमर्श भी इसी को पुष्टि करते हैं। भारत चीन सीमा संयुक्त कार्यकारी दल ने जो भारतीय सेना के 01 से लेकर 25 तक Patrolling Point पर सहमति दी है, देंसपांग में राकी नाला एवं जीवन नाला को छोड़कर ये सभी Patrolling Point वास्तविक नियंत्रण रेखा पर हैं। आवश्यकता है कि भारत के राजनीतिज्ञ, सेना विशेषज्ञ, बुद्धि जीवि, प्रशासक, नीति निर्माता, जन संचार एवं सामाजिक संचार के माध्यमों से एक जागरूक जनमत तैयार करें जो सच्चाई, राष्ट्रीय सुरक्षा, राष्ट्रीय हित के लिए मैत्रीपूर्ण विमर्श एवं पड़ोसी की भावना से इस नासूर को समाप्त कर सेना को रोज–रोज की परेशानी एवं देश के आम जन को असहनीय होते रक्षा खर्च से मुक्ति दिला सके। हम साहस के साथ आगे बढ़ें नई राह एवं नए रिश्ते बनाएँ।

जय हिन्द!

महत्वपूर्ण घटनाक्रम

1866–68 ल्हासा में मिशन की स्थापना को लेकर ब्रिटिशर्स एवं तिब्बतियों में टकराव।

1890 चीन के सम्राट ने सिक्किम को ब्रिटिश प्रभाव क्षेत्र स्वीकार किया। कलकत्ता संधि द्वारा सिक्किम तिब्बत की सीमा निर्धारित, तिब्बत ने मानने से इन्कार किया।

1899 ब्रिटिश सरकार ने लद्दाख सीमा का प्रस्ताव चीन को भेजा।

1903–04 तिब्बतियों का नरसंहार, ल्हासा पर जबरदस्ती की संधि थोपी गई 7500000/– रूपए का जुर्माना देकर ब्रिटेन ने तिब्बत में अनेक विशेषाधिकार प्राप्त किए। तिब्बत में चीन के अम्बन ने संधि को अस्वीकार किया।

1905 तिब्बत के लातांग बूटांग क्षेत्र में चीन एवं तिब्बत की सेना के बीच झड़प।

1906 1904 की संधि के स्थान पर 1906 में तिब्बत के प्रश्न पर एक नई संधि कई कठोर शर्त्तें हटाई गई। तिब्बत द्वारा संधि को मानने से पुनः इन्कार।

1907 ब्रिटेन रूस के बीच तिब्बत की तटस्थता को लेकर पीटर्सबर्ग की संधि चीन की संप्रभुता के अधीन तिब्बत की स्वायत्तता को मान्यता।

1910 भूटान ब्रिटिश संप्रभुता के अधीन चीन की स्वीकृति, तिब्बत असहमत।

1911 चीन में राष्ट्रवादी क्रांति डा. सनयात सेन राष्ट्रपति बने।

1912 तिब्बत में चीनी अधिपत्य के विरूद्ध विद्रोह, चीनी अम्बनों की हत्या।

1913 तेरहवें दलाई लामा द्वारा तिब्बत के स्वाधीनता की घोषणा ब्रिटिश सम्राट जार्ज V से सहायता की माँग तिब्बत एवं चीन के बीच मध्यस्थता के नाम पर तिब्बत को विभाजित करने हेतु ब्रिटिर्शस द्वारा बुलाए गए शिमला समझौता वार्ता शुरू।

1914 तिब्बत के विभाजन करने वाली सीमा रेखा एवं अन्य शर्त्तों पर सहमति नहीं बनने के कारण शिमला सम्मेलन असफल चीन ने समझौते को अस्वीकार किया।

भारत के विदेश सचिव मैकमोहन एवं तिब्बती प्रधानमंत्री लोनचेन यात्रा के बीच भारत के उत्तर पूर्वी सीमा एवं तिब्बत सीमा की स्वीकृति मानचित्रों का आदान–प्रदान, मैकमोहन रेखा का जन्म।

1928 चीन की राष्ट्रवादी सरकार द्वारा तिब्बत एवं मंगोलिया के एकीकरण का प्रयास।

1932 चीन तिब्बत सशस्त्र संघर्ष तिब्बत की हार लेकिन उसकी आंतरिक स्वाधीनता बनी रही।

1941–42 बर्मा मोर्चे पर जापान के विरूद्ध अमरीकी, ब्रिटिश एवं चीनी सेना का संयुक्त मोर्चा, सीमा तक जाने हेतु तिब्बत द्वारा मार्ग देने से इन्कार।

1949 चीन में लाल सेना की विजय। चीनी लोक गणराज्य की स्थापना। भारत भूटान मैत्री संधि।

1950 चीनी सेना का तिब्बत में प्रवेश, कोरियाई युद्ध में चीन उत्तर कोरिया के पक्ष में उतरा।

संयुक्त राष्ट्र के झंडे तले भारत दक्षिण कोरिया के पक्ष में।

1951 फरवरी– आसाम राइफल्स की एक इकाई के साथ बाष खातिंग तवांग पहुँचे।

मई– चीन तिब्बत के बीच 17 सूत्री समझौता।

सितम्बर– चीनी सेना का ल्हासा में प्रवेश।

1954 भारत चीन के बीच पंचशील समझौता।

चीनी प्रधानमंत्री की भारत यात्रा।

भारतीय प्रधानमंत्री की चीन यात्रा।

वर्तमान (14वें) दलाई लामा की बीजिंग यात्रा।

1955 बांडुंग इन्डोनेशिया में गुट निरपेक्ष देशों का सम्मेलन।

1956 फरवरी– अमरीकी खुफिया एजेन्सी (C.I.A.) की सहायता से तिब्बत में खाम्पाओं का विद्रोह।

मार्च– नागा विद्रोह की शुरुआत।

दिसम्बर– दलाई लामा तीर्थ यात्रा के लिए भारत आए।

1957 चीन द्वारा निर्मित सिंकियांग तिब्बत राजमार्ग की जानकारी भारत में सार्वजनिक।

1958 चीन में औद्योगिक सुधारों का कार्यक्रम लंबी कूद प्रारंभ।

1959 मार्च– ल्हासा में विद्रोह दलाई लामा का भारत में शरण चीन की कम्यूनिस्ट पार्टी ने तिब्बत में विद्रोह एवं दलाई लामा के पलायन में नेहरू का हाथ बताया।

अगस्त– लोंगजू में भारत–चीन सैनिकों में झड़प।
अक्टूबर– कांगका दर्रा पर झड़प।

1960 अप्रैल– चीनी प्रधानमंत्री चाऊ एन लाई शांति प्रस्ताव लेकर भारत आए।

1961 नवंबर प्रधानमंत्री नेहरू की Forward Policy शुरू दिसम्बर सैन्य कार्रवाई गोवा भारत का अंग बना चीन में 'लंबी कूद' नीति असफल, खाद्यान्न संकट।

1962 जून कराँची में नागा विद्रोहियों का चीन के अधिकारियों से सम्पर्क मदद का भरोसा।
अक्टूबर– भारतीय सीमा पर चीनी सेना का जमाबड़ा।
19 अक्टूबर, भारतीय सेना की चौकियों पर चीन की गोलाबारी।
20 अक्टूबर, चीनी आक्रमण शुरू।
26 अक्टूबर, पंडित नेहरू की अन्तर्राष्ट्रीय मदद की अपील।
16 नवंबर, वालोंग का पतन
19 नवंबर, बोमदिला का पतन
20 नवंबर, चीन द्वारा एक तरफा युद्ध विराम की घोषणा।

1963 नागा पहाड़ियों में नागालैण्ड राज्य का जन्म।

1964 मई– पंडित नेहरू की मृत्यु।

अक्टूबर– चीन का परमाणु परीक्षण।

1965 इंदिरा गाँधी भारत की प्रधानमंत्री बनी।

1967 मार्च– सिलिगुड़ी उत्तर बंगाल में माओवादियों का सशस्त्र विद्रोह शुरू चारू मजूमदार कानू सन्थाल, जंगल संथाल आदि

सितम्बर– सिक्किम चीन सीमा नाथू ला चोला भारतीय चीन सेना की भिड़त। दोनों और सैकड़ों सैनिक हताहत। चीनी नेतृत्व ने संयम का परिचय दिया। संघर्ष शीघ्र समाप्त।

1971 भारत पाक युद्ध 'बंगला देश' का जन्म भारत–अमेरिका के बीच कटुता बढ़ी। भूटान संयुक्त राष्ट्र संघ का सदस्य बना।

1972 नेफा अरूणाचल प्रदेश बना। मणिपुर मेघालय एवं त्रिपुरा भी राज्य बने।

1973 सिक्किम के शासक चोग्याल और राजनीतिक दलों के बीच विरोध तीव्र।

1974 मई, भारत का परमाणु परीक्षण।

1975 मई सिक्किम भारत का 22वाँ राज्य बना।

1976 जनवरी – चीनी प्रधानमंत्री चाऊ एन लाई की मृत्यु

1976 सितम्बर– माओं त्से तुंग की मृत्यु। देंग जिआओं पिंग सत्ता के शीर्ष पर।

1979 आसाम में उल्फा का उग्र आन्दोलन। फरवरी भारतीय विदेश मंत्री बाजपायी की चीन यात्रा।

1983 बंगलादेशी मुसलमानों को मताधिकार देने पर आसाम में भारी हिंसा।

1986 अक्टूबर, अरूणाचल सीमा पर सोमदरोंग चू घाटी में तनाव। भारतीय सेना का ऑपरेशन फलकन।

1987 जनवरी मैकमोहन रेखा के उत्तर चीनी सेना की मोर्चा बंदी संयम से काम लेकर शांति स्थापित।

1987 दिसम्बर ल्हासा में चीन विरोधी प्रदर्शन।

1988 19–23 दिसम्बर राजीव गाँधी की चीन यात्रा।

1989 मार्च– ल्हासा में नागरिकों एवं बौद्ध भिक्षुओं द्वारा पुलिस के विरूद्ध मानी हिंसा लगभग 500 लोगों ने प्राण गंवाए।

बीजिंग में तिएन मेच चौक पर हिंसा।

1990 नेपालियों और भूटानियों के बीच भूटान में हिंसक संघर्षसोवियत सेना अफगानिस्तान छोड़ कर गई। भारत पर आतंक का खतरा बढ़ा।

1991 चीनी प्रधानमंत्री ली पेंग की भारत यात्रा।

1993 प्रधानमंत्री नरसिम्हा राव चीन की यात्रा पर। सीमा पर शांति एवं स्थिरता की संधि।

1996: भारत और चीन के बीच सीमा पर विश्वास बहाली का समझौता।

चीनी राष्ट्रपति की भारत यात्रा।

1998 भारत द्वारा तीन परमाणु विस्फोट पाकिस्तान का कारगिल में घुसपैठ

2005 भारत चीन के बीच सीमा विवाद हल करने के लिए समझौता नीति निर्देशक सिद्धान्त निर्धारित किए गए।

2007 भारत भूटान के बीच नई मैत्री संधि।

2008 ल्हासा में चीन विरोधी प्रदर्शन चीन ने भारत को N.S.G. के नियमों से छूट देने का विरोध किया।

2012 चीन पाकिस्तान आर्थिक गलियारा कार्य शुरू।

2015 बेल्ट एवं रोड Xixinping की महत्त्वाकांक्षी योजना

2017 जून – भारत भूटान, चीन सीमा पर डोकलाम पठार में संघर्ष दोनों पक्षों के प्रयास से शांति कायम।

2019 महसूद अजहर वैश्विक आतंकवादी घोषित, दिसम्बर कोविड–19।

2020 जून – गलवान घाटी में दुःखद हिंसक भिड़ंत।
भारत का बेल्ट एण्ड रोड में सहभागिता से स्पष्ट इंकार।

2022 वोस्तोव में भारत, रूस, चीन का संयुक्त सैन्य अभ्यास।